基于构式理论的
现代汉语词法模式研究

李加釜◎著

本书的出版得到以下项目的资助：

国家语委重大委托项目"国家语言文字事业2035年远景目标和发展规划研究"
（项目批准号：ZDA145-6）

教育部人文社会科学研究青年基金项目"基于物性结构体系的汉语派生词研究"
（项目批准号：23YJC740031）

北京语言大学院级科研项目"基于构式理论的现代汉语词法模式研究"
（项目批准号：23YJ040002）

北京语言大学校级科研项目"现代汉语词法模式的物性结构研究"
（项目批准号：22YBG15）

知识产权出版社
全国百佳图书出版单位
—北京—

图书在版编目（CIP）数据

基于构式理论的现代汉语词法模式研究 / 李加罃著 . —北京：
知识产权出版社，2023.11
ISBN 978-7-5130-8916-6

Ⅰ.①基… Ⅱ.①李… Ⅲ.①现代汉语—语法—研究
Ⅳ.① H146

中国国家版本馆 CIP 数据核字（2023）第 184550 号

责任编辑：赵　昱　　　　　　　　　　责任校对：谷　洋
封面设计：北京麦莫瑞文化传播有限公司　责任印制：孙婷婷

基于构式理论的现代汉语词法模式研究

李加罃　著

出版发行：	知识产权出版社 有限责任公司	网　　址：	http://www.ipph.cn
社　　址：	北京市海淀区气象路 50 号院	邮　　编：	100081
责编电话：	010-82000860 转 8128	责编邮箱：	zhaoyu@cnipr.com
发行电话：	010-82000860 转 8101/8102	发行传真：	010-82000893/82005070/82000270
印　　刷：	北京建宏印刷有限公司	经　　销：	新华书店、各大网上书店及相关专业书店
开　　本：	720mm×1000mm　1/16	印　　张：	16
版　　次：	2023 年 11 月第 1 版	印　　次：	2023 年 11 月第 1 次印刷
字　　数：	243 千字	定　　价：	78.00 元

ISBN 978-7-5130-8916-6

序

2015 年 3 月下旬的一天，李加鏊从南京师范大学来北语参加博士生入学面试，我邀请的考官施春宏教授和孟凯教授对加鏊赞赏有加，毫无保留地建议录取他；我也觉得加鏊在十来名面试者中基础最好、思路最清楚，只是暗存两点疑虑。一是加鏊的硕士论文做的是新词语研究，而且面试时说以后还想做新词语研究，我担心他流于零星词例的采撷或词汇现象描写，做不出有理论成色的研究；二是得知加鏊是温州人，我疑心：这小伙子真想做学问吗？他能摆脱温州人善经营的基因和赚大钱的财富梦吗？不久，我就发现自己想多了。

加鏊是发自内心地喜欢词汇学，入学后十分勤奋，自我加压，研读了大量词汇语义学、词法学/形态学、语法学及认知语言学论著，理论素养不断提升，对词汇现象越发敏感，从微观着眼发现问题，连类而及，抽绎规律，探求因果。博士论文选题基于构式理论，首次从词义识解机制和词法模式的类推构词机制两个向度对汉语构词法进行深入系统的解释性研究，拓展了构式理论的研究空间，得到五位匿名评审专家的高度认可，获评校级优秀博士学位论文。

博士毕业后，加鏊意犹未尽地转场清华大学从事博士后研究工作。在此期间，他一方面以博士论文为基础发表了多篇核心期刊文章；另一方面，经合作导师李曼丽教授和清华大学中文系张赪教授的指导，又拓宽了研究视野，在学术汉语词汇领域找到新的研究空间，博士后工作被评为优秀等级。出站后，他凭着博士和博士后期间的研究积累，申请到教育部人文社会科学研究青年基金、北京市社会科学基金青年项目和教育部中外语言交流与合作中心一般项目，在学术研究的道路上越走越快，越走越远。

近日，加鎏告诉我，他的书稿《基于构式理论的现代汉语词法模式研究》已经杀青，希望我能作个小序，我乐而为之。我个人以为，这部著作通过收集整理大量现代汉语新产生的词法词，从构式的视角对现代汉语词法模式进行了创新性专题研究，是汉语词法学领域一项有重要推进意义的研究成果。

该书对相关研究文献掌握全面，注重汲取以往研究的理论精髓和分析方法，并针对现存问题探寻新的研究空间和研究路径。所用语言材料相当丰富，数据统计精细，使词汇分析建立在可靠的语言事实基础之上。通过对多个词法模式从形式和语义两方面的深入分析，细致归纳了现代汉语词法模式的形义组配规律；经由词义推导深入剖析现代汉语词法词的词义识解机制，构拟词法词的词义识解程序；区分了两种类推构词方式：基于常规相似性类推构词与基于非常规相似性类推构词。这些分析视角、思路及研究发现的原创性较高，具有重要的理论意义，对构式理论在词汇学研究领域的应用做了很好的示范，进一步拓展了构式理论的研究空间。此外，该书也有一定的实用价值，可以为解决中文信息处理中的"未登录词"问题提供理论支持，也可为词典编纂和对外汉语词汇教学提供参考。相信这部著作能给同行读者带来一些新的视野、信息和启发，也会引发对相关问题的进一步关注和拓展性研究。

最后我想说的是，加鎏今年刚 33 岁，已经有如此丰富的研究经历和成果，在词汇学领域实属难得。希望加鎏以更加开阔的心态，摆脱青年学者内卷化科研竞争的影响，既有短期目标，又有长远规划，不懈努力，为汉语词汇学研究作出新的更大的贡献。

张博

2023 年 10 月 12 日

目　录

1. 绪　论

1.1 研究缘起

新词语的产生形式有两种——零星式与批量式（李宇明，1999），相较于以零星形式产生的新词语，以批量形式产生的新词语更具研究价值，这些新词语通常在形式和语义组配模式上存在共性，可从中抽绎出抽象的词法模式。基于同一词法模式产生的新词语都具有词法词的性质，例如：

（1）房奴、婚奴、孩奴、墓奴、车奴、病奴、药奴；

（2）软广告、软技术、软文化、软人才、软条件、软投入、软起飞；

（3）玫瑰红、孔雀蓝、柠檬黄、青葱绿、沙滩金、葡萄灰、青莲紫。

例（1）和例（2）中的词法词都具有固定的构词成分，可分别概括为〔X+ 奴〕[①] 和〔软 +X〕，例（3）的词法词虽然没有固定的构词成分，但是每个词都是由两个构词成分构成，其中第一个构词成分表示事物，第二个构词成分表示颜色，整体可概括为〔（事物）+（颜色）〕。

根据亢世勇等（2008：53）统计，在现代汉语近 4 万个新词语中，共有词法模式 393 个，包含新词语 6967 个，占总数的 18% 左右。这些大量涌现的词法模式因其新异性与能产性引起了研究者的密切关注，前人分别从宏观与微观两个层面对词法模式的形成及发展特征进行了详细的分析，但从整体上看，现有研究在研究方法与视角上尚存不足。大多数研究从材料出发，着

---

① 方括号〔 〕表示词法模式，圆括号（ ）表示语义类。

眼于对现象的描写与分类，以定量与定性的方法进行个案分析，从社会、文化与心理等语言外部视角解释词法模式的形成与发展；少数研究从理论出发，聚焦于个别词法模式的认知机制，对普遍性构词现象缺乏足够的解释力。总体而言，描写性研究已相当充分，而解释性研究仍有挖掘之空间，且缺乏基于某一理论的系统性宏观研究。

长期以来，语义的可预测性与不可预测性问题是国内外学界探讨的热点之一。生成语言学聚焦于语言的规则性现象，强调语义具有可预测性，认为"一个表达式的意义是其部分的意义和部分按照句法所组合的方式的函项"（Partee，1984），也就是说，通过掌握部分的意义及组合方式，语言使用者就能完全预测一个表达式的意义。生成语法学派之所以能将语言进行形式化分析，正是基于这样的假设。然而语言中存在大量语义不可预测的现象，尤其是在词汇层面，这些现象通常被生成语法学派以形义具有特异性为由置于词库之中。认知语言学对语言的不规则现象则采取更为包容的态度，其中构式理论的研究更是聚焦于语言中的特异性现象，如菲尔墨等（Fillmore et al.，1988）对 let alone 构式的研究。"与主流生成语法不同，构式主义研究方法注重研究个别的词、语法语素和各种语言中独特短语格式的具体语义及分布；该方法论背后的假设是：对这些格式的丰富的语义／语用限制和复杂形式限制的解释可以很容易地扩展到一般的、简单的或规则的格式。"（Goldberg，2013：5）

作为词法－语义接口的重要课题之一，对词法词词义识解机制及词法模式类推构词机制的研究可深入汉语构词法研究的底层。构式理论格外强调语言格式的形义配对关系，该理论特征使我们有可能从形式和语义两个维度同时审视词法模式及词法词，发现以往构词法研究所难以观察到的特殊的形义组配规律。构式理论强调组构成分之间和组构成分与构式之间的互动（Goldberg，1995；施春宏，2016b），这种成分与结构并重且强调互动的研究主张能够在更深的层次上揭示词法模式的构造机理，挖掘出以往构词法研究所忽略的构词规律。鉴于此，本书以构式理论为基础，以词法模式为对象，以现代汉语批量式新词为素材，以识解与类推两条线索为脉络展开研究。这既可在理论层面为构词法研究提供一个新的视角，也可在应用层面为新词语研究提供一些新的思路。

1.2 研究对象

本书的研究对象为现代汉语中新产生的具有一定能产性的词法模式。词法模式指"具有一定规则性的产生词的格式"（董秀芳，2016：102），是一种抽象的结构，根据词法模式产生的对象为词法词。根据形式差异，词法模式可分为两类：一类具有固定成分，如［X+奴］；另一类不具有固定成分，如［（事物）+（颜色）］。现代汉语词法模式大都具有固定成分，只有少数没有固定成分。

前人研究大多针对规范型语文辞书中收录的词语，如针对《现代汉语词典》所收录的词条进行分析；也有少数研究针对新词语词典中收录的词，如针对《现代汉语新词语词典》所收录的词条进行分析。本书的研究对象所涵盖的范围更为广泛，除了规范型语文辞书、新词语词典中所收录的词条外，还对生发于大众传媒（包括用以传达信息的报纸、书籍、杂志、电影、电视、因特网等诸多形式）且仅存于大众传媒的词语进行分析研究。大众传媒在 21 世纪为造词所提供的环境是以往任何时期都无可比拟的。被词典收录的词语具有更强的词汇词性质，而活跃在大众传媒中的词语具有更强的词法词性质，这些词法词通常被认为带有修辞属性，是语言中临时的、非常规现象，然而，"一个适切的用于语言分析的概念框架不应将修辞语言视为问题，而应视之为解决方法的一部分"（Langacker，1987：1）。正是通过对词法词的研究，才能更清晰地了解词语的生发过程，进而探析现象背后的认知机制。

关于研究对象的详细界定及术语选择问题见第三章。

1.3 研究方法

1.3.1 现象描写与认知解释相结合的研究方法

语言研究的目标首先是要做到观察的充分性（observational adequacy），其次是描写的充分性（descriptive adequacy），最后是解释的充分性（explanatory adequacy）（Chomsky，1964）。本书首先对现代汉语中的典型词法模式做了充分的定量与定性分析，在此基础上借鉴构式理论，同时结合隐喻、转喻、原型扩展等认知理论以分析词法词的词义识解机制和词法模式的类推构词机制。该研究方法基本遵循自下而上与自上而下相结合的研究路径，以材料为基础，根据对材料的分类与描写进行归纳分析，同时结合理论进行解释分析。

1.3.2 比较分析法

比较分析法是语言研究的基本方法之一，通过对不同现象的比较可挖掘出不同现象的共性与特性。本书首先比较分析了句法 - 词法词和唯词法词的形义组配特征，在此基础上进一步探讨了不同组配模式的词义识解机制；其次比较分析了两种类推构词方式，在此基础上深入探讨了现代汉语类推构词的运作机制。

1.4 研究意义

1.4.1 深化现代汉语词法研究

结构主义语言学和生成语言学所关注的对象为语言中稳定的、常规的现象，非常规的、临时的现象被认为是语言中的边缘现象，而这些现象正是认知语言学，尤其是构式理论所重点关注的。构式理论坚信"用来解释非核心个例的理论机制同样可以用来解释核心个例"（Goldberg，1995：6），从构式视角来研究语言，"可望实现语言理论的充分性（兼顾中心和边缘现象）和统一性（将语法的认知研究都归结为构式），深化句法与语义的接口研究（以形义配对体为基点）"（王寅，2011：前言），该理论以语言中的非典型用法为切入点，进而从特殊现象中得出一般性规律。与之相应，词法词的新异性也正体现在其非常规性与临时性之上。此外，在一定程度上，作为词法模式产物的词法词与句子所表达的内容相似，但是语言使用者选择以词语作为表达形式而非句子则必然有其特殊之处，二者具有不同的语言学功能（Downing，1977）。对词法词所进行的研究有助于揭示传统上词法－句法接口的内在运作机制。因此，词法模式及其产物可被视为研究汉语词法的一个窗口，它们既具有语言价值（language value）[①]，有助于研究语言交际系统中词语的构造特征，又具有语言学价值（linguistic value），能够深化对人类语言规则与变异现象的研究，从而为现代汉语词汇研究提供一个词法－语义界面研究的分析框架。

1.4.2 拓展构式理论研究视野

学界对构式的研究逾三十年，该研究已从最初的"星星之火"发展为当前系统的、全面的解释性语言理论，然而，大多数研究仍聚焦于句法层面，而鲜有研究触及词汇层面。词汇现象复杂多变，例外情况远较语法现象多得多，要从庞杂的词汇现象中遴选出规则性成员并做出合理性解释通常难度较大。从研究对象的自身特征上看，词法模式具有较强的规则性，且其形义组配特征与构式理论所主张的形义一体化特征相适切，这都为词汇研究提供了可能性。通过词法模式这一窗口，我们能够将对构式的研究延伸入词法范畴，进而拓展至整个词汇层面。这一方面扩大了构式理论的研究范围和解释力，另一方面为完善构式理论自身的系统性提供了新的视角。

[①] 施春宏（2010）区分了"语言价值"与"语言学价值"："所谓语言价值，就是为作为交际系统的语言提供特定的语言成分，形成特定的结构关系，实现特定的功能。""所谓语言学价值，按现代语言学观念来理解，就是指特定语言现象的形成和发展、形式和功能以及由此而引起的语言学与非语言学争议，为语言学研究在观点、方法、内容、事实等方面启发了新的思考，产生了新的认识，得出了新的结论，预测出了新的趋势。"

1.4.3 为解决中文信息处理中的"未登录词"问题提供理论支持

未登录词指词典未收录的词语，大部分词法词都包含在内。语言使用者利用词法模式类推构词的方式可将未登录词分为完全类推与创造性类推两种（朱彦，2010），但在处理未登录词语义标注问题上，完全类推存在许多反例，创造性类推也须面临核心成分歧义消解的难题（邱立坤，2016：3）。此外，未登录词通常是在线生成的，具有临时性和偶发性，"对于词表里没有收录的词自动分词系统就会以缺省值（default）的形式将其切分为一个个单字"（尹海良，2011：3）。但如果计算机拥有一定容量的词表，同时贮存一些词法模式规则，那么就可以有效应对不断涌现的新词，从而更好地解决自动分词问题（董秀芳，2004：128）。

1.4.4 为词典编纂和对外汉语词汇教学提供参考

首先，词法词与词汇词之间不具有明确的界线，词法词在一定条件下可转换为词汇词，词汇词也能在一定条件下发展出能产的词法模式，辞书所收录的词语大部分为词汇词，少数为词法词，那么在词法词与词汇词之间就存在一个判定的问题。其次，利用词法模式类推构词通常会引起固定构词成分的语义变化，对于该类新义，语文辞书在收录时该遵循怎样的原则及释义方法？最后，辞书规模再大，其收录量仍然有限，如何通过收录有限词法词以实现对无限词法词的控制？同一词法模式的哪些词法词应作为收录对象？这些都是与词典编纂息息相关的问题，对词法模式的研究可为词典编纂提供建设性意见。另外，类词缀也是对外汉语词汇教学的重要内容之一，在教学中引入词法模式概念，教会学生举一反三的学习方法，可以利用词法模式自身的规则性推导词法词的词义或创造合格的词法词，进而帮助学习者吸收、积累新词，扩大词汇量，提高词汇运用能力和汉语表达水平。

1.5 语料来源

1.5.1 语文辞书

（1）侯敏等主编《汉语新词语》（2006—2020 年）共收词 8202 例；

（2）亢世勇、刘海润主编《新词语大词典》（1978—2002 年）收词 12725 例；

（3）亢世勇、刘海润主编《新词语大词典》（1978—2018 年）收词近 20000 例；

（4）亢世勇、刘海润主编《新世纪新词语大词典》（2000—2015 年）收词 4830 例；

（5）宋子然主编《100 年汉语新词新语大辞典》（1912—2011 年），"选收 1912 年到 2011 年 100 年间汉语产生的新词新语约 11000 条"；

（6）商务印书馆辞书研究中心编写《新华新词语词典》（2003 年版），"主要收录 20 世纪 90 年代以来出现或进入社会生活的新词新义新用法，也酌收部分早些时候出现但目前高频使用的新词语，共收条目 2200 条，连同相关词语约 4000 条"；

（7）中国社会科学院语言研究所词典编辑室编《现代汉语词典》（第 1、2、3、4、5、6、7 版）。

1.5.2 语料库

（1）北京大学中国语言学研究中心现代汉语语料库

http：//ccl.pku.edu.cn：8080/ccl_corpus/index.jsp?dir=xiandai

（2）北京语言大学汉语语料库

http：//bcc.blcu.edu.cn/

（3）当代美国英语语料库（Corpus of Contemporary American English）

https：//corpus.byu.edu/coca/

1.5.3 新闻检索网站

（1）人民网新闻检索

http：//search.people.com.cn/cnpeople/news/noNewsResult.jsp

（2）新华网新闻检索

http：//www.xinhuanet.com/

（3）百度新闻检索

http：//news.baidu.com/

2. 国内外汉语词法模式研究

关于汉语词法模式的研究可大致归纳为两种范式：一种着眼于现象的表面，以描写性考察为主；另一种聚焦于现象的本质，以解释性分析为主。根据研究对象性质的差异，描写性研究可分为宏观与微观两种。宏观的描写性研究以对汉语类词缀性质的讨论为重点，微观的描写性研究以对汉语具体词法模式特征的刻画为重心。根据理论基础的不同，解释性研究可分为两大主流，三小支流：两大主流分别为基于生成语言学理论探讨词库与词法的关系和基于认知语言学理论探讨词库与词法的关系并且阐释具体汉语词法模式的运作机制。三小支流分别从语法化理论、生成词库论和模因论的视角探究汉语词法模式的生成或发展原理。

2.1 关于汉语词法模式的描写性研究

2.1.1 宏观层面的汉语类词缀研究

综观学界对词语类聚现象的研究，与词法模式相关性最高的是以"类词缀"[①] 为对象的讨论。类词缀隶属于词缀范畴，词缀是与词根相对的概念，学界主要从意义上对二者进行区分，认为词根语义实在，而词缀语义宽泛或虚无且具有语法功能（刘叔新，1990a：71）。词缀包括真词缀与类词缀，其中真词缀指严格意义上的词缀，汉语中的真词缀数量很少。类词缀可视作发展状态处于词缀与词根之间的一种词语单位，其语义在一定程度上偏离原

---

① 也有些学者使用"准词缀"，如马庆株（1995）、杨一飞（2007）等。

义、构词定位并能大量类推创造新词（吕叔湘，1979；马庆株，1995；韩晨宇，2007；曾立英，2008b；尹海良，2011；沈光浩，2015）。通常认为，类词缀在意义上表示某个范畴，在与其他成分组合时往往会形成一种能产的词法模式（董秀芳，2004：41）。一些词根语素在构造现代汉语新词语的过程中具有明显的词缀化倾向（沈孟璎，1986、1995b、1995c；惠天罡，2014），派生构词"是正在发展中有较强生命力的构词类型，并且具备了一定规模"（武占坤、王勤，1983：99–100）。

关于类词缀的界定，学界在标准上存在较大的差异，因此得到的类词缀数量差别较大，各家所列具体类词缀也各不相同。常见的类词缀界定标准主要有以下几点。

（1）意义变化与否。大部分学者都将"意义变化"定义为"虚化"（吕叔湘，1979）或"泛化"（郭良夫，1983；王洪君、富丽，2005），但也有不同的观点，如认为真词缀义是虚化的，而类词缀义是"实在的或抽象的"（马庆株，1995），类词缀义是比喻义或引申义（曾立英，2008b），类词缀义是"类化（泛化）"，而非"虚化"（苏宝荣、沈光浩，2014；沈光浩，2015）等。意义虚化是个主观性很强的概念，此外，汉字"形－音－义"一体的特性使人们习惯于每个音节都有意义，因此，据此来界定词缀具有很大的弹性（杨锡彭，2003），有些学者主张"从严不从宽"（张小平，2008），也有些学者主张"对词缀取比较宽松或广义的认识"（陈光磊，1994），因此，以往不同的学者依据意义虚化标准所确定的类词缀在数量上存在很大的差距。不少学者以意义虚化作为词缀或类词缀的主要判断标准，但虚化只是类词缀的必要不充分条件，并非所有虚化的语素都可被视为类词缀。结合词法模式研究，学界普遍主张将现代汉语词法模式中的固定成分视为类词缀，认为其语义发生了转变，或虚化，或泛化。

（2）能产性高低。能产性又称"系列构词能力"或"单向高搭配性"，指"在保持结构整体性质不变的前提下，结构的一个位置上的成分可替换的同类成分不多，而另一个位置上可以有很多可替换的成分"（王洪君、富丽，2005）。能产性与语义虚化程度紧密相关（郭良夫，1983）。"新的词缀化一般都具能产性，能形成系列词群"（沈孟璎，1995c）。

（3）是否具有类化功能。类词缀的类化功能指其能决定整词的类属范畴（马庆株，1995；沈孟璎，1995c；王洪君、富丽，2005；曾立英，2008a；沈光浩，2015），或者说在保持词根义的同时赋予派生词新的语法范畴（何元建，2011）。

（4）是否具有定位性。"类词缀的定位是在某一个词性、某一个或几个义项上定位，而不是说充当类词缀的这个语素在任何情况下都是定位的。"（曾立英，2008b）如"族"在表"具有某种属性的一类人"时具有定位性，如"打工族、上班族、有车族、啃老族、追星族"等，但在表"家族"时，则不具有定位性，如"宗族、合族、同族、族谱、族亲、族人"等。朱德熙（1982）、沈孟璎（1995c）、王洪君和富丽（2005）、曾立英（2008b）、尹海良（2011）等都主张将构词定位性看作类词缀判定的必要条件。

（5）成词与否。马庆株（1995）、曾立英（2008b）等认为类词缀必须是不成词语素，能产性很强的成词语素不是类词缀，如"法、病、权、量、站、队、室"等。

总体而言，语言学界对汉语中的类词缀现象大抵持以下两种观点。

（1）汉语中存在的词缀数量不多，但是存在的类词缀数量不少。持这种观点的学者占大多数，其中影响力最大的是吕叔湘（1979：40–41）所指出的，"说它们作为前缀和后缀还差点儿，还得加个'类'字，是因为它们在语义上还没有完全虚化，有时候还以词根的面貌出现"。[①]王洪君、富丽（2005）通过对比分析，认为类词缀是当代汉语中自由地创造新词语的活跃成分，的确有不同于一般词根、也不同于词缀的独特功能。

（2）汉语属于词根语，派生构词法在汉语中不占优势，因此，类词缀化在汉语中的表现并不明显。吕叔湘（1962）认为"在汉语的构词法里很难区别复合和派生"，"汉语构词基本上只有一个方式：复合"。赵元任（1979：112）也持相似观点，认为汉语中严格意义的词缀数量很少，他将现代汉语

---

① 吕叔湘先生将前缀和后缀统称为"语缀"，而非"词缀"，并认为这一概念包括"似的""的话"等助词。

中新兴的词缀称为"复合词中有广泛结合能力的成分"。朱德熙（1982：29）对词缀持严格的形式标准，认为词缀与词根"只有位置上的关系，没有意义上的关系"，主张将一般的类词缀看作复合词的构词成分。杨锡彭（2002：155-160）指出，"现代汉语中有很大一部分派生词与复合词的界限其实是很不清楚的"，"从语素表义作用看词的结构，把一般看作词缀的'性、者、员、家、手、化'构成的词看作以它们为中心的偏正式复合词也无不可"。"汉语的一些词缀实际是从复合词中的成分发展出来的。复合词中的一些成分的搭配范围很大，并且与其他成分的语义关系较为稳定，因此带有一些类似词缀的特性，这就是在一些论著中被称为'类词缀'的成分。这些类词缀有可能慢慢发展成为真正的词缀，但它们也可能长久地保持这种类词缀的性质，即作为组合能力特强的词根语素而在语言中存在下去。"（董秀芳，2004：43）在东亚和东南亚语言中，词汇语素和语法语素之间没有（规则的）形式区别，在固定位置出现的强构词力语素既可以被视为复合词的构词成分，也可以被视为派生词缀（Bisang，1996）。实际上，即使是形态变化相对丰富的英语也难以在复合与派生之间找到明确的界限（Bauer，1983），二者之间是一种连续的状态。

综合上述有关汉语类词缀讨论的观点，我们认为"词法模式"比"类词缀"在界定研究对象性质上更具准确性，主要考虑以下两点。

一方面，词法模式的概念具有整体性。相较于词法模式，类词缀仅为其构成成分之一，对任何类词缀的分析总是需要结合其所依附的成分。例如，"类词缀'手'只有在'X 手'这一派生模式中才具有类化的意义，从而起到类化的功能，也就是说'手'作为类词缀具有黏附性。再如'X 性'是名词类后缀，但单独出现时，在我们大脑中首先激活（active）的语义内容一般不是'事物的某种性质或性能'，而是'有关生物的生殖或性别'方面的语义"（尹海良，2011：57）。由此可知，词法模式的研究范围大于类词缀的研究范围，对类词缀的分析依赖于词法模式的整体结构及其他构成成分。

另一方面，词法模式的概念可有效解决成分语义虚实难定的问题。曾立英（2008b）统计分析了《现代汉语语法信息词典》中所收录的三字词，发

现 "X 机" 和 "X 器" 构词词频较高，认为 "机" 和 "器" 应被列为类词缀。但如果从意义上着眼，"机""器" 明显具有实在的意义，并未发生虚化或泛化。从一定程度上说，由表示上位概念的语素与说明成分相结合而产生的下位概念词均可被视为词法模式的产物，相应的，[说明成分 + 上位概念语素]或[上位概念语素 + 说明成分]结构即为词法模式，如 "海轮、江轮、河轮、货轮、客轮、游轮、油轮、渔轮" 等均可被视为[说明成分 + 上位概念语素]。取 "词法模式" 作为研究对象，可避开语义虚实程度主观臆断的问题，而重点着眼于词法模式的构词机制，即成分间的形义组配规律。

2.1.2 微观层面的个案描写研究

该类个案描写研究覆盖了现代汉语中绝大多数典型的词法模式[①]，如：

[X+ 化]（郭潮，1982；云汉、峻峡，1989、1994；周刚，1991）；

[X+ 热]（周洪波，1993）；

[X+ 吧]（高燕，2000）；

[X+ 式]（张谊生，2002）；

[X+ 界]（施春宏，2002；刘伟，2020）；

[零 +X]（张谊生，2003；周日安，2003）；

[X+ 秀]（周有斌，2005）；

[后 +X]（贾益民、刘慧，2005）；

[准 +X]（彭小川、毛哲诗，2006）；

[X+ 门]（张谊生，2007；刘娅琼，2008）；

[X+ 族]（曹大为，2007；刘楚群、龚韶，2010）；

[X+ 状]（张谊生，2008）；

[X+ 客]（张谊生、许歆媛，2008；杨绪明，2009）；

[X+ 领]（杨文全、王平，2008）；

[X+ 奴]（刘红妮，2008；刘楚群、龚韶，2010）；

---

① 部分研究在详尽的描写之后做了深入的解释分析，描写与解释难以剥离，因此我们将该类研究既归入描写性研究，也归入解释性研究中。

　　［X+霸］（金国华、王明华，2008）；

　　［X+版］（王圣博，2009）；

　　［X+女郎］（彭晓、杨文全，2009）；

　　［山寨+X］（沈中平、刘楚群，2009）；

　　［裸+X］（邵长超，2009；胡斌彬，2010）；

　　［X+党］（陈昌来、朱艳霞，2010）；

　　［X+控］（曹春静，2011；雷冬平，2011）；

　　［X+哥］（涂海强、杨文全，2011）；

　　［亚+X］（马婧，2012）；

　　［X+帝］（刘娅琼，2012）；

　　［微+X］（邱雪玫、李葆嘉，2015；汪敏锋，2016）；

　　［X+精］（刘富华、左悦，2021）。

　　此外，还包括一些无固定成分的无定型词法模式研究，如［（事物）+（颜色）］（杨文全、李媛媛，2013）、［（建筑物）+（性状）］（赵越，2010）等。其他个案分析还散见于宏观研究之中，如［X+户］［X+感］等。

　　词法模式的个案描写研究通常涉及以下几个方面。

　　（1）固定成分的语法特性；

　　（2）固定成分的语义特征；

　　（3）不定成分的音节数；

　　（4）不定成分的语法特性；

　　（5）不定成分的语义特征；

　　（6）不定成分与固定成分之间的结构关系；

　　（7）词语的语义类型；

　　（8）词语的语法功能（即优势搭配方式）；

　　（9）词语的适用范围；

　　（10）词语的使用和表达特点。

　　综而观之，该类个案研究主要有以下几点特征。

　　（1）研究大都基于一定语料分析词语结构和语义特征。

（2）大部分研究都对词法模式进行细分类，注意到了同一词法模式具有多种不同用法，这在一定程度上证明现代汉语词法模式的固定成分具有语义不稳定性。

（3）学者们大多将个案研究中的固定成分界定为"类词缀"，认为其在结构上具有定位性，语义上具有虚化或泛化倾向，构词能力上具有强能产性，这也与上述宏观层面的汉语类词缀研究相应。

（4）研究通常注重对固定成分进行溯源考察，如［X+ 吧］源于"酒吧"对英语 bar 的音译（高燕，2000）；［零 +X］源于对英语［zero–+X］的意译（张谊生，2003）；［X+ 门］源于"水门"对 Watergate 的意译（张谊生，2007）；［X+ 客］源于"黑客"对英语 hacker 的音译（张谊生、许歆媛，2008）；［X+ 控］源于对日语［X+ コン］的音译（曹春静，2011；雷冬平，2011）等。

（5）注重从语言外部因素对类推构词现象进行解释，例如从社会语言学视角分析词法模式的使用主体（曹春静，2011）、从社会文化心理视角分析词法模式的成因（杨绪明，2009）。

（6）注重词法模式的修辞效果，例如表达新异、陌生化或多样化等，但研究仅限于修辞效果，未分析修辞动因。

2.1.3 现有研究的不足

前人关于词法模式的描写性研究大致可分为宏观与微观两个层面，宏观层面主要着眼于界定词法模式固定成分的属性，而微观层面则主要关注各个词法模式的形义组配特征。两个层面的研究都已积累了大量成果，但总体而言，现有研究尚存以下几方面不足。

（1）研究视角较为单一，大多数研究基本着眼于对构词特征的描写与分类，而鲜有学者进一步探究构词特征背后的认知机制，缺乏对构词特征的系统性解释。少数涉及词法模式形成与发展特征的研究通常从语言外部因素，如社会文化、心理等视角进行解释，而未从语言内部运作机制出发进行探究。

（2）语义特征提取方面缺乏科学的参照标准，同样，语义类（包括不定成分语义类和整词语义类）的划分也缺乏严谨的划分程序。

（3）现象的描写与解释结合程度不高，例如一些研究对不定成分词性做了统计，但未深入分析不同词性不定成分在组配机制上的差异，未能准确、系统地说明现象本质。

以上所综述的研究基本上都侧重于对构词特征的描写，而较少基于理论展开解释分析，但这并不意味着描写不重要，充分的描写可以为科学的解释奠定坚实的基础。

2.2 关于汉语词法模式的解释性研究

2.2.1 生成语言学视角的解释

生成语言学对词法模式的解释主要聚焦于词库与词法问题。通常认为词库中存储特异性语言单位，而词法构造规则性语言单位。词库概念最早见于结构主义学派的理论之中，布龙菲尔德（Bloomfield，1933：274）认为其是"语法的附录，也就是不规则的基础形式的清单"。[①]从这一观点看，词库的内容是杂乱无章的，因此，很少有语言学家对其感兴趣。

对词库问题的系统关注始于早期生成语法，在乔姆斯基（Chomsky，1965）的模型中，词库与短语结构规则（phrase structure rule）相对立，二者共存于句法中的基础部分，但是其概念仍承袭结构主义语言学，将其视为不规则性单位的集合。[②]哈勒（Halle，1973）在乔姆斯基（1965）词库观点的基础上分析了英语的构词规则（word-formation rules），并将词库看作三个清

---

① 原文为：The lexicon is really an appendix of the grammar, a list of basic irregularities. 袁家骅等译本将 lexicon 译为"词汇"，实际上指的是"词库"。
② 乔姆斯基（1965）认为词库通过词汇插入（lexical insertion）与句法成分相作用，也就是说，这一过程通过向短语标记中的终端节点填充词汇项完成，该词项属于适宜的语类和子类，并具有适宜的选择特征。这一过程发生于深层结构之中，在运用短语结构规则之后、转换操作之前（Carstairs-McCarthy，1992：12）。

单：语素清单（a list of morphemes）、词典（dictionary）和过滤器（filter）。[①]
杰肯道夫（Jackendoff，1975）将乔姆斯基（1965）的词汇冗余规则（lexical
redundancy rules）运用于词法，使所有派生词都能够在词库中被列举为独立
词项，词库中仅包含词和语义具有特异性的习语，而不包含词根、词缀等
成分，这些成分所表示的意义可通过冗余规则获得。迪休洛和威廉姆斯（Di
Sciullo and Williams，1987）[②] 所持的词库观与杰肯道夫（1975）相似，区别
在于仅将那些至少在某方面具有特异性的词列入词库，而非全部实际存在
的词。此外，还有些研究者将词法置于词库之中，认为词库包含具有特异
性的词汇单位和构词规则，如詹森和斯通－詹森（Jensen and Stong-Jensen，
1984）、安德森（Anderson，1992）等。各家观点虽略有出入，但基本上都
认为规则或图式包含于词库之中，同时又未取消对词库与词法的区分。当前
的生成语法理论认为，词库包括语素集、合成构词区和屈折构词区三部分。
"语素集是语法的存储系统，里边存储着自由语素（词根）、黏着语素（黏
着词根、派生词缀、屈折词缀、功能词缀）以及其他一切已经可能被记住
了的语言形式（成语、习语、专有名词等）……合成构词区、屈折构词区、
句法都属于语法系统的操作系统。操作系统也叫运算系统（computational
system）。运算系统的主要职能是把小的语言单位组成更大的语言单位。"（何
元建，2011：16-17）因此，词库的功能在于储存词项、构造新词项和向句
法输出词项。

　　综而观之，生成语法内部关于词库内容这一问题存在较多不同的观点，

[①] 语素清单包含不可分析的词根和词缀；词典包含实际存在的词；过滤器包含可能存在的词（这
些词带有［－词项插入］标记），语义具有特异性的词和语音具有特异性的词（Halle，1973）。
哈勒三个清单的主张并未得到后继学者的认同，后继研究大多主张对其进行简化。

[②] 迪休洛和威廉姆斯（1987）将作为清单成分记忆的项目称作"列举元素"（listeme），并将需记
忆的特性称作"列举性"（listedness），如 walked 是一个词法对象（morphological objects），而非
清单元素，其清单元素为 walk 和 -ed。（Pinker，1999：24）通常情况下，"词法对象"具有特
异性，需要以列举的形式存储在心理词库中，而"句法对象"（syntactic objects）具有规则性，
无须以列举的形式进行存储。这所说的都是原型现象，词法对象与列举性之间不具有严格对应
关系，语言中存在大量的非原型现象。首先，习语（idioms）虽然是一种句法对象，但它以清
单的形式进行列举，因为其意义具有不可预测性，如 by and large；其次，词法词（morphological
words）虽然是一种词法对象，但它具有明显的规则性，意义具有一定的可预测性，因此不以清
单形式进行存储，如 walked。

随着生成语法的发展，词库内的成分越来越复杂，到最简方案时期已形成"大词库、小句法"格局（Chomsky，1995），但这些操作都是为了实现"句法具有自主性"的理论假设。

2.2.2 认知语言学视角的解释

2.2.2.1 关于词库与词法的解释

与生成语言学不同，认知语言学很少讨论词库与词法的问题，而更侧重于从各个不同视角对现象的认知机制进行解释。对词库与词法问题的讨论主要见于认知语法和构式语法的理论假设。认知语法认为"语法和词库之间不存在有意义的区分"（Langacker，1987：3），词库、语素、句法构成一个象征单位的连续统。"一个宣称具有心理现实性的准确的语言描写必须包含表达概括的规则和作为固定单位掌握的具体形式，即使这些具体形式与规则完全相符。"（Langacker，1987：42）例如 stapler 是［V+-er］词法模式的一个实例，但其意义并非构成成分 staple 和 -er 意义之和，即其意义具有特异性，而非仅仅表示"订东西的事物"，但如果将 stapler 列入词库，这又无法将其归入能产的［V+-er］词法模式。因此，Langacker（1987）主张 stapler 是［V+-er］词法模式的一个典型实例，此外，stapler 还构成一个语义值特殊化的固定词项，即 stapler 既是派生规则的产物，同时也是列举的固定单位。

与认知语法观点相似，构式语法同样主张取消词库与词法的划分，认为"我们语言知识的全部都可通过一个构式网络来获得，这就是构式库（constructicon）"（Goldberg，2003）。形式上规则但高频使用的表达式也存储于构式库之中，如英语中一些高频使用的复数形式。因此，语言知识应该被视为一个构式的大规模清单，即构式库（Hilpert，2014：14、22）。构式库内部并非杂乱无章，而是一个具有高度复杂结构和多重层级的网络系统，网络系统中的所有构式彼此连接。

2.2.2.2 关于具体词法模式的解释

近二十年来，汉语学界从认知语言学的各种理论视角出发分析解释现代汉语中具体的词法模式，研究涉及原型范畴理论（张云秋，2002；周日安、邵敬敏，2007），构式理论（刘玉梅，2015；苏向红，2010；游玉祥，2011；仇伟，2012；宋作艳，2016a；邵斌，2021；颜刚，2022），概念整合理论（张云秋，2002；白解红、陈敏哲，2010；吴为善，2011），隐喻、转喻理论（刘娅琼，2008、2012），认知关联理论（涂海强、杨文全，2011），认知形态学理论（张未然，2022）等多种认知语言学范畴内的解释性理论。

认知语言学的各理论是相互贯通的，如概念整合理论所强调的浮现意义（emergent meaning）与构式理论所强调的构式义相似，二者都独立于框架/构式和元素/成分；原型范畴扩展、构式压制、概念整合和认知关联等都基于隐喻和/或转喻的运作。因此，各家学者解释视角虽各不相同，但区别大多在于细节之处，总体而言，研究范式基本一致：在描写词法模式固定成分语义变化情况或成分间形义组配方式的基础上，运用认知理论的核心思想对语义变化规律或形义组配规律做出解释。

2.2.3 其他视角的解释

2.2.3.1 语法化理论视角的解释

"'语法化'通常是指语言中意义实在的词转化为无实在意义、表语法功能的成分，这样一种过程或现象"（沈家煊，1994）。一般的语法化概念指的是某一句法成分在句子中所承担的句法角色发生了变化，实词虚化是其重要的表现之一，如古代汉语中的不少实词在历史的演变中逐步语法化为现代汉语的副词（张谊生，2000），而在前人关于词法模式的研究中，语法化指的却是固定成分语义的变化，研究方法通常承袭实词虚化的模式，通过列举语素在相关历史文献中的用法以说明其语义及功能演变状况（张云秋，2002；张谊生、许歆媛，2008；邬菊艳、王文斌，2014；朱庆祥、方梅，2011；尹海良，2011）。

总体而言，将语法化理论运用于词法模式的研究一般需结合其他理论（如原型理论、概念整合理论等）进行综合分析，难以凭自身之力做到解释的充分性。此外，语法化的过程是漫长的，通常无法在短时间内迅速完成，而现代汉语词法模式的发展时间基本为十年到五十年，如果我们将大量词法模式固定成分的语义变化视为一种语法化现象，那么这将与语言演变的基本规律相悖。因此，我们不认为语法化理论适切于现代汉语词法模式研究。

2.2.3.2 生成词库论视角的解释

生成词库理论（Generative Lexicon Theory，GLT）旨在研究"语言中的多义、意义模糊、意义变化等现象"（宋作艳，2011），其中名词的物性结构（qualia structure）（Pustejovsky，1995）为解释词语的构造原理提供了一个新的视角。宋作艳（2010、2015）、周韧（2016）基于该理论指出汉语名词性类后缀黏附于名词性成分时通常会隐含动词，该动词基本上是名词性成分的功用角色或施成角色。生成词库论虽能部分解释汉语词法模式［N+N］组配模式的语义问题，但由于该理论是基于句法中的多义现象而提出的，对词汇现象的探讨仍处于初步阶段，因此，理论探索与现象分析仍有较大的空间。

2.2.3.3 模因论视角的解释

模因论隶属于语用学，"它试图从历时和共时的视角对事物之间的普遍联系以及文化具有传承性这种本质特征的进化规律进行诠释"（何自然，2005）。模因论的本质在于对信息的复制与模仿，语言作为信息传播的重要载体之一，自然也就成了模因的重要表现形式之一。前人在论及语言模因的传播过程时通常会辅以现代汉语词法模式作为解释说明的材料，如陈琳霞和何自然（2006）、谢朝群和何自然（2007）、何自然（2008）、杨永林（2008）、武和平和王玲燕（2010）等。然而，模因论的解释能力有限，对语言的分析着眼于表层现象，未能说明模因复制与模仿背后的深层原理，即未能对模因的编码与解码机制做出有效回答。

2.2.4 现有研究的不足

前人关于词法模式的解释性研究主要集中于生成语言学和认知语言学两个领域，其中生成语言学聚焦于词库与词法这一理论基础，认知语言学虽也关注词库与词法问题，但更倾向于对词法模式的构造机制做出解释。此外，语法化理论、生成词库论和模因论也是近年来学界解释词法模式结构特征及发展原理的重要手段。当前解释性研究的整体趋势是综合运用多视角研究方法，从不同角度剖析研究对象，从而得到更为全面的研究结论。该类研究加深了人们对现代汉语词语结构的认识，拓展了词语结构研究的视野，同时也极大地丰富了相关理论的研究领域。解释性研究虽已取得了丰硕的成果，但总体而言，现有研究尚存以下几方面不足。

（1）对现象的解释带有较强的主观性色彩。这尤其鲜明地表现在利用认知语言学理论进行分析的操作中。例如，运用转喻理论解释现象时对偶然性因素背后的客观依据关注不够，运用概念整合理论进行解释时缺乏对浮现意义的客观性剖析。再如，生成词库论虽追求百科知识的形式化，以实现认知操作的客观性，但广义物性结构中的规约化属性（conventionalized attribute）亦带有较多主观性因素。

（2）未能很好地兼顾描写与解释的充分性。同一词法模式有时具有截然不同的意义，如［X+霸］既可以表示强横无理、仗势欺人的人，如"财霸、市霸、渔霸"，也可以表示同类中某方面最突出的个体，如"学霸、考霸、面霸"，然而不少研究者在运用解释性理论分析词法模式时并未对其进行区分，而是混为一谈，通常取某一子类词法模式中的典型成员作为分析案例，以其特征代表所有子类词法模式，未能真实反映词法模式的发展状况。

（3）研究视域较为狭窄，视角较为单一。学者们在运用不同派系理论进行解释时，通常相互排斥，研究的视域仅限于本派系的理论主张，鲜有研究采取兼容并蓄的态度，以某一理论为主视角，辅以其他理论。单维视角的观察通常会出现研究盲区，多维视角的观察可更全面、有效地挖掘研究对象的本质。

2.3 小结

有关词法模式的研究大抵可分为两个阶段：第一阶段为结构描写阶段，时间大概为 20 世纪八九十年代，也包括 21 世纪初的一些研究；第二阶段为理论分析阶段，时间大概为 21 世纪的前二十年。两个阶段没有绝对的分界线，但是二者的研究方法与重心截然不同，前者注重对语言结构的描写与分析，后者则在描写的基础之上从当代语言理论各个视角对其进行深层理据探讨，研究目标发生了重大转向，从追求描写的充分性转为追求解释的充分性。

3. 词法模式及词法词的异质性

本章首先界定词法模式的概念并梳理以往研究中的相关术语；其次，通过对比词法结构与句法结构，提出本书核心术语"句法 - 词法词"与"唯词法词"。

3.1 词法模式的界定及特征

现代汉语中存在大量的词法模式，前人在这方面已经进行了丰富的研究，但相关的概念界定问题仅见于董秀芳（2004）、曾立英（2010）和蒋绍愚（2015）。

董秀芳（2004：101）"把汉语中具有一定规则性的产生词的格式统称为词法模式"，并概括了词法模式的三个特征：

（1）其中一个成分具有固定性，另一个成分具有语法类别和语义类别的确定性；或者虽然其中没有一个固定性成分，但两个成分都具有语法和语义类别的确定性。

（2）构成成分之间的语义关系固定。

（3）整体的意义基本可以预测。

从董秀芳（2004）概括的词法模式的三个特征可知，其对词法模式的判定遵循较为严格的标准。首先，词法模式要求其中的不定成分具有语法类别和语义类别的确定性，但我们通过考察语料发现，词法模式的不定成分在语法和语义类别上存在原型现象，即某些语法和语义类别成员确实比其他语法和语义类别成员更频繁地出现在不定成分位置上，但非原型成员的比例也不小，例如［X+奴］原型成员的不定成分为单音名词性成分，如"猫奴、娃奴、妻奴"等，但也存在如"上班奴、网购奴、租房奴"等不定成分为双音动词性成分的词语。其次，基于词法模式构造的词法词整体意义基本可以预测，但经考察发现，该类词法词在意义的可预测程度上存在较大差异，有些具有较高可预测性，而有些则难以预测，可预测性强弱在形式和语义结构上具有显著的规律性，如［V+N］的［X+门］比［N+N］的［X+门］词义更可预测，如"超生门"（指因不符合法定条件多生育子女所引发的事件）比"国旗门"（指与侮辱国旗有关的事件）更可预测，对后者的词义识解须借助语境补充与"国旗"相关的行为"侮辱"。

曾立英（2010）认为词法模式"在形式上有一些固定成分，在意义上，有这个模式所凝聚的整体意义"，其根据对《现代汉语语法信息词典》的统计，分析了其中三字词的词法模式。曾立英（2010）对词法模式的判定标准较严，仅包含具有固定成分的构词格式，并未包含无固定成分的构词格式。

蒋绍愚（2015：96）对词法模式做了如下界定：

"词法模式"指词法词（在线生成的词）的一种构词格式，这种格式是有能产性的，而且其构成成分的语义类别和所构成的复合词的意义之间的关系比较固定；就像一个造词模子一样，能在线生产出一批由同类语义构成，词义属于同一语义类别的复合词来。

该定义指出了词法模式的产物为词法词，并强调了词法模式的能产性和在线生成性。另外，同董秀芳（2004）一样，蒋绍愚（2015）也认为构词成分具有语义类别的确定性，即属于同一语义类。

董秀芳（2004）、曾立英（2010）、蒋绍愚（2015）等对词法模式定义和特征的分析可覆盖大部分现代汉语词法模式。据此，我们将典型的词法模式特征概括为以下四点：

（1）具有固定的构词成分（以下简称"固定成分"）；

（2）不定的构词成分（以下简称"不定成分"）属于同一语义类；

（3）构词成分之间的结构关系 [1] 固定；

（4）构词成分之间的语义关系固定。

（1）是形式方面的要求，（2）（3）（4）是意义方面的要求。以［（地点）+ 人］词法模式为例，形式上，固定成分为"人"，意义上，（地点）表示不定成分均为地点（出生地或居住地），（地点）和"人"之间的结构关系均为"（地点）修饰限定'人'"的偏正关系，语义关系均为"（地点）是'人'的出生地或居住地"，如"北京人、浙江人、中国人、美国人"。

除了典型的词法模式之外，现代汉语中还存在大量的非典型词法模式，这类词法模式通常只满足部分上述特征。我们以 1.1 节所列举的三个词法模式为例，首先，［（事物）+（颜色）］词法模式（玫瑰红、孔雀蓝、柠檬黄、青葱绿、沙滩金）不具有固定成分，但其中一个构词成分属于同一语义类且两个构词成分结构关系固定。其次，如果说［X+ 奴］（房奴、婚奴、孩奴、墓奴、车奴）词法模式中的不定成分尚可归纳为某一宽泛的语义类（在此为"生活困扰源"）的话，［软 +X］（软广告、软技术、软起飞、软人才、软条件）词法模式中的不定成分则不具有语义类上的同一性。虽然各个词法模式在典型性上存在程度差异，但均保持词法词构词成分之间的结构关系不变。因此，上述第三点特征可被视为词法模式的核心特征。当一个结构同时满足第（1）（3）或（2）（3）特征时，即可被视为词法模式。特征（4）的作用在于影响词法模式的典型性程度，而非影响词法模式的成立与否。

3.2 术语选择理据

学界除用"词法模式"外，还常使用"同族词、同素词、词群、词族、词语模、词化模式"等术语。本书不取这些术语而选用"词法模式"，具体理据如下：

---

[1] 本书区分"结构关系"和"语义关系"，"结构关系"和"语义关系"均属于语义层面的关系，均须凭借构词成分的语义来判定，但"结构关系"的判定采取的是语法结构分析法，而"语义关系"的判定采取的是语义结构分析法。详见第四章词法模式语义组配特征分析部分。

（1）孙常叙（1956：21）提出"同族词"，认为从一个词根孳生出来的派生词之间有同行辈的亲族关系，因此可将这些词叫作同族词。孙常叙先生认为同族关系除了指称派生词之间的关系外，还包括词根与词根之间的关系，如"幕"与"膜"属于同族词，因为它们都派生自"莫"。此外，"同族词"这一术语更常用于历史语言学中，表示"一种语言内部由源词及其孳生词、或同一来源的若干个孳生词构成的词语类聚"（张博，2003：30）。对"同族词"的研究"主要是根据语音交替的方式去追溯某一族词的形成过程及其所从出的原始形式"（徐通锵，1991：68）。首先，我们已在第二章关于汉语类词缀的研究综述中讨论过，汉语派生词与复合词之间的区别并不显著，因此，孙常叙先生的"同族词"概念在这一点上所指范围较"词法模式"窄小；其次，孙常叙先生"同族词"所指的"词根与词根之间的关系"即字与字之间的关系，这与派生词之间的关系截然相异，不可并行讨论；最后，"同族词"在历史语言学中表示词的孳生结果，孳生词之间的形义关系与"词法模式"成员之间的形义关系属于两个不同层面。

（2）常敬宇（1985）将词素[①]相同的一组词称为"同素词"，但"同素词"这一术语既包括相同词素在前的情况，也包括相同词素在后的情况，如将"炉火、煤火、焰火"与"火柴、火炉、火炬"视为同素词，并将"车马""马车"也视为同素词。此外，常敬宇先生也未注意到词素的多义性，如将"汉语、惯用语、手语"视为同素词。与"同素词"定义相似的是"同语素词语族"（简称"同素族"）（刘叔新，1990a：359），该术语的指称对象为具有同一语素而聚合成群的词语。该术语的使用注意到了对"同形异义"语素的区分，但是在归类上不对词与短语进行区分，如将"坠地"与"肝脑涂地"划为一类。

（3）"词群"这一术语由符淮青（1996）提出，该术语的指称对象虽然也包括以某个语素为核心而形成的词语聚合，但主要用于指称词汇场或语义

---

① 由于对"词素""语素"所持定义不一，有些学者将词内构成成分称为"词素"（常敬宇，1985；葛本仪，1988），有些则称为"语素"（刘叔新，1990a），我们对此不做区分，书中除了在对前人研究进行征引时使用"词素"外，其他处均使用"语素"。

场，分类上侧重于成员间的意义关系而较少考虑形式方面。

（4）"词族"这一术语有两种用法：一是指"汉语内部某一根词（或词源形式）及其直接或间接孳生出来的所有的词的总和"（张博，2003：33）；二是指具有某一共同形式特征的词语聚合体（杨绪明，2014：6）。第一种用法与"同族词"所指相关，属于历史语言学范畴；第二种则与"词法模式"所指部分重合，鉴于存在"一名二用"情况，我们亦不主张使用该术语。

（5）李宇明（1999）提出"词语模"概念，指称"具有新造词语功能的各式各样的框架。这种框架由'模标'和'模槽'两部分构成。模标指词语模中不变的词语，模槽指词语模中的空位"。由此可知，"词语模"的概念可以从形式上寻找判辨依据，即具有同一构词或构语的标志性成分。但是，词语模生成的单位包括词和词组两种，例如［X+ 族］［X+ 盲］［X+ 热］等词模和［X+ 工程］［X+ 情结］［X+ 效应］［绿色 +X］［中国式 +X］等语模均可被称为词语模。

（6）张雁（2004）借鉴泰尔米（Talmy，2000）的"词化模式"（lexicalization pattern）概念，提出汉语复合词的"词化模式"（lexicalization model），将其定义为"概念结构（conceptual structure）映射为词汇单位的模式"。该术语所针对的复合词"既包括由词组凝固成的复合词，也包括在线生成的复合词以及由原有的复合词演变而成的复合词"（转引自蒋绍愚，2015：98），但张雁主要着力于由词组凝固成的复合词，亦即通常所说的"词汇化"（lexicalization）现象。董秀芳（2011：1）认为"词汇化指的是非词汇性成分变为词汇性成分或者词汇性较低的成分变成词汇性较高的成分"的过程，该定义强调形式的凝聚化与意义的泛化，而词化通常指将概念转化为词的过程，词化的所指范围比狭义的词汇化要广泛得多[①]。我们主张区别运用"词汇化"与"词化"，将前者用于指称历时的非词汇性成分到词汇性成分的衍生过程，而将后者用于指称共时的造词过程。

[①] 学界亦有将词化视为词汇化的主张，布林顿和特劳戈特（Brinton and Traugott，2005：32）综述前人观点时指出，词汇化具有三种定义：（1）构词法的普遍（常规）过程；（2）溶合过程：导致组构性降低；（3）分离过程：导致自主性增强。该观点可视为广义的词汇化。

除上述六种术语之外，部分学者还使用"填框式"（陈昌来、朱艳霞，2010）、"框填结构"（刘娅琼，2012）等术语来指称该类现象。

综上所述，"同族词、同素族、词群、词族"着眼于构词结果，"词语模、词法模式、填框式、框填结构"着眼于构词规则。虽然所用术语各不相同，各术语对应的概念也不尽相同，但是研究关注的大都是现代汉语中具有能产性的构词框架。相较于其他术语，"词法模式"的指称范围最广，该术语既包括由固定成分与不定成分组合的形式，也包括构成成分都是不定成分，"但两个成分都具有语法和语义类别的确定性"（董秀芳，2016：102），语义关系固定的形式。

"词法模式"在指称上也具有更高的精准性。首先，相较于"词、族、群、模"等术语核心，"模式"更具抽象性，表示从同类对象中抽绎而来的结构，这与认知语言学中的"图式、构式"等概念相似，而"词、族、群"等概念更强调作为构词结果的现象本身，而未涉及对现象的归纳概括；其次，"词法"凸显了该类现象的规律性，说明了研究对象属于一种构词法则，而"同族、同素"等说法则局限于词语的类聚关系，未能深入类聚关系的本质；最后，"词法模式"在一定程度上揭示了词语构造的运作机制，语言使用者在一定语境中，按照构词法则以抽象模式为框架构造新词。

从术语自身系统性上看，"词法模式"也更具优势。语言系统中，不仅词法层面存在大量的构词模式，句法层面同样存在数量庞大的构语或造句模式，即句法模式，如"不 X 不 Y""中国式 X""有一种 X 叫 Y"。当前研究通常将句法模式称作构式，对句法层面的构式研究学界已经取得了丰硕的成果，这些成果也印证了句法模式存在的合理性。传统上，语言系统被划分为词法和句法两部分，二者虽然存在颇多差异，但是又具有内在的连通性和一致性。以构式为主线，贯穿词法模式与句法模式，有利于联通词法与句法，可有效完善理论与术语自身的系统性。

3.3 词法词的概念及异质性

3.3.1 两组对立概念

词法模式作为一种构词框架，其产物自然是词，但对于这个"词"的概念仍须做进一步的界定与说明。通常认为，根据词法模式生成的词为"词法词"，前人在区分"词"和"短语"的时候对词法词已经做过大量的研究（王洪君，1994；冯胜利，2001a、2001b、2002；石定栩，2002），但很少在汇聚词法词基础上做相关的词法模式分析，有关词法模式的研究也较少讨论词法词在语言单位层级上的重要性，如董秀芳（2004）、曾立英（2010）等，因为词法词既不属于典型的词，也不属于典型的短语，处于二者接壤的模糊地带。我们已在绪论中强调过，词法模式可被视为观察词法与句法接口问题的窗口，因此，我们须对前人研究中所提及的两组对立概念作一简要综述，以便后文分析。

第一组：词汇词与词法词。

长期以来，学界一直将"词法词"作为与"词汇词"相对立的概念使用，却未对二者进行明确的界定。通常认为，需要被列入词库进行记忆的语言单位为词汇词，根据词法规则生成、无须被列入词库的语言单位为词法词（Di Sciullo and Williams，1987；董秀芳，2004）。然而，这样的概念区分却存在两方面问题：首先，区分标准"是否被列入词库"看似明确，但怎样才算被列入词库？语言社团的心理词库因人而异，那么，"是否被列入词库"就是一个主观性很强的标准，也可谓无标准；其次，与标准问题相似，学界通常认为词法词词义具有完全可预测性，而词汇词则在词义的某方面具有不可预测性，然而，通过观察现代汉语派生词可发现，词法词的词义可预测性强弱不一，呈现出阶梯性原型差异，如"上班族"——在机关、企事业单位工作需按时上下班的人（《现汉》[①]），词义可预测性较高，而"啃老族"——

---

① 如无特殊说明，书中《现汉》均指《现代汉语词典》（第 7 版）。

已有谋生能力但仍然主要依靠父母养活的成年人（《现汉》），则因构词成分使用了比喻义（"啃老"喻指"依靠父母生活"）而表现出较低的可预测性。

第二组：词汇词与句法词。

"词汇词"与"句法词"也是一组对立的概念，通常认为根据构词法产生的词为词汇词，通过句法运作而产生的词为句法词（冯胜利，2001a、2001b、2002；石定栩，2002；庄会彬，2015）。"句法词是句法（syntax）的产物，词汇词则是词法（morphology）的结果（包括经固化而词化的形式）"（冯胜利，2001b），"句法词是通过句法运作在线（on-line）生成的，其结构具有可分析性，其意义也具有可预测性"（庄会彬，2015：120），如"铁桌、铁门"，词汇词的性质与之相反，如"白菜"是一个词汇词，当在语境中需要表达时，"只能从词库调用，作为一个整体直接插入到终端节点"（庄会彬，2015：121）。句法词是根据汉语韵律特征所推出的一个介于复合词和短语之间的语言单位，学界对句法词的句法运作机制已做了充分的解释，但对对立概念词汇词的词法运作机制鲜少提及。我们首先来看句法词的概念是如何来的，具体如何运作。

前人关于句法词的研究基本都聚焦于［A+N］的形名结构，因为该结构既可以是词法结构，又可以是句法结构，所以构造的语言单位既像词，又像短语，例如"白菜"是典型的词汇词，"白的花"是典型的短语，而"白花"则是介于二者之间的句法词。端木三（Duanmu，1997）认为"白花"这种［A+N］结构的语言单位的构词成分 A 与 N 之间结合紧密，其中的形容词性成分无法受副词修饰，名词性成分也无法受指示代词和数量词修饰，满足"词汇完整性假设"（The Lexical Integrity Hypothesis），即"短语规则不能影响词的专有部分"（Huang，1984），而"白的花"中的形容词则可受副词修饰，名词性成分可受指示代词和数量词修饰，如"*很白花——很白的花""*白那朵花——白的那朵花"。［A+N］结构"常常表现出一种'单词化'的倾向"，"是一种具有强烈的凝固趋势的结构，它的结构原则不是自由的造句原则"（朱德熙，1956）。陆志韦等（1964）以"插入法"（扩展法）为鉴定方法，认为"白花"这种［A+N］结构的语言单位属于短语，因为"白"和

"花"之间可插入"的"而语义保持不变，即"白花 = 白的花"。为了进一步界定像"白花"这样的［A+N］结构的性质，冯胜利（2001b）、石定栩（2002）根据 X-bar 理论对此做了新的解释。冯胜利（2001b）指出"句法上的附加法① （一个 X^0 附加于另一个 Y^0 节点之上）、并入法（一个核心词并入另一个核心词）等，均可以造成结果上的词"，即句法词，如图 3-1 所示：

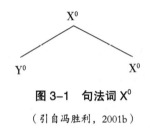

图 3-1　句法词 X^0

（引自冯胜利，2001b）

图 3-1 中 Y^0 附加于 X^0 的结果仍然是一个 X^0，这是因为附加只能在同类句法成分之间进行，所形成的也仍然是同类的句法成分（石定栩，2002；庄会彬，2015）。如此一来，"修饰关系就只有两种可能的结构，一种是短语修饰短语，另一种是核心词修饰核心词"（石定栩，2002），前者的产物是定中或状中短语，后者的产物是定中复合词或状中复合词，如图 3-2、图 3-3 所示：

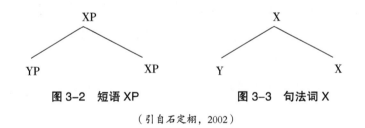

图 3-2　短语 XP　　　　　　图 3-3　句法词 X

（引自石定栩，2002）

图 3-2 中的短语 YP 附加于短语 XP，形成的新结构也是短语，图 3-3 中核心词 Y 附加于核心词 X，形成的新结构也是核心词，即句法词。因此，庄会彬（2015：18）将句法词的形成条件概述如下：

当且仅当

---

① 除原文征引外，本书将 adjoin 均译为"附加"。

1）X 的地位是 X^0，且

2）Y 的地位是 Y^0

Y 附接于 X 能够构成句法词 X

也就是说，句法词由 X^0 和 Y^0 两部分构成，且 Y^0 附加于 X^0。"未附有 Y^0 的 X^0 则为'词汇词'，直接来自于词库"（庄会彬，2015：36）。

3.3.2 词法词的异质性

同样是与词汇词对立的概念，词法词与词汇词对立的标准在于是否存储于词库，而句法词与词汇词对立的标准在于运作机制为句法还是词法，由此看来，前人所谓的词法词与句法词似乎并不存在可比性。学界在使用这两个术语时也并未明确二者的差异所在，如裴吉瑞（Packard，2000）、董秀芳（1998、2007）、施春宏（2017）等虽在文中同时使用了两个术语，但并未对二者做出特别区分。[①] 实际上，由于标准的不同，这两个概念有时是交叉运用的，如"白花、大树"既是词法词，又是句法词，因为［A+N］既是一种词法规则，又是一种句法规则，但"猪肉、羊肉"则只是词法词，而非句法词，因为偏正式的［N+N］通常是一种词法规则，而非句法规则[②]。由此看来，词法词的外延是大于句法词的，它包括那些只符合词法规则不符合句法规则的词语，如果我们将该类词语称作"词法词狭义"，而将董秀芳（2004）的词法词称作"词法词广义"，那么可以得到以下包孕关系：

词法词广义 = 句法词 + 词法词狭义

施春宏（2017）以 VV 型复合词为例，证明了汉语句法结构词法化的可

---

① 周荐（2003）虽对二者做了明确区分，但其所谓的"句法词""词法词"与学界通常所讨论的"句法词""词法词"在性质与范围上存在较大差异。文章对"句法词""词法词"的界定着眼于词语可否套用句法模式加以解释，认为"能够套用句法的模式加以理解、解释的词，有的是直接由短语词化而来的，有的虽不一定由短语词化而来但却可以被人为地归到某个短语构成的模式上，它们都可以被视为句法层面上合成的词。而无法套用句法的模式加以理解、解释的词，既然并非由短语词化而来，也无法归到某个短语构成的模式上，它们不妨看作是词法层面上的词"。

② 句法层面也存在少数符合规则的偏正式［N+N］，如"孩子脾气、木头桌子"。感谢孟凯教授指出该点。

能性，即汉语句法结构与词法结构之间存在部分同构性，有一些句法组配模式在词法中也可实现，但有一些则无法实现，相反，有一些词法组配模式在句法中则无法实现。苏宝荣（2016、2017）统计分析了《现汉》（第 6 版）中收录的 36266 个由名、动、形语素构成的双音复合词的组配模式，发现现代汉语双音复合词中基于常规组配模式生成的词语共 21210 个，基于非常规组配模式生成的词语共 15056 个，也就是说，现代汉语双音复合词中 58.5% 的词语组配模式是既符合词法规则，又符合句法规则的，而另外 41.5% 的词语组配模式则只符合词法规则，而不符合句法规则，如对于偏正式来说，［A+N］和［A+V］组配模式（如"软广告"和"软起飞"）既符合词法，又符合句法，而［N+N］和［V+N］组配模式（如"汉语热"和"出国热"）则只符合词法规则，而不符合句法规则，符合句法规则的［N+N］结构（如"男女"）应为联合式，符合句法规则的［V+N］结构（如"吃饭"）应为述宾式。既然句法结构和词法结构之间存在部分同构性，部分句法结构可词法化，那么我们亦可将冯胜利（2001a）等所主张的句法词视为词法运作的产物，即句法词所对应的句法结构已经实现了词法化。如此看来，句法词仍然包含于词法范畴，那么更恰当的术语应该是词法词。如果我们将有相应句法结构的词法词称作"句法–词法词"，把无相应句法结构的词法词称作"唯词法词"[①]，那么我们也可对上述包孕关系稍作调整：

词法词 = 句法–词法词 + 唯词法词

句法–词法词与唯词法词的特征对比如表 3-1 所示。

表 3-1　句法–词法词与唯词法词特征对比表

词法词类型	词法结构	句法结构
句法–词法词	+	+
唯词法词	+	−

[①]　感谢张博教授为本书研究对象定名为"句法–词法词"和"唯词法词"。

　　由此可知，现代汉语词法词具有异质性，可分为既符合词法结构规则、又符合句法结构规则的句法－词法词和仅符合词法结构规则、不符合句法结构规则的唯词法词。《语言学百科词典》（戚雨村等，1993）对"复合词"的界定也采用了相同的分类方式："两个或两个以上的词根或词干用复合法结合而成的词。如'身体'、'梅花'、'手提箱'、'葡萄酒'等。一类是句法复合词，即其构词成分的关系可按联合、偏正、主谓、动宾等作句法方式的说明；又一类是非句法复合词，即其构词成分的结构关系不可作一般的句法方式的分析。"由此可见，词法词的异质性也在一定程度上反映了整个复合词的结构特征。我们将在第五、第六章中详细分析两类词法词的形义组配特征。

3.4 词法结构与句法结构的部分同构性

　　关于词法结构与句法结构的关系，学界有三种观点。

3.4.1 强调词法结构与句法结构之间的同构性

　　词法结构与句法结构的同构性"是指复合词构词成分之间存在着类似于句法的结构关系，二者是相通的。这种结构关系是客观存在的，它影响着我们对词义的理解和认识"（贺阳、崔艳蕾，2012）。

　　关于词法结构与句法结构具有同构性的观点，国外语言学界很早就有学者主张，最有影响力的是吉翁（Givón，1971）所提出的"今天的词法是昨天的句法"。塞尔柯克（Selkirk，1982：2）认为"词语结构（word structure）与句法结构（syntactic structure）具有相同的一般形式特征，此外，二者由相同的规则系统所生成"。生成语法中的"镜像原则"（The Mirror Principle）也认为"词法派生必须直接反映句法派生（反之亦然）"（Baker，1985）。有关汉语词法结构与句法结构同构的观点最早可追溯到赵元任（1979）和高名凯（1986）。赵元任（1979：185–221）则最早使用句法结构术语指称汉语合成词类别，他将汉语复合词分为五类：主谓复合词、并列复合词、主从复合词、动宾复合词、动补复合词。高名凯（1986：97）指出，复合构词法是汉语重要的构词方式之一，"这种构词法和形态的构词法不同，它是拿句法的原则来构词的"。

受西方结构主义语言学的影响，陆志韦等（1964）、任学良（1981）、朱德熙（1982）、沈孟璎（1988）等均主张词法结构与句法结构在形式上具有高度的一致性，"汉语复合词的组成成分之间的结构关系基本上是和句法结构关系一致的。句法结构关系有主谓、述宾、述补、偏正、联合等，绝大部分复合词也是按照这几类结构关系组成的"（朱德熙，1982：32）。

综而述之，该类研究基本上都认为汉语词法结构与句法结构的区别只是不同层面的问题，因此，对二者的分析通常采用同一种方法与同一套术语，而鲜少关注意义在词法结构分析中的作用。

3.4.2 强调词法结构与句法结构之间的异构性

对异构性的关注始于 20 世纪八九十年代对现代汉语逆序结构的研究，主要包括对动状结构（李行健，1982）、正偏结构（戴昭铭，1982；周荐，1991）和统量结构（刘叔新，1993）等的分析。该类研究所反映的是汉语复合词词素序与句法词序的关系问题，认为二者存在质的区别，如刘叔新（1990b）、黎良军（1995）等。李行健（1982）、王宁（1997）强调对现代汉语词语结构的分析需要注重从历时角度进行观察，一些现在通用的复合词是古代汉语句法或词法运作的结果，如"养病""打拳"等［V+N］结构在语义上分别表示"因患病而休养""用拳练打"，"病"和"拳"分别为"养"和"打"的状语性成分，而非宾语性成分。同构观由于受结构主义语言学影响深远，因此较为重视对语言现象的描写分析，而异构观则更强调对特殊词法结构做理据性解释分析。

异构观的另一个关注点在于整体义与成分义的关系。黎良军（1995）、李运富（2010）等强调词义不等于语素义的加合，认为典型的复合词词义具有整体性，通常发生了"组合变异"，整体词义不可从组成成分义完全预测而知。

3.4.3 强调词法结构与句法结构之间的部分同构性

语言中的各种现象处于典型与非典型的关系之中，而非绝对的"是"与"不是"。词法结构与句法结构之间的关系也并非简单的完全同构或完全异构，持同构观的学者在分析中会发现异构现象，持异构观的学者在分析中也不得不承认大量存在的同构事实。以往学界的研究大都持二分观点，将各家学说以"非此即彼"的形式归为"语法构词理论"与"语义构词理论"（叶文曦，1996；董秀芳，2004；朱彦，2004；施春宏，2017），然而，语言事实的复杂性决定了观察所得结果的多样性，也就是说，词法结构与句法结构之间并非截然的同构或异构，大量的研究表明，二者处于一种部分同构的关系，即现代汉语的某些词法结构具有对应的句法结构，而某些则没有。戴昭铭（1988）早已指出，"词法结构不可能模拟所有句法结构的模式，句法结构也未能涵盖全部词法结构的模式。二者并非那样'对应'和'一致'，而是像两个相交的圆，既有互相叠合部分，又有互不相干的领域"。苏宝荣（2016、2017）对现代汉语双音复合词的统计研究也在一定程度上证明了词法结构与句法结构之间具有部分同构性。

既然两种结构具有部分同构性，那么原因何在？刘叔新（1993）[①]、董秀芳（2002）、石毓智（2004）、贺阳和崔艳蕾（2012）等将原因归纳为两点。首先，"很多复合词是古代词与词的句法组合逐渐词化的结果"（刘叔新，1993），该类复合词在产生之初，其结构关系是符合句法结构关系的，只不过汉语句法经过长期的演变发展，已不再保持原来的规则，而复合词在生成之后就以固定的形式存在于语言系统之中，不随句法规则的改变而变化词序或结构关系等，也就是说，两种结构的异同"在很大程度上与词汇化过程有关"（贺阳、崔艳蕾，2012），如受汉语词汇化影响而发生的短语词汇化与句法结构词汇化（董秀芳，2002；石毓智，2004）。其次，"新产生的许多复合词，结构上仿照词与词的句法组合方式"（刘叔新，1993）。周荐（1991、

[①] 刘叔新（1990b、1993）虽然从现代汉语词素序和词序差异的角度说明词法结构与句法结构存在质的区别，但同时也指出大多数词法结构与句法结构相近似。

2004）考察了 32346 个双字格复合词，发现"其中可以用句法的结构模式加以解释的有 31237 个，约占 96.57%"。"这为数众多的词，有些本就是由短语凝固成的，短语在词化的过程中其句法格式随之被凝结在复合词的词根和词根之间……更多的词，则是人们在造词时受到句法模式的潜移默化的影响，自觉不自觉地把句法结构规律用到构词上，从而对词根与词根的关系做出句法式的解释，即：句法上某种性质的成分可以或不可以与某种性质的成分结构在一起，在构成复合词时也仿照来做。"（周荐，2014：147–148）李运富（2010）指出，复合词的产生途径主要有三条：一是句法短语的词汇化；二是选取语素以非句法形式组合成词；三是用典故手段把某种意义固化于某个相关组合。三条途径都要求组合成分发生意义变化，"也就是在成词以后的静态平面上，语素的参构意义无论是各自还是相加都不等于复合词的表达意义"。其中第一条中的词法结构有对应的句法结构，而第二条和第三条中的词法结构则无对应句法结构。

综上所述，汉语词法结构与句法结构具有一定的同构性，这一点是不容置疑的，前人的统计考察已在共时层面证实了这点，母语者的语感也充分支持了这点。此外，大量研究也从历时视角探析了同构或异构的理据，如短语词汇化与句法结构词汇化为同构观提供了支持，而跨层结构词汇化、"古汉语句法遗存"（马真，1981；贺阳、崔艳蕾，2012）则为异构观提供了支持。无论是强调词法结构与句法结构同构的观点，还是强调二者异构的观点，但凡对纷繁复杂的语言事实进行全面的描写分析，都将发现大量与己方观点相左的词例。对词法结构与句法结构关系的研究需在承认共时层面大量同构现象的基础上，从历时视角，采取语义分析法，探索二者异构的缘由。

3.5 小结

首先，本章界定了现代汉语词法模式的概念，认为典型的词法模式具有以下四点特征：（1）具有固定成分；（2）不定成分属于同一语义类；（3）构词成分之间的结构关系固定；（4）构词成分之间的语义关系固定。其中（3）

为词法模式的核心特征，当一个结构具有（1）（3）或（2）（3）特征时，就可被视为一个词法模式。

其次，本章系统梳理了与本书相关的术语，包括"同族词、同素词、词群、词族、词语模、词化模式"等，并说明了选用"词法模式"作为术语的缘由。

最后，本章综述了前人有关词法模式产物"词法词"的相关研究，提出将词法词划分为"句法－词法词"与"唯词法词"的主张。"句法－词法词"既符合词法结构规则，又符合句法结构规则，"唯词法词"仅符合词法结构规则，不符合句法结构规则。在此基础上指出现代汉语词法结构与句法结构具有部分同构性的观点。

4. 词法模式的构式属性及范畴化特征

本章首先界定词法模式的构式属性，其次从构式分类、构式层级和构式的范畴化机制等视角分析词法模式的构式特征。

4.1 构式的定义

构式理论滥觞于 20 世纪八九十年代，现已发展为认知语言学的主流之一，在国内语法学界得到了广泛的关注，具有强劲的发展趋势。该理论内部存在不同的分支，在汉语学界影响最大的为戈德伯格（Goldberg，1995、2006），研究集中于句法层面，主张句法结构具有独立于动词的意义，并且在一定条件下，构式义可改变动词义。构式理论不同于其他理论的关键之处在于其对语言形式和意义的关系的处理上，本书主要参照戈德伯格与兰盖克"认知构式语法"（Cognitive Construction Grammar，简称 CCxG）对构式的界定。

戈德伯格（1995：4）对构式所下定义如下：

C is a CONSTRUCTION iff$_{def}$ C is a form-meaning pair $\langle F_i, S_i \rangle$ such that some aspect of F_i or some aspect of S_i is not strictly predictable from C's component parts or from other previously established constructions.

（C 是一个构式，当且仅当 C 是一个形式 - 意义配对体 $\langle F_i, S_i \rangle$，其中 F_i 的某方面或 S_i 的某方面不能从 C 的构成成分或其他业已存在的构式中严格预测出来。）

戈德伯格（2006：5）对上述定义做了修正，认为：

Any linguistic pattern is recognized as a construction as long as some aspect of its form or function is not strictly predictable from its component parts or from other constructions recognized to exist. In addition, patterns are stored as constructions even if they are fully predictable as long as they occur with sufficient frequency.

（任何语言格式都可被视为构式，只要其形式或功能的某方面不能从其构成成分或其他业已存在的构式中严格预测出来。另外，即使有些语言格式可以得到完全预测，但只要它们有足够高的出现频率，那么仍然会被存储为构式。）

结合戈德伯格的构式定义和本书的研究对象，我们须对以下三方面内容做进一步探讨。

4.1.1 单一语素是否为构式

戈德伯格（1995、2006）认为构式的研究对象包括语素、词、短语、句子等在内的语言任何层级的单位，这样看来，构式概念是对索绪尔语言符号概念的扩展（Hoffmann and Trousdale，2013），将索绪尔所言的形式 – 意义配对体从词或语素层级扩展到语言的所有层级。以汉语为例，表4-1中的各例代表了构式的不同层级。

表 4-1　不同层级构式及其例示

语素	不成词语素		民、语、伟、习、者、儿、化、阿
	成词语素		走、牛、人、手、买、重、葡萄、橄榄
词	单纯词		马、少、扑通、姥姥、咖啡、冰激凌、奥林匹克
	合成词	复合词	朋友、左右、领袖、国家
		派生词	画儿、桌子、主观性、规范化
短语	固定短语		胸有成竹、走马观花、穿小鞋、走后门
	非固定短语		越来越+A(例如：越来越美、越来越高)
句子	带标记句		Subj+把+Obj+V+了 (把字句，例如：我把苹果吃了，他把水倒了)
	无标记句		Subj+V+Obj$_1$+Obj$_2$ (双宾句，例如：老师送我一本书，妈妈给我一块钱)

戈德伯格（1995：4）认为语素是构式，"因为它们也是形式和意义的配对体，且其形式和意义不能从其他构式中推导出来"。但是，语素作为语言中最小的音义结合体，不具有组合性，在"可预测性"上显然与合成词及其以上层级的语言单位相异。构式是一个形义配对体，如果将语素视为构式，那么其形式只能是其语音形式，如将英语中的语素 pre- 拆分为 p、r、e，但拆分出来的是无意义的音素，而句法/词法构式的形式则是构成成分的组配方式，二者截然不同（邓云华、石毓智，2007；陆俭明，2008）。"在构式语法路径通常的主流理解中，构式是比单一词语更大的语法单位。"（Trousdale and Gisborne，2008）我们可通过对兰盖克构式观的认识做进一步的分析。

兰盖克（1987，2008）提出认知语法中三个基本类型的结构：语义结构（semantic structure）、音系结构（phonological structure）和象征结构（symbolic structure）。其中象征结构具有两极（bipolar），它由语义极（semantic pole）（语义结构）、音系极（phonological pole）（音系结构）和两极之间的联系构成（Langacker，1987：76）。例如象征结构 [[CAT]/[cat]] 中 [CAT] 表示语义结构，[cat] 表示音系结构，/ 表示象征关系。象征结构的图式化表征如图4-1 所示。

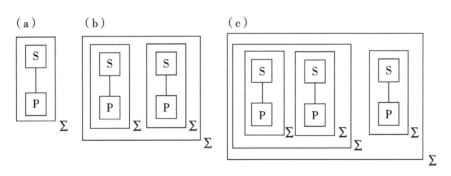

图 4-1　兰盖克 "象征结构" 示意图

（引自 Langacker，2008：15）

S 为语义极，P 为音系极，Σ 为象征结构，（a）表示简单结构，该结构即一个由语义极和音系极构成的象征结构，如语言中的语素；（b）的外框表示一个高层象征结构，该结构由两个低层象征结构结合而成，如语言中的合成词；（c）的外框表示一个更复杂的象征结构，如语言中的短语（Langacker，2008：15-16）。也就是说，象征结构彼此结合可生成更为复杂的象征结构：$[\Sigma_1] + [\Sigma_2] \rightarrow [\Sigma_3]$[①]。在特定组织层级上，成分结构（component structure）$[\Sigma_1]$和$[\Sigma_2]$整合成了复合结构（composite structure）$[\Sigma_3]$。如成分表达式 jar 与 lid 可整合形成复合表达式 jar lid。该结构可表征为：$[[JAR] / [jar]] + [[LID] / [lid]] \rightarrow [[JAR\ LID] / [jar$ lid]]，对应的图式化表征如图 4-2 所示：

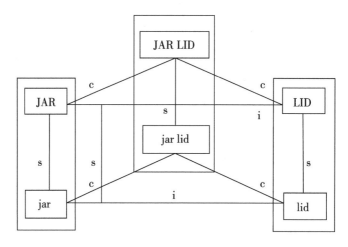

c=composition（组合）；i=integration（整合）；s=symbolization（象征关系）

图 4-2　象征结构 jar lid 的图式化表征形式

（引自 Langacker，2008：162）

　　"在任一极上，复合结构不仅仅只是其所基于的成分结构的简单加合。复合结构自身就是一个实体，通常具有浮现特征，该特征并非继承自或严格预测自其构成成分和成分间的对应关系。"（Langacker，2008：164）也就是说，在兰盖克看来，一个语素是一个象征结构，两个或多个语素组合之后的复合结构为构式，构式也是象征结构。由此可知，象征结构分布于语言的各个层级，其中，从合成词层级开始，其性质发生了质变，即具有了构

---

① 兰盖克（2008：161）的表达式为"$[\Sigma_1] + [\Sigma_2] = [\Sigma_3]$"，但考虑到复合结构具有浮现义，即$[\Sigma_3]$不可从$[\Sigma_1]$和$[\Sigma_2]$中完全预测而知，因此，本书将其中的"="改为"→"，王寅（2011）对此持相同观点。

式属性，也就是说，"构式是象征复合体（symbolically complex），包括两个或两个以上作为其成分的象征结构"（Langacker，1987：82）。泰勒（2002、2004）也持此观点，认为构式是一个内部复杂的语言结构，可被分析成若干组成部分。

由于单一语素并不在我们的研究范围之内，我们不对其构式性质做进一步的讨论，我们所关注的是由两个构词成分复合而成的词语及其结构，这两个对象在属性上都属于典型的构式。

4.1.2 "形式 – 意义配对体"还是"形式 – 功能配对体"

戈德伯格（1995）将构式定义为"形式 – 意义配对体"（form-meaning pair），又于 2006 年改述为"形式 – 功能配对体"（form-function pair）[①]，也就是说，与"形式"对应的一极从"意义"变成了"功能"。米凯利斯和兰布莱希特（Michaelis and Lambrecht，1996）早已对此有过相似界定，他们将构式视为"形式 – 意义 – 功能复合体"（form-meaning-function complex）。克罗夫特（2001：18）在具体化"象征单位"时也将语用特征纳入了构式构成成分之中，认为象征单位的形式部分包括"句法特征"（syntactic properties）、"形态特征"（morphological properties）和"音系特征"（phonological properties），而意义部分包括"语义特征"（semantic properties）"语用特征"（pragmatic properties）和"话语 – 功能特征"（discourse-functional properties），如图 4-3 所示。

---

① 戈德伯格和杰肯道夫（2004）已将构式定义为任何被存储的形式 – 功能配对体（pairings of form and function）。

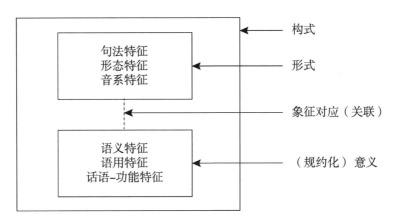

图 4-3 克罗夫特"象征单位"的图式化表征形式

（译自 Croft, 2001：18）

其实，无论将构式定义为哪种配对体或复合体，都不会对构式的概念造成大的影响。"认知语言学的一个指导性理论假设是：意义来源于语言使用，是基于人类经验基础之上的一种语言概念化活动。因此，在认知语言学看来，语义学和语用学没有原则性的区别，它们同属于语义域（semantic pole）。"（王馥芳，2014：20-21）但由于意义是认知语言学的研究核心，因此，在不强调构式语用功能的情况下，我们将主要使用"形式–意义配对体"，而在着力分析构式语用特征时，使用"形式–功能配对体"。

4.1.3 不可预测性是构式的充分不必要条件还是充分必要条件

生成语法研究聚焦于语言中具有规则性的现象，认为这些现象是语言的核心成员，而不规则性现象则被视为语言的边缘成员，通常被置于词库中进行处理，如语言中的习语、成语等特殊表达式。构式理论正是发轫于对语言边缘现象的研究，认为语言的边缘表达式与核心表达式一样都具有语言学价值。"国内外很多学者尝试从习语和特殊构式入手，着手先解决特殊的、复杂的语言现象，然后以此为基础来反溯和解释概括的、规则的、简单的核心现象，并通过描述某特殊构式能被恰当运用的条件，来逼近和描写具有概括性的讲话人语言能力。"（王寅，2011：前言8）如菲尔默等（1988）以 let alone 为例，认为语言中的特殊表达式可被处理为"形式–意义"固定的配对体。戈德伯格（1995）在界定构式时，强调其意义的整合性，也就是非组合性（non-compositionality），这些构式通常是语言中具有语义特异性的单位。戈德伯格对该界定标准做了让步，将语义具有可预测性的单位也都囊括在内，从而极大地扩大了构式的范围，"不可预测性不是判定构式的必要条件"（Goldberg，2006：64）。"语言的事实应该是既存在不可推导的构式，也存在可推导的构式，每种语言中的简单句构式无疑都是可推导的，不可推导性不是构式的唯一性质。"（刘大为，2010）

此外，同一语言现象，既存在符合构式允准条件的成员，也存在不符合构式允准条件的成员。符合允准条件的自然可预测性程度就高得多，而不符合允准条件的自然就低得多。如此看来，如果将可预测性程度较高的成员视为构式的原型成员，那么可预测性程度较低的成员则为边缘成员，可预测性存在原型特征。我们将在第五、第六章详述词法模式的组配特征及其所蕴含的可预测性强弱差异。

4.2 构式的分类

4.2.1 实体构式与图式构式

对构式的分析须建立在合理的分类基础之上。根据抽象程度的强弱差异，构式可被分为两类：实体构式（substantive construction）和图式构式[①]（schematic construction）。实体构式指形式层明确具体的构式，如"房奴、艳照门、啃老族"等，而图式构式则指在形式层上具有空位的抽象构式，如［X+奴］［X+门］［X+族］等，这些构式可允准具体的实体构式，如［X+奴］可允准"房奴、车奴、药奴、医奴、孩奴"等。

---

① 图式（scheme）指"一种内化的或简化的心理组织或结构"[《哲学大辞典》（修订本）]。语言学界对该术语的用法主要有两种，一种与心理学中的用法相似，表示"用于语篇处理过程中典型范例的心理再现或预测以及理解语篇所描述的某个范例的心理再现"（转引自常宗林，2002），这一用法与"框架"（frame）、"脚本"（script）等概念的用法相似，强调的是对言语情景的抽象表征；另一种强调对言语事实的抽象表征，是对言语所进行的归纳，而非针对言语所描述的情景，本书所使用的图式即该用法。

图式构式内部还可分为半图式构式和完全图式构式两类，如上述［X+奴］就是半图式构式，构式包含固定成分和不定成分两部分。同性质的半图式构式可抽象出图式性更高的完全图式构式，如［X+奴］［X+族］［X+盲］［X+女］［X+党］等构式可抽象出［X+N_{指人}］完全图式构式。

4.2.2 词法构式与句法构式

詹卫东（2017）从构式与传统语法单位对应的视角，将构式分为四类：（1）凝固型构式；（2）半凝固型构式；（3）短语型构式；（4）复句型构式。但是，詹文的四类构式采取了双重分类标准，"凝固型构式"与"半凝固型构式"之间的区分标准为构式的图式性程度，即上一小节"实体构式"与"图式构式"的区分标准，而"短语型构式"与"复句型构式"之间的区分标准为构式的复杂性程度。实际上，依据复杂性程度的更确切分类结果为"词法构式"与"句法构式"，其中词法构式管辖合成词层面，而句法构式则管辖短语、句子和篇章等层面。词法构式与句法构式存在很大的不同，构式理论发端于语法层面并非偶然。句法构式可用以表达基础性的概念场景或非常基础的概念（Hilpert，2014：101）。正如戈德伯格（1995：39）的"场景编码假设"（Scene Encoding Hypothesis）所言，"与基本句子类型对应的构式将人类经验中基础的事件类型编码为其核心意义"。由于本书研究对象为词法模式，因此，以下将详述词法构式的特点。

词法构式（morphological constructions）也称"形态性构式"，指的是词法层面的构式单位，对其进行的分析主要着眼于结构内部的复杂性（Booij，2013）。构式本身具有意义，该意义独立于句子中的词语（Goldberg，1995：1）。对于词法构式而言，构式的意义通常独立于其非核心构词成分，而依附于其核心构词成分。语言表达式的意义具有可预测性，从句子的构成成分通常可以推知整句的含义，这也是人类用语句进行交际的基本条件之一。如果语言的所有表达式都不具有意义的可预测性，那么所有的句子都将以一成不变的形式进行存储与使用，也就是说，语言使用者的大脑中（或者说"构式库"中）所存储的就必须是所有接触过的具体句子，这既不符合语言的心理现实性，也不符合使用的创造性。前文论述过，不可预测性不是构式的充要条件，可预测性是一个程度问题，任何表达式的构成成分对表达式意义的推导都具有一定的贡献，说话人不会用一个与意义表达完全无关的成分来构造句子。与句子相比，词语意义的可预测性要弱得多。单纯词的意义不存在预测的问题，必须以整体形式进行存储与使用。合成词的意义具有一定的可预测性。有些合成词构词规则明显，构词成分义对推导整词词义具有较大的贡献，整词词义基本可根据构词规则与构词成分义的组合推知。有些合成词则非如此，语言使用者构造词语时根据所处语境，选择对其而言具有明示效应的语境信息，结合业已掌握的构词规则构造新词，但对于接受者而言，在缺少语境或切换语境的情况下，信息的明示效应将大大减弱，甚至无效。

汉语的词法模式是一种构式。从图式性程度看，词法模式是图式构式，生成的词法词为实体构式；从复杂性程度看，词法模式是词法构式，生成的词法词均属合成词。我们已在第二章中阐释过，汉字"形－音－义"一体的特殊性质致使汉语的复合词结构与派生词结构不具有鲜明的界限，因此，作为构式的汉语词法模式包括复合词结构与派生词结构。需要注意一点，单独的派生词缀并不具有构式性质，如汉语的"亚－、－者、－头、－子"等，英语的"anti-，pre-，-ing"等，支持"语素是一种构式"观点的学者通常将这类派生词缀视为构式（严辰松，2006、2008）。然而，派生词缀的运用必须结合其所附加的词根成分方可表派生语义，也就是说，派生词缀必须处于派生结构之中，派生结构才是真正的构式，派生词缀是构式的构成成分，是一种构式标记。一般说构式义独立于构式成分，但这种独立是"相对独立"。如果没有构式成分作基础，所谓的构式义就是无根之木、无源之水。此外，与现代汉语的句法组配模式相比，汉语合成词（主要是复合词）存在大量的"超常组配"，如"名名偏正组配""动名偏正组配""动动偏正组配"等，"这种超常组配能够产生并为使用者理解，是因为有复合词隐含的结构义做补充"（苏宝荣，2016）。任何理论都有其适用的范围，构式理论也并非能够解释所有合成词。合成词中的向心结构和部分离心结构通常能够得到较为充分的解释，但有些离心结构发生了语义转指（如英语 big-potato 意指"大人物"），须借助其他理论进行解释，如隐喻、转喻等。

词法模式是一种构式的支持还来自对语言浮现特征现象的研究。在心理学范畴内，浮现特征指组合概念所拥有的不属于任一子概念的特征（Murphy，2002）。概念整合理论中的浮现结构（emergent structure）和构式理论中的构式义在性质上均表示外在于（而非独立于）词语或句子构成成分的语义内容。如在 "Frank sneezed the tissue off the table"（弗兰克一喷嚏把纸巾喷下了桌子）中，致使 – 移动的构式义由［SUBJ［V OBJ OBJ］］构式所提供，而外在于其具体的构成成分。反观我们所研究的词法词，当我们仅着眼于一个词法词时，通常不易发现其中所隐含的构式义，但如果我们着眼于一组词法词，那么将明显觉察到外在于构词成分义的构式义的存在。如通过观察"大叔控、技术控、萝莉控、微信控、侦探控"等词法词，我们可以抽绎出"对……极度喜欢的一类人"的构式义。与完全图式构式的构式义不同，半图式构式的构式义通常需要依托图式构式中的构式标记，"依托"并非意味着构式义属于构式标记，二者是相互依存的，构式标记一旦脱离图式构式则不再表构式义。如脱离［X+ 控］构式的"控"不再表"对……极度喜欢的一类人"。

近年来，欧美语言学界已从构式视角对词法现象展开了详细的分析，英语词法构式研究主要分析两种对象：屈折词法构式（inflectional morphological constructions）和派生词法构式（derivational morphological constructions）。屈折词法构式反映的是句法层面的语法意义，而派生词法构式反映的则是词法层面的词语构造特征。英语中词语的复数形式、过去分词形式、现在分词形式、比较级形式、最高级形式等屈折变化形式均可被视为词法构式，本书不对这些语法性现象进行分析，详细研究可参阅休伯特（Hilpert，2014）。

对英语派生词法构式的研究由来已久，前人大多集中于对构词规则的研究，如普拉格（Plag，2003）。既然已经有构词规则可对语言中的词汇现象进行解释，那为何还要选择从构式视角进行分析？首先，对于符合构词规则的词汇现象，构式理论同样也能做出解释，如针对英语中的 baker、buyer、runner、seller、speaker 等词，我们既可以提取出［V+-er］的派生模式，同

样可以提取出图式 [[x] V er] N "one who Vs"（Booij，2010：2），其中的动词通常表达自我控制的动态行为（Hilpert，2014：76）。其次，对于不符合构词规则的词汇现象——通常为新词或具有特殊语用功能的词语，构式理论可通过压制操作对其做出合理解释，具体的压制操作涉及隐喻、转喻等其他更为具体的认知方式（有关压制的详细分析见第六章）。例如，[V+-able] 构式的构词规则或图式要求进入 V 的成分为及物动词，如 washable、foldable，当不及物动词充当其构词成分时，构式将对其进行压制，从而表达准及物意义（quasi-transitive senses），如 a laughable proposal 是指该proposal "can be laughed at"（Hilpert，2014：76）。

综上所述，词法构式具有抽象与具体之分，具体层面的词法构式就是一个个具体的实例，而抽象层面则是从实例中提取出的图式性表征，二者均是规约化的形式和意义配对体，因此，二者均为构式（Booij，2010；Hilpert，2014）。

4.3 词法模式的构式层级

构式路径有助于我们捕捉一组表达式的概括性，这些表达式具有相似特性并且在一定时期内以某种特殊的方式发展而来：如通过构式语法化，它们变得更具图式性；通过词汇化，它们变得更具习语性（Trousdale，2008）。为了捕捉这种概括性，还须根据图式性程度差异设定一组构式层级，这与戈德伯格（2006：18）"构式一以贯之"（it's constructions all the way down）的主张相一致。

我们在上一节中已经指出，根据图式性程度的强弱，可将构式划分为实体构式与图式构式两大类。从实体构式到完全图式构式是一个图式性递增的连续统，这意味着构式层级并非只划分为两层或三层，半图式构式与完全图式构式具有多种划分方法，可根据研究的需要而定。通常情况下可将构式划分为三个层级：宏观构式层（macro-cxn level）、中观构式层（meso-cxn level）和微观构式层（micro-cxn level）。霍夫曼（Hoffmann，2014）以指称构式为例，对构式的三层级划分法进行了阐释，如图 4-4 所示。

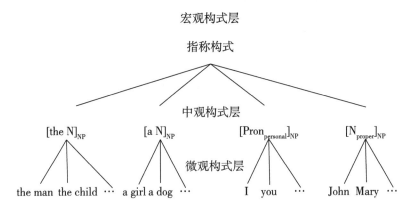

图 4-4　指称构式子网络中的构式分类网络

（译自 Hoffmann，2014）

宏观构式图式性最强，图中为"指称构式"，微观构式实体性最强，图中为具体语式，中观构式的图式性程度介于二者之间。基于使用的构式理论强调构式网络是采取自下而上的方式产生的，输入频率在图式性构式的固化过程中具有重要作用（Hoffmann，2014）。也就是说，微观构式在较高例频率（token frequency）的作用下可进入语言使用者的心理构式库中，当心理构式库中存储了足够的微观构式后，即具有较高的类频率（type frequency），语言使用者可从中抽绎出一个中观构式。[①] 同样的原理，宏观构式抽象自足够的中观构式。

对构式层级的划分所产生的直接结果是我们可以将语言中的构式组织为一个内部彼此关联的结构化清单，该清单以分类网络（taxonomic network）的形式进行表征（Croft and Cruse，2004：262）。这些分类网络允许具体的构式从更一般、抽象的构式中承继特性（Hoffmann，2014）。"我们关于语言的全部知识可通过构式网络获得。"（Goldberg，2003）

---

① 此处的图式构式是采取归纳的方式抽绎而出的，以往研究大都持此观点，但在第七章中我们将提出图式构式的溯因推理模式。

4.4 词法模式的构式范畴化特征

4.4.1 认知语言学的范畴化方式

关于人类认知世界的方式，学界现有三个模型：标准 – 属性模型（criterial– attribute model）、原型模型（prototype model）和基于图式性的模型（a model based on schematicity）（Langacker，1987：371）。形式语言学以标准 – 属性模型为核心，认为范畴可由属性束或一组充分必要条件来定义，也就是说，范畴的边界是明确的，属于同一范畴的成员没有隶属度的差异，即不存在核心成员与边缘成员之别。认知语言学的范畴理论包括原型模型与图式模型两种，前者的范畴化方式为原型范畴化，后者的为图式范畴化，二者虽有不同，但也存在不少共通之处。

4.4.1.1 原型范畴化

原型范畴化理论认为范畴是以原型实例为中心进行组织的，范畴的成员资格是一个程度问题，原型实例是范畴正式的、中心的成员，而其他实例则根据它们偏离原型的程度与方式而构成一个从中心到边缘的渐变等级（Langacker，1987：17）。例如，罗斯（Rosch，1975）实验表明，"知更鸟"被视为鸟类范畴中的原型实例，是该范畴最好的样本，"鹦鹉"因有粗壮的腿、长尾等属性而被视为该范畴的中间样本，"企鹅"因不会飞且会游泳等属性而被视为该范畴的最差样本。

戈德伯格（1995：34；75）对构式多义性的分析采用的就是原型范畴观，认为构式具有一个明确的中心意义和多个不同的扩展意义（又称"关联意义"），这些扩展意义以具体的动词为参照，通过某个特定类型的多义联接（polysemy links）与中心意义相关联。"所有的构式都存在从典型成员到次典型成员到边缘成员这样的范畴原型效应（prototypical effect）。"（施春宏，2014）

4.4.1.2 图式范畴化

图式在本质上是常规化或认知固化的体验型式（Kemmer，2003）。图式范畴化理论认为图式是一个抽象范畴，它与范畴所定义的所有成员都完全兼容（所以成员资格不是一个程度问题）；它是一个体现成员共性的整合结构，这些成员是更为具体和详细的概念，它们以不同方式阐述图式（Langacker，1987：371）。也就是说，图式是一个理想化的存在，相应地，范畴在根本上就是基于"理论"（theories）的产物（Murphy and Medin，1985），所谓的"理论"即理想化认知模型（Idealized Cognitive Model，参见 Lakoff，1987）。理想化认知模型表明，有关某一特殊域的知识在某种程度上可能是理想化的或可能与我们在特定场合中遇到的事情的实际状况不相适切（Taylor，2004）。例如莱考夫（1987：70–71）所列举的 bachelor（单身汉），理想化的bachelor 是未婚的成年男性，但现实中也存在独身的牧师和没有结婚但有同居情侣的男性等。兰盖克（2008：174）指出，作为抽象结构的图式（理想化认知模型）与其实例是无法分离的，图式应被视为内含（immanent）于其实例（"存在于"实例）之中，也就是说，图式存在于其实例所处加工过程的某些方面之中。

4.4.1.3 两种范畴化方式的结合

原型范畴化模式与图式范畴化模式虽然存在差异，但二者在认知语言学界都得到了广泛的运用，如泰勒（1996）对 S 型属格构式的分析采取原型范畴化方式，戈德伯格（2006）对"主语－助动词倒装"结构的分析采取图式原型化方式，斯特凡诺维奇（Stefanowitsch，2003）在分析英语属格构式中修饰限定成分与中心成分之间不同语义关系时则认为两种分析路径都是可取的，既可将其中一种语义关系视为基本语义关系，将其他关系视为这一基本原型的扩展，也可提取一种抽象特征，该特征覆盖所有已知构式所编码的关系。

兰盖克（1987：371–373）将原型范畴化与图式范畴化进行了综合，认为二者都寓于一个形式为 S > T=V 的比较事件之中。当概念化者在目标（T）中成功观察到一个满足标准（S）的某些或全部具体特征的构型时，范畴化即可实现。更确切地说，标准和目标之间的差量（V）必须低于某一容忍限度。当 S 的所有具体特征都被 T 满足时，那么 V=0，S 被称为一个图式，范畴化关系 S ━▶ T 为阐释（elaboration）或具体化（specialization）[①]，S和 T 完全兼容，尽管后者在细节上更具体。当 S 和 T 之间不一致时，V 的值为非零，从该术语概括化的意义上来说，S 可被称为一个原型，范畴化关系S ┈┈▶ T 涉及扩展（extension）而非简单的阐释，因为如果要在 T 中观察到这一构型，那么 S 的某些具体特征必须被修饰或搁置。词汇网络通过原型扩展向外的发展与通过图式提取向上的发展具有内在联系，它们是同一扩展机制的不同方面。

基于对词法模式范畴化过程的考察，我们认为，除了"扩展"与"提取"的区别外，原型范畴化与图式范畴化之间还存在"先"与"后"的关系。词法模式先通过原型范畴化进行成员扩展，再通过图式范畴化进行图式提取，这两种范畴化方式与词法模式及词法词的频率相关。

4.4.2 词法模式范畴化中的例频率与类频率

认知语言学中的频率可分为例频率（token frequency）与类频率（type frequency）。例频率指某一语法类型的特定词例在语言使用中出现的频率（Croft，2007），该频率针对具体的构式而言，表现为实体性的微观构式，如"文盲、舞盲、音盲、球盲、医盲"等。例频率的提高能够强化微观构式在个体心理中的词汇强度。类频率指"某图式构式所允准的具体表达的种类"（张立飞，2010），该频率针对图式性的中观构式与宏观构式而言，如中观构式［X+盲］可允准"文盲、舞盲、音盲、球盲、医盲"等微观构式。类频率与构式抽象程度正相关，构式的类频率越高，其构式义越抽象，例如［X+族］可实现的微观构式量要远多于［X+盲］，前者的构式义相对抽象，表示"具有某种属性的一类人"，而后者的构式义则相对具体，表示"对某种事物不能辨别或分辨不清的人；缺乏某方面常识、能力的人"。类频率越

---

① 兰盖克（1987）将范畴化关系 S→T 表述为阐释（elaboration）或具体化（specialization），兰盖克（2008）改述为阐释（elaboration）或例示（instantiate）。

大，意味着图式构式能产性越强。例频率越大，则意味着实体构式在社会语言生活中的流通度越广，使用频率越高，进入辞书的可能性也越高。词汇研究中通常所说的频率即例频率，如"频率是词化的重要动力"（刘云、李晋霞，2009）指的就是例频率对短语词化的作用。对于词法词而言，一个词法词如果有足够高的例频率，那么该词的凝固度就会更高，也就更倾向于转化为通用语中的词汇词。

在词法模式范畴化的最初阶段，起作用的主要是微观构式，但微观构式内部又存有差异。

第一类微观构式是中观构式的来源，中观构式是在微观构式的基础上提取的结果，例如语言使用者在交际中接触到"啃老族、裸婚族、月光族、草食族、试药族"等微观构式，通过比较归纳，可提取出中观构式［X+族］。该构式具有形式和语义两层信息，形式层表现为 X 与"族"的韵律和形类组配，语义层表现为 X 修饰限定"族"，整体构式义为"具有某种属性的一类人"。

第二类微观构式是中观构式语境化的产物，由语言使用者将语境（或语义）信息压缩入中观构式的空位而生成，例如语言使用者在提取出中观构式［X+族］的形式和语义信息的基础上，选取与中观构式的形式和语义相适切的词语压缩入空位而生成新词。

作为词法模式类推原型的词例通常为语言中具有较高例频率的微观构式，它们是中观构式提取的来源，如最早的［X+哥］词例为"犀利哥"：

【犀利哥】指一位名叫程国荣的乞丐。因其特别的举止、不伦不类的着装方式、犀利的目光而在互联网上爆红一时。（《2010 汉语新词语》）

该词短时间内在媒体中大量涌现，语言使用者以其为原型进行类推造词，如"锦旗哥、大衣哥、托举哥、撑伞哥"等。高例频率的模型以整体的形式进入个体心理构式库之中，类推规则的提取依赖于语言使用者对进入构式库的微观构式的对比分析[①]。通过剔除相异信息，语言使用者可以得到一

---

① 此处所介绍的理论模型为归纳模型，第七章我们将证明，类推构词更常见的是溯因推理模型。

个具有空位的词语框架，即中观构式［X+哥］。从功能上看，规则内嵌于中观构式之中，中观构式的结构和语义特征决定了进入空位的语言信息及空位得到填充后的整体词义。通过对带构式标记（固定成分）的中观构式进行归纳，可以提取出更抽象的宏观构式［X+N_{指人}］构式，该构式表示"某一类人或某一事件主体"，包含［X+奴］［X+族］［X+男］［X+女］［X+哥］［X+盲］等中观构式。个体构式库中所存储的为少数微观构式和由此提取而来的中观构式。中观构式为基本层级范畴的概念表征，宏观构式作为上位层级范畴的概念表征通常只存在于潜意识之中，而微观构式作为下位层级范畴的概念表征，因数量过大而难以进入构式库中进行存储，仅少数会进入构式库，至于什么微观构式会进入构式库，一方面受到构式原型程度的影响，另一方面受到个体言语接触过程中的偶然性因素影响，如接触的先后顺序。

作为原型的微观构式最初只是语言使用者的一个临时用法，当其"因为所反映的认知经验或交互方式获得了认同，引起人们再次使用它的兴趣，它的性质就很可能在重复使用中发生变化"（刘大为，2010）。语言使用者对重复使用的微观构式进行成分替换之时，抽象的中观构式将伴随新微观构式产生。由此可知，作为原型的微观构式是整体感知的，而包含规则的中观构式是一种结构化的型式，一旦该型式被语言使用者从微观构式中提取出来，那么它就具备了一定的能产性。现代汉语类推构词的创造性主要出现于中观构式层。例如，原型的［X+奴］构式，其中空位 X 在形式上为单音节名词，整体在构式义上凸显 X 带来的经济负担，如"债奴、房奴、车奴、药奴"等。语言使用者的创造性类推构词会在形式和构式义上偏离原型程度较高的微观构式，如"租房奴"空位为双音节动宾结构，在形式上偏离了原型，"考奴"意指"因过度重视考试或不断参加各种考试而承受巨大压力的人"，形式偏离的同时，构式义上凸显 X 在量上的过度而带来的精神负担。语言使用者利用中观构式构造新词会带来中观构式类频率的提高，从而也强化了构式在语言使用者心理构式库中的痕迹。

根据对现代汉语类推现象的观察，微观构式与中观构式在上述类推过程中都具有重要作用，但是宏观构式在整个类推过程中并未起到显著的作用，普通的语言使用者通常不会对其进行提取。同样是抽象的图式构式，中观构式可为语言使用者提供直接的构词框架，新微观构式的产生依赖于中观构式的填充，宏观构式的提取依赖于中观构式的抽象，但宏观构式不直接作用于词语的类推构造。

4.5 小结

首先，本章综合兰盖克（1987、2008）、戈德伯格（1995、2006）、克罗夫特（2001）等研究，认为现代汉语词法模式是典型的构式。词法模式是由两个或两个以上构词成分整合而成的形式 – 意义配对体。

其次，从图式性程度看，词法模式是具有一定抽象度的图式构式，符合词法模式构造规则的词法词是实体构式；从复杂性程度看，词法模式是词法构式，符合词法模式构造规则的词法词是合成词。

最后，从范畴化视角着眼，词法模式先通过原型范畴化进行成员扩展，再通过图式范畴化进行图式提取。原型范畴化与微观构式的例频率相关，图式范畴化与中观构式的类频率相关。

5. 词法模式的形义组配特征

构式是一个形义配对体，可公式化表示为 $C \langle F_i, S_i \rangle$。戈德伯格（1995）所说的"形"指语法角色，"义"指语义角色，例如，"致使－移动构式"（Caused–Motion Construction）的"形"可表述为 $V \langle SUBJ\ OBL\ OBJ \rangle$，"义"可表述为 CAUSE–MOVE $\langle cause\ gole\ theme \rangle$。词法研究同样需厘清"词法形式与词法意义之间的对应关系"（董秀芳，2004：5）。

本章着眼于对采集到的语料做形式和语义组配特征的描写，其中形式包括韵律与形类[①] 两方面。在此基础上，概括归纳后定型、前定型、无定型三类词法模式的原型组配模式并对三者进行比较分析[②]。词法模式及语料的筛选遵循以下操作步骤：

（1）我们以 2006—2020 年的《汉语新词语》系列辞书为底本，通过统计分析，筛选出其中能产性较高的词法模式（后定型取词例数大于等于 8 的词法模式，前定型取词例数大于等于 6 的词法模式）；

（2）如果某一词法模式在《汉语新词语》中已有较多词例，如［X+族］词法模式共有 343 例词语，那么我们就以这些词例为考察对象；

（3）如果某一词法模式在《汉语新词语》中词例较少，如［软+X］词法模式仅有 10 例，那么我们就结合《现代汉语词典》（第 7 版）、《新词语大词典》（1978—2002）、《新词语大词典》（1978—2018）、《新世纪新词语大词

---

① "复合词成分的形类指成分的语法形式类别（grammartical class），即成分的语法性质。"（孟凯，2018）

② 传媒语体中也产生了一些中空型词法模式，如"限 X 令"（限批令、限娱令、限购令、限塑令、限液令），但该类型的词法模式能产性较低且词语词义组合性较明显，故不单独作为一类进行讨论。

典》（2000 年—2015 年）和《100 年汉语新词新语大辞典》（1912 年—2011
年）等辞书筛选补充语料，如［软 +X］词法模式共有 33 例补充词。

我们对形式组配特征的分析主要基于对［X+ 族］［X+ 奴］［X+ 盲］［X+
热］［X+ 吧］［X+ 门］［X+ 商］［X+ 粉］［X+ 替］［X+ 霸］［X+ 控］［X+ 客］［X+
体］［X+ 男］［X+ 哥］₁［X+ 哥］₂［X+ 二代］［X+ 化］［软 +X］［硬 +X］［零
+X］［裸 +X］［微 +X］₁［微 +X］₂［亚 +X］［（事物）+（颜色）］等筛选出来
的词法模式的考察，通过这些词法模式以把握形式层的优势组配模式，但对
语义组配特征、词法词识解机制及类推构词机制等的分析则不再局限于所筛
选的词法模式，力求实现解释覆盖面的最大化。

5.1 词法模式的形式组配特征

5.1.1 后定型词法模式的形式组配特征

后定型词法模式指后位构词成分固定的词法模式。根据对语料的筛选，
本书主要分析以下后定型词法模式：［X+ 族］［X+ 奴］［X+ 盲］［X+ 热］［X+
吧］［X+ 门］［X+ 商］［X+ 粉］［X+ 替］［X+ 霸］［X+ 控］［X+ 客］［X+ 体］［X+
男］［X+ 哥］₁［X+ 哥］₂［X+ 二代］［X+ 化］。

5.1.1.1 韵律与形类组配模式的个案分析

1.［X+ 族］的形式组配特征

《现汉》（第 7 版）"族"的释义中，对应［X+ 族］固定成分义的为义项 ❺
（称具有某种共同属性的一类人）。该用法最早出现于《现汉》（第 5 版），该
版次条目"族"下有四个义项，其中配例"打工族、上班族"被视为义项 ❹
（事物有某种共同属性的一大类）的比喻用法，而《现汉》（第 6 版）与《现
汉》（第 7 版）则将"打工族、上班族"等配例中"族"的语义离析为独立
的义项 ❺，不再将其视为义项 ❹ 的比喻义。

2006—2020 年的《汉语新词语》中共有［X+ 族］词法词 349 例。首先，
我们统计分析词例的音节组配规律，结果如表 5–1 所示。

表 5-1 ［X+族］音节组配表

韵律模式	［1+1］	［2+1］	其他	总计
例数(例)	14	317	18	349
比例(%)	4.0	90.8	5.2	100

由表中数据可知，［X+族］词法模式的典型韵律模式为［2+1］，且该模式所生成的词法词数量远多于其他组配模式。

其次，我们对词例的不定成分形类进行分析，将不定成分为动词性语素的词例标注为［V+N］，将不定成分为名词性语素的词例标注为［N+N］，将不定成分为形容词性语素的词例标注为［A+N］[①]。由于该类词法词的不定成分涉及缩略、音译、以形表义、谐音等现象，因此，形类标注必须以词语释义为参考，而非脱离释义的主观臆断，以下对各类词法模式形式组配规律的考察均遵循该方式。主要有以下几种情况：

（1）不定成分为音译成分，例如：

【阿鲁族】兼职赚外快的人。"阿鲁"源于日语词アルバイト（读成 arubaito）。(《2010汉语新词语》)

"阿鲁"为日语词的音译成分，如果单从汉语着眼，我们难以知晓其真实语义，也难以判定其形类，但通过查检其日语对应词的词义，可以将其判定为动词性语素。

（2）不定成分以形表义，例如：

【孨族】[zhuǎn zú]称经过自身努力获得成功，有房子、车子、妻子的男人。"孨"原为懦弱、孤独、孤儿的意思。又读nì，聚合的意思。因其由三"子"叠加构成，现在网络上用以表达"三子"的意思。(《2012汉语新词语》)

"孨"原义为"懦弱、孤独、孤儿"，但在"孨族"中通过以形表义的方式表达"房子、车子、妻子"的意思。因此，根据释义可将"孨"判定为名

---

① 我们将非谓形容词性语素也标注为A，因为非谓形容词在语义上主要表性质，这与形容词的主要功能相似。

词性语素。

（3）不定成分谐音表义，例如：

【海豚族】即"海囤族"，"海豚"谐音"海囤"。（《2010 汉语新词语》）

"海豚"在"海豚族"中实际表达的语义为"大量购买商品囤积"，因此，根据释义可将"海豚族"中的"海豚"判定为动词性语素。

通过分析 349 例［X+族］词法词的形类组配规律，综合表 5-1 数据，可以得到"［X+族］形式组配表"，如表 5-2 所示。

表 5-2　［X+族］形式组配表

单位：例

形类模式	［1+1］	［2+1］	其他	总计
［N+N］	9	66	5	80
［V+N］	3	234	13	250
［A+N］	2	17	0	19
总计	14	317	18	349

从该形式组配表可知，［X+族］词法模式以［2+1］的［V+N］式词法词为典型，该模式的词法词约占总词例的 67.0%。

2.［X+奴］的形式组配特征

《现汉》（第 7 版）"奴"的释义中，对应［X+奴］固定成分义的为义项❷［称失去某种自由的人，特指为了偿还贷款而不得不辛苦劳作的人（含贬义或戏谑意）］。该用法最早出现于《现汉》（第 6 版）。由于该词法模式的不定成分通常由缩略语素充当，因此，对其形类的判定需要参考缩略语素原形式的语义，例如：

【彩奴】称沉溺于购买彩票并为其所累而承受巨大压力的人。（《2007 汉语新词语》）

"彩"在此为"彩票"的缩略语素，因此，可将其判定为名词性成分。[①]

---

① 下文对［X+粉］等词法模式不定成分形类的判定均涉及对缩略语素语义还原的问题，具体操作步骤与对［X+奴］词法模式的判定方式相同，因此，下文概不重述。

综合 2006—2020 年的《汉语新词语》、《现代汉语词典》（第 7 版）、《新词语大词典》（1978—2002）、《新词语大词典》（1978—2018）、《新世纪新词语大词典》（2000 年—2015 年）和《100 年汉语新词新语大辞典》（1912 年—2011 年）[①]，共收集到［X+ 奴］式词法词 39 例，其形式组配规律如表 5-3 所示：

表 5-3 ［X+ 奴］形式组配表

单位：例

形类模式	［1+1］	［2+1］	其他	总计
［N+N］	30	2	1	33
［V+N］	3	3	0	6
总计	33	5	1	39

从该形式组配表可知，［X+ 奴］词法模式以［1+1］的［N+N］式词法词为典型，该模式的词法词约占总词例的 76.9%。

3.［X+ 盲］的形式组配特征

《现汉》（第 7 版）"盲"的释义中，对应［X+ 盲］固定成分义的为义项 ❸指对某种事物不能辨别或分辨不清的人；缺乏某方面常识、能力的人。该用法最早出现于《现汉》（第 3 版），该版次条目"盲"下有三个义项，其中义项 ❷ 为"比喻对某种事物不能辨别或分辨不清"。

经检索，共收集到［X+ 盲］式词法词 22 例，其形式组配规律如表 5-4 所示：

表 5-4 ［X+ 盲］形式组配表

单位：例

形类模式	［1+1］	［2+1］	总计
［N+N］	19	3	22
总计	19	3	22

---

① 下文对［X+ 热］等词法模式语例的收集范围均与［X+ 奴］的操作方式相同，因此，下文概不重述。

从该形式组配表可知,[X+盲]词法模式以[1+1]的[N+N]式词法词为典型,该模式的词法词约占总词例的86.4%。

4.[X+热]的形式组配特征

《现汉》(第7版)"热"的释义中,对应[X+热]固定成分义的为义项 ❾(加在名词、动词或词组后,表示形成的某种热潮)。该用法最早出现于《现汉》(第3版)。

经检索,共收集到[X+热]式词法词56例,其形式组配规律如表5-5所示:

表5-5 [X+热]形式组配表

单位:例

形类模式	[2+1]	[3+1]	其他	总计
[N+N]	28	1	1	30
[V+N]	25	0	1	26
总计	53	1	2	56

从该形式组配表可知,[X+热]词法模式以[2+1]的[N+N]式和[V+N]式词法词为典型,两类词法词数量相当,两者之和约占总词例的94.6%。

5.[X+吧]的形式组配特征

《现汉》(第7版)"吧²"的释义中,对应[X+吧]固定成分义的为义项 ❷(供人从事某些休闲活动的场所,有的兼售酒水、食品)。该用法最早出现于《现汉》(第5版),该版次条目"吧²"释义为"出售酒水、食品或供人从事某些休闲活动的场所"。

经检索,共收集到[X+吧]式词法词41例,其形式组配规律如表5-6所示:

表 5-6 ［X+ 吧］形式组配表

单位: 例

形类模式	［1+1］	［2+1］	总计
［N+N］	23	7	30
［V+N］	7	2	9
［A+N］	1	1	2
总计	31	10	41

从该形式组配表可知,［X+ 吧］词法模式以［1+1］的［N+N］式词法词为典型,该模式的词法词约占总词例的 56.1%。

6.［X+ 门］的形式组配特征

《现汉》(第 7 版)"门"的释义中,对应［X+ 门］固定成分义的为义项 ❿(借指引起公众关注的消极事件)。该用法最早出现于《现汉》(第 6 版)。

经检索,共收集到［X+ 门］式词法词 175 例,其形式组配规律如表 5-7 所示:

表 5-7 ［X+ 门］形式组配表

单位: 例

形类模式	［2+1］	其他	总计
［N+N］	86	2	88
［V+N］	81	5	86
［A+N］	1	0	1
总计	168	7	175

从该形式组配表可知,［X+ 门］词法模式以［2+1］的［N+N］式和［V+N］式词法词为典型,两类词法词数量相当,两者之和约占总词例的 95.4%。

7.［X+ 商］的形式组配特征

《现汉》(第 7 版)"商¹"的释义中,没有与［X+ 商］固定成分义相对应的义项。义项 ❹(除法运算中,被除数除以除数所得的数)是［X+ 商］模型"智商"中"商"的语义，但其他词语中的"商"已发生变化，表示"某方面的商数或能力"，详见语义组配分析部分。

经检索，共收集到［X+商］式词法词31例，其形式组配规律如表5-8所示：

表5-8 ［X+商］形式组配表

单位：例

形类模式	［1+1］	总计
［N+N］	25	25
［V+N］	5	5
［A+N］	1	1
总计	31	31

从该形式组配表可知，［X+商］词法模式以［1+1］的［N+N］式词法词为典型，该模式的词法词约占总词例的80.6%。

8.［X+粉］的形式组配特征

《现汉》（第7版）"粉"的释义中没有与［X+粉］固定成分义相对应的义项。"粉"在该词法模式中表示"粉丝、追捧者"，为英语fans的音译成分。

经检索，共收集到［X+粉］式词法词29例，其形式组配规律如表5-9所示：

表5-9 ［X+粉］形式组配表

单位：例

形类模式	［1+1］	［2+1］	总计
［N+N］	11	8	19
［V+N］	1	0	1
［A+N］	7	2	9
总计	19	10	29

从该形式组配表可知，［X+粉］词法模式以［1+1］的［N+N］式词法

词为典型，该模式的词法词约占总词例的 37.9%。

9. ［X+ 替］的形式组配特征

《现汉》（第7版）"替"的释义中没有与［X+ 替］固定成分义相对应的义项。"替"在该词法模式中表示"替身"。

经检索，共收集到［X+ 替］式词法词11例，其形式组配规律如表5–10所示：

表 5–10 ［X+ 替］形式组配表

单位：例

形类模式	［1+1］	总计
［N+N］	10	10
［V+N］	1	1
总计	11	11

从该形式组配表可知，［X+ 替］词法模式以［1+1］的［N+N］式词法词为典型，该模式的词法词约占总词例的 90.9%。

10. ［X+ 霸］的形式组配特征

《现汉》（第7版）"霸"的释义中义项 ❷（强横无理、仗势欺人的人）仅部分对应［X+ 霸］词例的固定成分义，更多词例使用的是该义项的引申义，表示"同类中某方面最突出的个体"。

经检索，共收集到［X+ 霸］式词法词36例，其形式组配规律如表5–11所示：

表 5–11 ［X+ 霸］形式组配表

单位：例

形类模式	［1+1］	［2+1］	总计
［N+N］	28	0	28
［V+N］	7	1	8
总计	35	1	36

从该形式组配表可知，［X+ 霸］词法模式以［1+1］的［N+N］式词法

词为典型，该模式的词法词约占总词例的 77.8%。

11. ［X+ 控］的形式组配特征

《现汉》（第 7 版）"控"的释义中没有与［X+ 控］固定成分义相对应的义项。［X+ 控］表示"对……极度喜欢的一类人"。

经检索，共收集到［X+ 控］式词法词 20 例，其形式组配规律如表 5-12 所示：

表 5-12 ［X+ 控］形式组配表

单位：例

形类模式	［1+1］	［2+1］	总计
［N+N］	2	13	15
［V+N］	0	5	5
总计	2	18	20

从该形式组配表可知，［X+ 控］词法模式以［2+1］的［N+N］式词法词为典型，该模式的词法词约占总词例的 65.0%。

12. ［X+ 客］的形式组配特征

《现汉》（第 7 版）"客"的释义中没有与［X+ 客］固定成分义完全对应的义项，但义项 ❻（对某些奔走各地从事某种活动的人的称呼）与之部分相关。［X+ 客］表示"具有某种属性的网民"。

经检索，共收集到［X+ 客］式词法词 79 例，其形式组配规律如表 5-13 所示：

表 5-13 ［X+ 客］形式组配表

单位：例

形类模式	［1+1］	［2+1］	其他	总计
［N+N］	10	1	0	11
［V+N］	32	20	0	52
［A+N］	13	3	0	16
总计	55	24	0	79

从该形式组配表可知，［X+ 客］词法模式以［1+1］和［2+1］的［V+N］式词法词为典型，两者之和约占总词例的 65.8%。

13.［X+ 体］的形式组配特征

《现汉》（第 7 版）"体"的释义中没有与［X+ 体］固定成分义完全对应的义项，但义项 ❸（文字的书写形式；作品的体裁）与之部分相关。［X+ 体］表示"某种网络语言表达形式"。

经检索，共收集到［X+ 体］式词法词 119 例，其形式组配规律如表 5–14 所示：

表 5–14 ［X+ 体］形式组配表

单位: 例

形类模式	［1+1］	［2+1］	其他	总计
［N+N］	0	50	10	60
［V+N］	0	32	7	39
［A+N］	0	20	0	20
总计	0	102	17	119

从该形式组配表可知，［X+ 体］词法模式以［2+1］的［N+N］式词法词为典型，该模式的词法词约占总词例的 42.0%。

14.［X+ 男］的形式组配特征

《现汉》（第 7 版）"男"的释义中没有与［X+ 男］固定成分义完全对应的义项，但义项 ❶［男性的（跟"女"相对）：~装｜~婴｜~尊女卑｜对面来了一 ~ 一女］与之部分相关。［X+ 男］表示具有某种属性或在某事件中具有特殊行为表现的男子（多贬斥义）。

经检索，共收集到［X+ 男］式词法词 62 例，其形式组配规律如表 5–15 所示：

表 5-15 [X+男]形式组配表

单位:例

形类模式	[1+1]	[2+1]	其他	总计
[N+N]	4	29	0	33
[V+N]	2	9	0	11
[A+N]	4	12	2	18
总计	10	50	2	62

从该形式组配表可知,[X+男]词法模式以[2+1]的[N+N]式词法词为典型,该模式的词法词约占总词例的 46.8%。

15.[X+哥]的形式组配特征

[X+哥]词法模式在现代汉语中有两种用法,一种表示"从事某种职业的男性",标记为[X+哥]₁,一种表示"具有某种属性的男子;某事件中具有特殊行为表现的男子(多褒扬义)",标记为[X+哥]₂。《现汉》(第7版)"哥"的释义中义项 ❸[称呼年纪跟自己差不多的男子(含亲热意)]仅部分对应[X+哥]词例的固定成分义,更多词例使用的是该义项的泛指义。

经检索,共收集到[X+哥]₁式词法词 13 例,[X+哥]₂式词法词 63 例,其形式组配规律如表 5-16 和表 5-17 所示:

表 5-16 [X+哥]₁形式组配表

单位:例

形类模式	[1+1]	[2+1]	总计
[N+N]	10	2	12
[V+N]	1	0	1
总计	11	2	13

从该形式组配表可知,[X+哥]₁词法模式以[1+1]的[N+N]式词法词为典型,该模式的词法词约占总词例的 76.9%。

表 5-17 ［X+ 哥］₂ 形式组配表

单位: 例

形类模式	［1+1］	［2+1］	总计
［N+N］	2	26	28
［V+N］	0	29	29
［A+N］	0	6	6
总计	2	61	63

从该形式组配表可知，［X+ 哥］₂ 词法模式以［2+1］的［N+N］和［V+N］式词法词为典型，两者之和约占总词例的 87.3%。

16.［X+ 二代］的形式组配特征

［X+ 二代］表示"X 的子女"或"父辈是 X，自己也是 X 的人"。经检索，共收集到［X+ 二代］式词法词 42 例，其形式组配规律如表 5-18 所示：

表 5-18 ［X+ 二代］形式组配表

单位: 例

形类模式	［1+2］	其他	总计
［N+N］	19	0	19
［V+N］	12	0	12
［A+N］	10	1	11
总计	41	1	42

从该形式组配表可知，［X+ 二代］词法模式以［1+2］的［N+N］式词法词为典型，该模式的词法词约占总词例的 45.2%。

17.［X+ 化］的形式组配特征

《现汉》(第 7 版)"化"的释义中，对应［X+ 化］固定成分义的为义项 ❽（ 后缀。加在名词或形容词之后构成动词，表示转变成某种性质或状态)。该用法最早出现于《现汉》(第 1 版)。

经检索，共收集到［X+ 化］式词法词 80 例，其形式组配规律如表 5-19 所示：

表 5-19 [X+ 化] 形式组配表

单位: 例

形类模式	[1+1]	[2+1]	其他	总计
[N+V]	11	33	1	45
[A+V]	17	15	1	33
[V+V]	1	1	0	2
总计	29	49	2	80

从该形式组配表可知, [X+ 化] 词法模式以 [2+1] 的 [N+V] 式词法词为典型, 该模式的词法词约占总词例的 41.25%。

5.1.1.2 形式组配的总体特征

首先, 通过汇总个案分析中的数据, 可得到后定型词法模式音节组配表与形类组配表, 见表 5-20、表 5-21。

表 5-20 后定型词法模式音节组配表

单位: 例

形类模式	[1+1]	[2+1]	其他	总计
[X+族]	14	317	18	349
[X+奴]	33	5	1	39
[X+盲]	19	3	0	22
[X+热]	0	53	3	56
[X+吧]	31	10	0	41
[X+门]	0	168	7	175
[X+商]	31	0	0	31
[X+粉]	19	10	0	29
[X+替]	11	0	0	11
[X+霸]	35	1	0	36
[X+控]	2	18	0	20
[X+客]	55	24	0	79
[X+体]	0	102	17	119
[X+男]	10	50	2	62

续表

形类模式	[1+1]	[2+1]	其他	总计
[X+哥]₁	11	2	0	13
[X+哥]₂	2	61	0	63
[X+化]	29	49	2	80
总计	302	873	50	1225

注：该表未添加［X+二代］数据，因为该词法模式的固定成分为双音节形式，与其他词法模式在韵律模式上不一致

由音节组配表数据可知，[X+奴][X+盲][X+吧][X+商][X+粉][X+替][X+霸][X+客][X+哥]₁等以[1+1]组配模式为典型，[X+族][X+热][X+门][X+控][X+体][X+男][X+哥]₂[X+化]等以[2+1]组配模式为典型。

表5-21　后定型词法模式形类组配表

单位:例

形类模式	[N+N]	[V+N]	[A+N]	总计
[X+族]	80	250	19	349
[X+奴]	33	6	0	39
[X+盲]	22	0	0	22
[X+热]	30	26	0	56
[X+吧]	30	9	2	41
[X+门]	88	86	1	175
[X+商]	25	5	1	31
[X+粉]	19	1	9	29
[X+替]	10	1	0	11
[X+霸]	28	8	0	36
[X+控]	15	5	0	20
[X+客]	11	52	16	79
[X+体]	60	39	20	119
[X+男]	33	11	18	62

续表

形类模式	[N+N]	[V+N]	[A+N]	总计
[X+哥]₁	12	1	0	13
[X+哥]₂	28	29	6	63
[X+二代]	19	12	11	42
总计	543	541	103	1187

注：该表未添加 [X+ 化] 数据，因为该词法模式的固定成分为动词性成分，与其他词法模式在形类模式上不一致

由形类组配表数据可知，[X+ 族][X+ 客] 以 [V+N] 组配模式为典型，[X+ 奴][X+ 盲][X+ 吧][X+ 商][X+ 粉][X+ 替][X+ 霸][X+ 控][X+ 体][X+ 男][X+ 哥]₁等以 [N+N] 组配模式为典型，[X+ 热][X+ 门][X+ 哥]₂等在 [V+N] 与 [N+N] 上均表现出典型性。

其次，综合音节组配表与形类组配表数据可以得到形式组配数据，如表 5-22 所示。

表 5-22　后定型词法模式形式组配表

单位：例，%

词法模式	形类模式	[1+1]		[2+1]		其他		总计	
		词例	占比	词例	占比	词例	占比	词例	占比
[X+族]	[N+N]	9	2.6	66	18.9	5	1.4	80	22.9
	[V+N]	3	0.9	234	67	13	3.7	250	71.6
	[A+N]	2	0.6	17	4.9	0	0	19	5.5
[X+奴]	[N+N]	30	76.9	2	5.1	1	2.6	33	84.6
	[V+N]	3	7.7	3	7.7	0	0	6	15.4
[X+盲]	[N+N]	19	86.4	3	13.6	0	0	22	100
[X+热]	[N+N]	0	0	28	50.0	2	3.6	30	53.6
	[V+N]	0	0	25	44.6	1	1.8	26	46.4

续表

词法模式	形类模式	[1+1]		[2+1]		其他		总计	
		词例	占比	词例	占比	词例	占比	词例	占比
[X+吧]	[N+N]	23	56.1	7	17.1	0	0	30	53.6
	[V+N]	6	14.7	3	7.3	0	0	9	22
	[A+N]	1	2.4	1	2.4	0	0	2	4.8
[X+门]	[N+N]	0	0	86	49.1	2	1.1	88	50.3
	[V+N]	0	0	81	46.3	5	2.9	86	49.1
	[A+N]	0	0	1	0.6	0	0	1	0.6
[X+商]	[N+N]	25	80.7	0	0	0	0	25	80.7
	[V+N]	5	16.1	0	0	0	0	5	16.1
	[A+N]	1	3.2	0	0	0	0	1	3.2
[X+粉]	[N+N]	11	37.9	8	27.6	0	0	19	65.5
	[V+N]	1	3.5	0	0	0	0	1	3.5
	[A+N]	7	24.1	2	6.9	0	0	9	31.0
[X+替]	[N+N]	10	90.9	0	0	0	0	10	90.9
	[V+N]	1	9.1	0	0	0	0	1	9.1
[X+霸]	[N+N]	28	77.8	0	0	0	0	28	77.8
	[V+N]	7	19.4	1	2.8	0	0	8	22.2
[X+控]	[N+N]	2	10.0	13	65.0	0	0	15	75.0
	[V+N]	0	0	5	25.0	0	0	5	25.0
[X+客]	[N+N]	10	12.8	1	1.3	0	0	11	14.0
	[V+N]	32	40.5	20	25.3	0	0	52	65.8
	[A+N]	13	16.4	3	3.8	0	0	16	20.2
[X+体]	[N+N]	0	0	50	42.0	10	8.4	60	50.4
	[V+N]	0	0	32	26.9	7	5.9	39	32.8
	[A+N]	0	0	20	16.8	0	0	20	16.8
[X+男]	[N+N]	4	6.5	29	46.8	0	0	33	53.2
	[V+N]	2	3.2	9	14.5	0	0	11	17.7
	[A+N]	4	6.5	12	19.4	2	3.2	18	29.1

续表

词法模式	形类模式	[1+1]		[2+1]		其他		总计	
		词例	占比	词例	占比	词例	占比	词例	占比
[X+哥]₁	[N+N]	10	76.9	2	15.4	0	0	12	92.3
	[V+N]	1	7.7	0	0.0	0	0	1	7.7
[X+哥]₂	[N+N]	2	3.2	26	41.3	0	0	28	44.5
	[V+N]	0	0	29	46.0	0	0	29	46.0
	[A+N]	0	0	6	9.5	0	0	6	9.5
[X+化]	[N+V]	11	13.5	33	41.25	1	1.25	45	56.25
	[A+V]	17	21.25	15	18.75	1	1.25	33	41.25
	[V+V]	1	1.25	1	1.25	0	0	2	2.5

注：该表未添加［X+二代］数据，因为该词法模式的固定成分为双音节形式，与其他词法模式在韵律模式上均不一致

由形式组配表数据可知：

（1）［1+1］的［N+N］和［2+1］的［V+N］［N+N］为后定型词法模式的优选模式。

在［1+1］韵律模式中，仅［N+N］形类模式具有典型性，分别为［X+奴］［X+盲］［X+吧］［X+商］［X+粉］［X+替］［X+霸］［X+哥］₁，这些词法模式在该组配模式下的词例比值基本都较高，处于 70%~90%。

在［2+1］韵律模式中，［V+N］与［N+N］形类模式具有典型性，其中［V+N］模式为［X+族］［X+热］［X+门］［X+哥］₂，［N+N］模式为［X+热］［X+门］［X+控］［X+体］［X+男］［X+哥］₂。这些词法模式在该组配模式下的词例比值基本都较低，多数处于 40%~50%。

进一步观察语料可知，［X+热］［X+门］［X+哥］₂ 具有两类典型程度相当的组配模式，两类模式比值相加后分别为 94.6%、95.4% 和 87.3%，这三个词法模式以两种组配模式为典型，且加合后的典型比值非常高，具有相对较高的内部一致性。而［X+族］［X+男］形式组配模式复杂多样，内部一致性相对较低。

（2）三音节的［2+1］韵律模式具有最强的构词力。

现代汉语后定型词法模式在韵律上最重要的特征是以三音节的［2+1］韵律模式为主，这也与新词语的三音化规律相一致。"在语言的词汇系统内部，新词的产生主要有两条途径：一是原词向外扩展，按一定的规则与其他构词材料结合，构造出新词；二是变化原词自身的构成要素，由原词孳生出新词……从总体上看，英语和上古汉语词汇的发展依循的就是这样两条不同的途径。"（张博，2003：1）现代汉语基本以第一条途径构造新词，"向外扩展"的组合式构词是一个持续性的过程，词语音节随着构词成分数的增加而增长。《五四以来汉语书面语言的变迁和发展》（1959）指出"词的继续双音化并开始多音化，是五四以后汉语构词的一个新的发展"。近年来的大量研究也表明，相较于以往，新词语中的多音节词，尤其是三音节词在数量上呈现出明显的上升趋势（韩晨宇，2007；张小平，2008；刘楚群，2012；惠天罡，2014）。汉语类词缀在搭配对象上也愈发倾向于双音节词（沈孟璎，1995c；王洪君、富丽，2005）。

卞成林（1998）统计发现，现代汉语三音复合词的常规模式在结构层次上表现为［2+1］式，在结构关系上表现为偏正式。根据现代汉语后定型词法模式构造的词法词在结构层次与结构关系上与三音复合词常规模式基本相符。

5.1.2 前定型词法模式的形式组配特征

前定型词法模式指前位构词成分固定的词法模式。根据对语料的筛选，本书主要分析以下几个前定型词法模式：［软 +X］［硬 +X］［零 +X］［裸 +X］［微 +X］$_1$［微 +X］$_2$［亚 +X］。

5.1.2.1 韵律与形类组配模式的个案分析

1. ［软 +X］的形式组配特征

《现汉》（第 7 版）"软"的释义中，对应［软 +X］固定成分义的为义项 ❽（没有硬性规定的；有伸缩余地的）。该用法最早出现于《现汉》（第 6 版），但《现汉》（第 4、第 5 版）已收录了"软广告、软环境、软科学、软着陆、软资源"等词。

经检索，共收集到［软 +X］式词法词45例，其形式组配规律如表 5–23所示：

表 5–23 ［软 +X］的形式组配表

单位：例

形类模式	［1+1］	［1+2］	总计
［A+N］	6	24	30
［A+V］	5	10	15
总计	11	34	45

从该形式组配表可知，［软 +X］词法模式以［1+2］的［A+N］式词法词为典型，该模式的词法词约占总词例的53.3%。

2.［硬 +X］的形式组配特征

《现汉》（第7版）"硬"的释义中，对应［硬 +X］固定成分义的为义项 ❻（硬性的）。该用法最早出现于《现汉》（第6版），但《现汉》（第4、第5版）已收录了"硬广告、硬环境、硬拷贝、硬任务、硬通货、硬武器、硬指标、硬着陆"等词。

经检索，共收集到［硬 +X］式词法词25例，其形式组配规律如表 5–24所示：

表 5–24 ［硬 +X］的形式组配表

单位：例

形类模式	［1+1］	［1+2］	总计
［A+N］	2	21	23
［A+V］	0	2	2
总计	2	23	25

从该形式组配表可知，［硬 +X］词法模式以［1+2］的［A+N］式词法词为典型，该模式的词法词占总词例的84.0%。

3.［零 +X］的形式组配特征

《现汉》(第 7 版)"零"的释义中,对应［零 +X］固定成分义的为义项 ❺(表示没有数量)的比喻义。该比喻义未离析为独立义项,《现汉》(第 4 版)收录了词条【零增长】:

【零增长】指增长率为零,即在规模、数量等方面保持原状,没有变化。(《现汉》(第 4 版))

《现汉》(第 5、第 6、第 7 版)版对释义做了修改:

【零增长】指增长率为零,即数量上与原数量相比没有增长。

除此之外,《现汉》(第 5、第 6、第 7 版)收录了词条"零风险"和"零距离"。

经检索,共收集到［零 +X］式词法词 49 例,其形式组配规律如表 5–25 所示:

表 5–25　［零 +X］的形式组配表

单位:例

形类模式	［1+1］	［1+2］	总计
［A+N］	2	30	32
［A+V］	0	17	17
总计	2	47	49

从该形式组配表可知,［零 +X］词法模式以［1+2］的［A+N］式词法词为典型,该模式的词法词约占总词例的 61.2%。

4.［裸 +X］的形式组配特征

《现汉》(第 7 版)"裸"的释义中,对应［裸 +X］固定成分义的为义项 ❷(指除了自身外,什么都不附带的)。该义项最早出现于《现汉》(第 6 版),但《现汉》(第 4、第 5 版)已收录了"裸机"与"裸眼"。

经检索,共收集到［裸 +X］式词法词 36 例,其形式组配规律如表 5–26 所示:

表 5-26 ［裸 +X］的形式组配表

单位：例

形类模式	［1+1］	［1+2］	总计
［A+N］	10	2	12
［A+V］	22	2	24
总计	32	4	36

从该形式组配表可知，［裸 +X］词法模式以［1+1］的［A+V］式词法词为典型，该模式的词法词约占总词例的 61.1%。

5.［微 +X］的形式组配特征

［微 +X］词法模式在现代汉语中有两种用法：一种表示"微型的事物或轻微的行为"，标记为［微 +X］₁；另一种表示"通过微博或微信等方式进行表达的行为或所表达的事物"，标记为［微 +X］₂。《现汉》（第 7 版）"微"的释义中义项 ❶（细小；轻微）仅部分对应［微 +X］₁词例的语义。

经检索，共收集到［微 +X］₁式词法词 62 例，其形式组配规律如表5-27 所示：

表 5-27 ［微 +X］₁形式组配表

单位：例

形类模式	［1+1］	［1+2］	其他	总计
［A+N］	6	31	3	40
［A+V］	5	17	0	22
总计	11	48	3	62

从该形式组配表可知，［微 +X］₁词法模式以［1+2］的［A+N］式词法词为典型，该模式的词法词占总词例的 50.0%。

经检索，共收集到［微 +X］₂式词法词 92 例，其形式组配规律如表5-28 所示：

表 5-28 ［微 +X］₂ 形式组配表

单位：例

形类模式	［1+1］	［1+2］	总计
［A+N］	6	50	56
［A+V］	5	31	36
总计	11	81	92

从该形式组配表可知，［微 +X］₂ 词法模式以［1+2］的［A+N］式词法词为典型，该模式的词法词约占总词例的 54.3%。

6.［亚 +X］的形式组配特征

《现汉》（第 7 版）"亚"的释义中，对应［亚 +X］固定成分义的为义项 ❷（次一等）。

经检索，共收集到［亚 +X］式词法词 10 例，其形式组配规律如表 5-29 所示：

表 5-29 ［亚 +X］的形式组配表

单位：例

形类模式	［1+2］	总计
［A+N］	6	6
［A+V］	1	1
［A+A］	3	3
总计	10	10

从该形式组配表可知，［亚 +X］词法模式以［1+2］的［A+N］式词法词为典型，该模式的词法词占总词例的 60.0%。

5.1.2.2 形式组配的总体特征

首先，通过汇总个案分析中的数据，可得到前定型词法模式音节组配表与形类组配表。

表 5–30　前定型词法模式音节组配表

单位：例

词法模式	［1+1］	［1+2］	其他	总计
［软+X］	11	34	0	45
［硬+X］	2	23	0	25
［零+X］	2	47	0	49
［裸+X］	32	4	0	36
［微+X］₁	11	48	3	62
［微+X］₂	11	81	0	92
［亚+X］	0	10	0	10
总计	69	247	3	319

　　由音节组配表数据可知，除了［裸+X］以［1+1］组配模式为典型外，
［软+X］［硬+X］［零+X］［微+X］₁［微+X］₂［亚+X］等词法模式均以
［1+2］组配模式为典型。

表 5–31　前定型词法模式形类组配表

单位：例

词法模式	［A+N］	［A+V］	［A+A］	总计
［软+X］	30	15	0	45
［硬+X］	23	2	0	25
［零+X］	32	17	0	49
［裸+X］	12	24	0	36
［微+X］₁	40	22	0	62
［微+X］₂	56	36	0	92
［亚+X］	6	1	3	10
总计	199	117	3	319

　　由形类组配表数据可知，［软+X］［硬+X］［零+X］［微+X］₁［微+X］₂
［亚+X］等词法模式以［A+N］组配模式为典型，［裸+X］以［A+V］组配
模式为典型。

其次，综合音节组配表与形类组配表数据可以得到形式组配数据，如表5-32所示。

表5-32 前定型词法模式形式组配表

单位:例,%

词法模式	形类模式	[1+1]		[1+2]		其他		总计	
		词例	占比	词例	占比	词例	占比	词例	占比
[软+X]	[A+N]	6	13.3	24	53.4	0	0	30	66.7
	[A+V]	5	11.1	10	22.2	0	0	15	33.3
[硬+X]	[A+N]	2	8.0	21	84.0	0	0	23	92.0
	[A+V]	0	0	2	8.0	0	0	2	8.0
[零+X]	[A+N]	2	4.1	30	61.2	0	0	32	65.3
	[A+V]	0	0	17	34.7	0	0	17	34.7
[裸+X]	[A+N]	10	27.7	2	5.6	0	0	12	33.3
	[A+V]	22	61.1	2	5.6	0	0	24	66.7
[微+X]$_1$	[A+N]	6	9.7	31	50.0	3	4.8	40	64.5
	[A+V]	5	8.1	17	27.4	0	0	22	35.5
[微+X]$_2$	[A+N]	6	6.5	50	54.3	0	0	56	60.8
	[A+V]	5	5.4	31	33.8	0	0	36	39.2
[亚+X]	[A+N]	0	0	6	60.0	0	0	6	60.0
	[A+V]	0	0	1	10.0	0	0	1	10.0
	[A+A]	0	0	3	30.0	0	0	3	30.0

由形式组配表数据可知:

（1）除个别词法模式外，[1+2]的[A+N]为前定型词法模式的优选模式。

在[1+1]韵律模式中，仅[A+V]形类模式的[裸+X]具有典型性，[A+N]形类模式的[裸+X]具有次典型性，其余词法模式在该组配模式下均不具典型性，典型性比值都很低，多数处于0~12%。

在[1+2]韵律模式中，[A+N]形类模式具有典型性，分别为[软+X][硬+X][零+X][微+X]$_1$[微+X]$_2$[亚+X]，这些词法模式在该组配模式下的典型性比值基本不太高，大多处于 50%~60%。

（2）三音节的［1+2］韵律模式具有最强的构词力。

现代汉语前定型词法模式在韵律上以［1+2］模式最具构词力，这也与新词语的三音化规律相一致。但是不同于后定型词法模式，前定型词法模式的整体构词力相对要弱得多，且词法模式种类也相对少得多。

5.1.3 无定型词法模式的形式组配特征

现代汉语中具有强构词力的无定型词法模式数量极少，本书仅讨论［N+A］式颜色词①。无定型词法词的语料来源与后定型和前定型词法词不同，主要考虑以下两点：第一，语文辞书与新词语辞书均鲜少收录无定型词法词，如仅根据《汉语新词语》等辞书收录的词例进行考察，所得结论的覆盖范围恐将有限；第二，关于现代汉语颜色词，前人已经做了相当充分的研究，如吴长安（2002）、李红印（2007）等，学者们根据多部辞书收集归纳的颜色词表可作为本研究分析的直接根据。基于上述两点考虑，我们依据［（事物）+（颜色）］的语义模式对《现代汉语颜色词词表》（李红印，2007：313–357）进行筛选，共得到符合条件的词法词 116 例，其形式组配规律如表 5–33 所示，详细语料见附录二。

表 5–33　无定型词法模式形式组配表

单位：例，%

词法模式	［1+1］		［2+1］		总计
	词例	占比	词例	占比	
［N+黄］	22	64.7	12	35.3	34
［N+红］	10	47.6	11	52.4	21

---

① 现代汉语中还出现了一些［1+2］的主谓式无定型词法模式，如［（建筑物）+（性状）］（楼歪歪、墙脆脆、屋漏漏、桥裂裂）和［（姓）+（行为）］（范跑跑、郭跳跳、姚抄抄、朱抢抢），但是［1+2］式"主谓关系的造词能力不可能太强，这种形式注定了更适合描写或者表现某个事件、原因、过程等等，其意义的组合性极为明显，当其作为词时，意义明显的具有两重性：一方面仍然保留事件、原因、过程或行为的意义；另一方面，还表示主体、结果、特征等"（卞成林，1998）。［1+2］式主谓关系的语言单位性的特征最弱，其结构与词组很难分别，因而，稳定性也显得很弱。鉴于此，我们不将此类词法模式纳入研究范围。

续表

词法模式	[1+1]		[2+1]		总计
	词例	占比	词例	占比	
[N+绿]	8	47.1	9	52.9	17
[N+青]	9	64.3	5	33.7	14
[N+蓝]	3	27.3	8	72.7	11
[N+白]	9	100	0	0	9
[N+黑]	4	100	0	0	4
[N+灰]	2	66.7	1	33.3	3
[N+紫]	0	0	3	100	3
总计	67	57.8	49	42.2	116

由形式组配表数据可知：

无定型的[N+A]式颜色词在韵律模式上主要有[1+1]和[2+1]两种，且二者构词力差异不大。[N+A]式颜色词整体构词力较强，但内部子类构词力并不均衡，其中[N+黄][N+红][N+绿]的构词力相对较强，而[N+黑][N+灰][N+紫]的构词力相对较弱。

综上所述，虽然前人研究表明，现代汉语的音节组配特征是偶数匹配比奇数匹配更自由，即[1+1]比[1+2]和[2+1]更自由（张国宪，1996，2004；王洪君，2001）。然而，对现代汉语词法词的统计结果显示，对于强构词力的词法模式而言，语言使用者在构造新词时更倾向选择奇数匹配模式，如[X+族][X+热][X+门][零+X]等，而对于次强构词力的词法模式而言，语言使用者在构造新词时更倾向于选择偶数匹配模式，如[X+奴][X+商][X+霸]等。

词法模式的形式特征与其语义特征紧密相关，以下将从语义组配角度进一步分析形式组配的规律性。

5.2 词法模式的语义组配特征

"构式的句法由其语义所驱动"(Goldberg，1996)，也就是说，构式的语义是其形式产生的动机。对于词法模式而言，词法结构的形式也是由语义所驱动，即音节组配模式与形类组配模式由语义组配模式所驱动。第三章已经阐述过，现代汉语词法结构与句法结构具有部分同构性。现代汉语后定型词法模式的形类组配模式基本上可归入［N+N］［V+N］［A+N］［N+V］［A+V］五类，其中定中式［A+N］既符合词法结构、又符合句法结构，该类结构的词属于句法 – 词法词，而定中式［N+N］［V+N］和状中式［N+V］［A+V］仅符合词法结构、不符合句法结构，所构之词属于唯词法词。现代汉语前定型词法模式的形类组配模式基本上可归入［A+N］和［A+V］两类，所构之词均属于句法 – 词法词。现代汉语无定型词法模式的形类组配模式为状中式的［N+A］，所构之词属于唯词法词。我们将先分析现代汉语词法模式下句法 – 词法词的语义组配特征，后探讨唯词法词的语义组配特征。

5.2.1 句法 – 词法词的语义组配特征

符合句法 – 词法词属性的词法模式形类组配模式主要有以下三种：

后定型：定中式［A+N］

前定型：定中式［A+N］、状中式［A+V］

这三种形类模式与韵律模式的具体关系如表5-34所示。

表 5-34　句法 – 词法词的形式组配模式

单位：例

模式类型	形类模式	［1+1］	［1+2］	［2+1］
后定型	定中式［A+N］	28	11	62
前定型	定中式［A+N］	32	164	–
	状中式［A+V］	37	80	–

5.2.1.1 定中式［A+N］的语义组配特征

后定型与前定型词法模式均存在定中式［A+N］组配模式，其中后定型有［1+1］［1+2］［2+1］三种韵律模式，前定型有［1+1］［1+2］两种韵律模式。然而，语料分析显示，后定型在定中式［A+N］的三种韵律模式下的整体构词力极低①，而前定型在定中式［A+N］的两种韵律模式下的整体构词力则相对高得多。因此，我们将首先聚焦于前定型定中式［A+N］，再分析后定型定中式［A+N］。

1. 前定型定中式［A+N］

前定型定中式［A+N］词例中虽有 10.0% 属于［1+1］韵律模式（已知前定型词语总数 319 例），然而，实际上仅［裸 +X］具有较强构词力，而其他词法模式则在［1+2］韵律模式下具有较强构词力。例如：

［裸 +X］：裸博、裸分、裸官、裸机、裸酒、裸年、裸商、裸温、裸烟、裸账、裸装

［软 +X］：软暴力、软产品、软产业、软广告、软环境、软技术、软绩效、软科学、软课程、软目标、软人才、软任务、软色情、软实力、软收入、软条件、软文化、软武器、软新闻、软饮料、软指标、软资源、软通货、软投入、软投资、软医闹

［硬 +X］：硬色情、硬医闹、硬广告、硬环境、硬任务、硬实力、硬通货、硬武器、硬指标、硬产业、硬拷贝、硬科学、硬目标、硬条件、硬投入、硬文化、硬新闻、硬需求、硬专家、硬科幻

［零 +X］：零差评、零窗口、零绯闻、零风险、零故障、零关税、零核电、零距离、零口供、零库存、零利率、零利润、零利息、零裸官、零缺陷、零人格、零伤害、零伤亡、零税率、零梯度、零团费、零威亚、零眼袋、零中介、零专利、零报告、零双非、零首付

根据王洪君（2001）、张国宪（2006）等研究，在现代汉语形名组合（本书所讨论的词法词包含在内）中，音节数相同的词语组配自由，即

---

① 表中数据反映的是现代汉语词法模式的整体构词力，是一种倾向性的表现，个别词法模式在某些组配模式下的构词力会出现与整体构词力相反的情况。

［1+1］［2+2］比［1+2］［2+1］自由，前者是常规韵律模式，后者是非常规韵律模式。然而，语言使用者依据现代汉语词法模式所构造的词法词却在整体倾向上与之相反，这促使我们去探究原因所在。

首先聚焦该类词语中的形容词性成分。

形容词最重要的一个分类就是性质形容词与状态形容词。性质形容词表示事物的属性，而状态形容词表示事物或动作的状态。从认知上看，前者的"意象"导源于总括扫描，后者的导源于次第扫描，因此，二者勾勒了不同的侧面（profile），"性质勾勒的是宿主（host）的不同'属性'差异，而状态勾勒的则是宿主同质属性的'程度'的高下"（张国宪，2006：73）。张国宪（2006：19-21）提出了三条性质形容词的形式鉴定标准，分别为：

Ⅰ.｛最·很·比较·稍｝+＿＿＿

Ⅱ. NP_1+ 比 NP_2+＿＿＿

Ⅲ. ＿＿＿$_定$+$NP_中$

Ⅰ可识别典型性质形容词，Ⅱ和Ⅲ可涵盖大多数非典型性质形容词，如"大、小"等可以自由进入三个鉴定式，"珍贵"虽不可与"稍"组配，但是却能自由进入Ⅱ和Ⅲ鉴定式，"光杆作定语是性质形容词的一个重要特性"（张国宪，2000），而形容词"宽阔"则无法自由进入Ⅱ和Ⅲ鉴定式，因此，不是性质形容词。从音节上看，典型的性质形容词为单音形式，而典型的状态形容词为双音形式（朱德熙，1956；沈家煊，1997）。

着眼于前定型词法词中的［A+N］词例，其中的固定成分都是单音形容词，但是这些形容词仅能满足第三条光杆作定语的"＿＿＿$_定$+$NP_中$"标准，却无法满足"｛最·很·比较·稍｝+＿＿＿"和"NP_1+ 比 NP_2+＿＿＿"标准[①]。也就是说，前定型词法模式中的固定成分并不是典型的单音性质形容词。

根据沈家煊（1997、1999）、张国宪（2006）等研究，单音性质形容词做定语修饰单音类名名词是无标记的，其中单音性质形容词通常具有恒长性，单音类名名词表达的概念通常属于基本层次范畴，二者的组配表现出

---

① "软、硬"等虽能进入这两个鉴定式，但是在鉴定式中所表达的语义并非词法模式中的固定成分义。

自然的关联性。例如"脏水、旧书、新车、薄纸"等词中的"脏、旧、新、薄"等均符合上述性质形容词的形式鉴定标准，为典型的性质形容词，"水、书、车、纸"等均表达基本层次范畴的概念，为典型的类名名词。铃木庆夏（2000）指出，相较于双音节形容词，做定语的单音节形容词具有较高的区别性，通常作为分类的依据。在功能上，前定型词法模式中的固定成分与典型的性质形容词相同。形容词光杆修饰名词时，其主要功能是区别，也就是限制对象的范围，用以给事物分类（张国宪，2000、2006）。前定型中的固定成分也具有鲜明的区别功能。

所谓区别是指在共性的基础上所做的个性划分，即区别需要基于同一范畴。与词法相关的区别有两种形式，一种是替换固有词中的区别性语素而构造新词，另一种是在固有词的基础上添加新的区别性语素而构造新词。例如"黑灾"就是通过替换"白灾"的区别性语素而构造的新词，"未成年人"则是在"成年人"的基础上添加区别性语素"未"而构造的新词。如果将前者视为意义相关的两个无标记项的对立的话，那么后者则是意义相关的有标记项与无标记项的对立。着眼于现代汉语前定型词法模式，前定型词法模式中的固定成分通常具有标记属性，可对后位名词起限定作用。以下我们具体分析前定型词法模式中固定成分的标记特征。例如，[软 +X]：

A ： B	A ： B
暴力：软暴力	实力：软实力
产品：软产品	收入：软收入
产业：软产业	条件：软条件
广告：软广告	文化：软文化
环境：软环境	武器：软武器
技术：软技术	新闻：软新闻
绩效：软绩效	饮料：软饮料
科学：软科学	指标：软指标
课程：软课程	资源：软资源
目标：软目标	通货：软通货

人才：软人才　　　　　　　　　投入：软投入

任务：软任务　　　　　　　　　投资：软投资

色情：软色情　　　　　　　　　医闹：软医闹

A 列为现代汉语中的固有词，B 列为添加了标记（即词法模式中的固定成分）的新词。如果将 A 列视为无标记项，那么 B 列则为有标记项。张敏（1998：232）指出，不带"的"的定中结构具有称谓性（也叫"可命名性"），即可用定中结构的语言形式赋予某一类事物一个类名（更确切地说是一个"次类名"），其作用相当于一个表类指的单个名词。考察发现，大部分 B 列的词法词可被视为 A 列词语的下位词（即对应下位层级范畴概念的词语），例如：

【饮料】经过加工制造供饮用的液体，如酒、茶、汽水、果汁等。（《现汉》）

【软饮料】不含酒精的饮料，如汽水、橘子水等。（《现汉》）

【指标】计划中规定达到的目标。（《现汉》）

【软指标】在时间、数量、质量等方面没有明确而严格的要求，有通融、改变余地的指标。（《现汉》）

以"含或不含酒精"为标准对饮料进行划分，从而划分出不含酒精的"软饮料"，以"在时间、数量、质量等方面有或没有明确而严格的要求"为标准对指标进行划分，从而划分出在时间、数量、质量等方面没有明确而严格要求的"软指标"。"软饮料"和"软指标"分别为"饮料"和"指标"的下位词。"软饮料、软指标"等是通过二分法（满足或不满足某一标准）区别出来的，当一个范畴被二分时，必然存在两个对立统一的下位范畴，因此，"软饮料、软指标"等词的构造也为对立概念的词化提供了模板。例如：

【软广告】通过广播、影视节目、报刊等，用间接的形式（如情节、对话、道具、新闻报道）对某种商品所做的宣传。（《现汉》）

【硬广告】指直接介绍商品、服务内容等的传统形式的广告，通过报刊刊登、设置广告牌、电台和电视台播出等进行宣传（对"软广告"而言）。（《现汉》）

最初，"软广告"是相对于"广告"而言的有标记形式，以凸显其语义中的"间接形式"。也就是说，在语言使用中，"软广告"与"广告"的对立是有标记项与无标记项的对立。然而，汉语社团的对称心理驱使语言使用者为"软广告"创造一个同样带有标记的对立项，即"硬广告"。从形式上看，"软""硬"的添加是对中心成分"广告"进行的分类，"广告"是一个基本层级范畴词，"软广告""硬广告"则是相应的下位层级范畴词（实际不然，见下）。如果一个词的常用义位或基本义位与另一个词存在语义关系的话，那么这种语义关系会扩及该词的其他义位，使两个词的义位由一聚合相关演变为多聚合相关（张博，1999）。"软"与"硬"在常用义（表物体结构疏松／质地坚硬）上具有常规的反义关系，二者反复共现增强了彼此之间的对立词（而非仅仅对立概念）状态（Murphy，2003：33），造词者通过将"软""硬"的词对立关系推及概念对立关系而构造新词。如以下词对：

软环境：硬环境	软武器：硬武器
软科学：硬科学	软需求：硬需求
软任务：硬任务	软着陆：硬着陆
软实力：硬实力	软指标：硬指标
软通货：硬通货	软资源：硬资源

［软 +X］式词和［硬 +X］式词分别作为有标记项对应于无标记项 X。如图 5-1 所示：

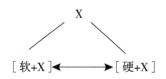

图 5-1 ［软 +X］［硬 +X］与 X 之间的关系

无论［软 +X］式词，还是［硬 +X］式词，它们所表达的都是一种非常规的概念。沈家煊（1999a：192）指出，语言在大多数情形下以人类活动的常规来确定无标记项。例如：

【实力】实在的力量（多指军事或经济方面）：经济～｜～雄厚｜增

强 ~。

【软实力】指一个国家或地区的文化、社会制度、价值观念等具有的影响力与感召力。(《现汉》)

【硬实力】通常指一个国家的经济、军事、科技水平以及基本资源配置(包括土地面积、人口、自然条件)等方面所体现的综合国力(对"软实力"而言)。(《现汉》)

【环境】❶周围的地方:~优美丨~卫生。❷周围的情况和条件:客观~丨工作~。

【软环境】指物质条件以外的环境,如政策、法规、管理、服务、人员素质等方面的状况。(《现汉》)

【硬环境】指交通、通信、水电设施等物质环境(对"软环境"而言)。(《现汉》)

沈家煊(1999a:23)指出,"在形态学中,有标记和无标记的对立可以是一种包容关系,即有标记项肯定了特征 A,无标记项对特征 A 既不肯定也不否定,例如英语 woman'女人'和 man'人/男人'的对立,意义上无标记项 man 可以包容有标记项 woman 的所指,只有后者肯定了特征[阴性]"。一方面,根据《现汉》释义可知,"软实力"与"实力"具有相对关系,"软环境"与"环境"也具有相对关系。"实力"多指军事或经济方面,而"软实力"则指文化、社会制度等方面,"环境"多指周围的物质条件,而"软环境"则指政策、法规、管理、服务、人员素质等方面的条件。另一方面,从逻辑上分析,"软实力""软环境"为定中式偏正结构,且修饰成分"软"与中心成分"实力""环境"为限定关系,而非描写关系,因此,"软实力""软环境"也是"实力""环境"的下位词,前者包含于后者,二者具有包容关系。"软实力""软环境"与"实力""环境"之间的关系如图 5-2 所示:

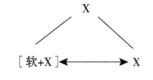

图 5-2 ［软 +X］与 X 之间的关系

图 5-1 与图 5-2 似乎存在矛盾，但实际上二者是相通的。"事物有普遍状态和特殊状态，特殊状态有了名称，为区别于特殊状态，普遍状态需要重新命名"（晁继周，2008），观察《现汉》中［硬 +X］式词的释义可发现，［硬 +X］式词所表达的就是 X 的常规语义内涵，也就是说［硬 +X］在表义上是羡余的（张博，2007）。［硬 +X］式词是相对［软 +X］式词而言的，由于［软 +X］式词凸显了 X 的非常规语义内涵，因此，在需要区别于非常规语义内涵或凸显常规语义内涵的情况下，语言使用者就会使用［硬 +X］式词。在这种情况下，X 与［软 +X］式词仅具有包容关系，而将二者间的相对关系让渡给［硬 +X］式词与［软 +X］式词。

通过上述分析可知，无论是［软 +X］式词与 X 相对，还是［软 +X］式词与［硬 +X］式词相对，词法模式的固定成分都具有区别功能。［零 +X］［裸 +X］［微 +X］［亚 +X］等词法模式中的固定成分也同样具有区别功能。例如：

［裸 +X］

【裸机】❶ 指没有加入通信网的手机、寻呼机。❷ 指没有配置操作系统和其他软件的计算机。(《现汉》)

【裸线】没有绝缘材料包裹的金属导线，如电车的架空线。(《现汉》)

【裸眼】指不戴眼镜进行目力测试的眼睛：～视力。(《现汉》)

【裸分】指不含加分的实际考分。(《2009 汉语新词语》)

［零 +X］

【零风险】指没有风险：～购物｜商业经营没有～。(《现汉》)

【零距离】指没有距离（多用来强调距离极近，可以忽略）：～接触。(《现汉》)

【零容忍】指容忍度为零，表示决不容忍：坚持以～态度惩治腐败。（《现汉》）

【零增长】指增长率为零，即数量上与原数量相比没有增长。（《现汉》）

［微 +X］₁

【微表情】指人不经意流露的不明显的真实表情。（《2010 汉语新词语》）

【微婚礼】形式简约、规模较小、时尚新颖的婚礼。（《2013 汉语新词语》）

【微剧本】人物情节简单的微型剧本。（《2013 汉语新词语》）

【微暴力】指对他人表示的怠慢、冷落或侮辱、敌视行为。（《2015 汉语新词语》）

［亚 +X］

【亚疾病】疾病发作之前，处于患病和健康之间、更靠近疾病的一种状态。（《2007 汉语新词语》）

【亚熟男】表面成熟，其实并没有完全成熟的男人。（《2007 汉语新词语》）

【亚别墅】档次和价格比别墅稍低的住宅。（《100 年汉语新词新语大辞典·下册》）

【亚婚姻】没有完整家庭生活的婚姻或者出现危机无合适调解途径的婚姻。（《100 年汉语新词新语大辞典·下册》）

从辞书释义中的"不"或"没有"等释语可知，前定型词法词基本上都是作为非常规的有标记项以相对于常规的无标记项（即词内不定成分）。

2. 后定型定中式［A+N］

［A+N］不是后定型的典型形类组配模式，［1+1］［1+2］和［2+1］三类音节组配模式下的词法词总共才占总词数的 8.0%。

首先，［1+1］的［A+N］仅 23 例，占总词数的 1.9%，分别为"孤族、爽吧、潮粉、黑粉、活粉、散粉、铁粉、职粉、单男、暖男、渣男、红客、灰客、即客、贱客、赶客、快客、蓝客、绿客、善客、实客、威客、闲客"，"孤族、爽吧"是词法模式的孤例，且未能在 BCC 语料库中检索到相关词例，因此，可视为个别语言使用者的个人造词行为。对于［X+粉］［X+男］［X+客］式词法词，A 的分类作用较明显，将不同的"粉丝""男性"或"人"加以区分，例如：

【黑粉】对关注对象持批判、恶意态度的粉丝。（《2013 汉语新词语》）

【活粉】微博上表现活跃的虚假粉丝（拥护者；推崇者）。他们一般有头像和详细个人资料，积极参与微博关注、转发与评论。（《2010 汉语新词语》）

【暖男】称会照顾体贴人，使人感觉温暖的男子。（《2014 汉语新词语》）

【渣男】不求上进或品质恶劣的男人。（《2013 汉语新词语》）

【红客】为维护网络安全或提供友好帮助而非法进入他人系统的计算机高手。（《新词语大词典》）

【绿客】一些热爱生活，崇尚健康，酷爱户外运动，善待自己也善待环境的人。（《2007 汉语新词语》）

［1+2］的［A+N］数量极少，仅［X+二代］，能产性也不太高。词例中的形容词性语素通常为形名偏正结构的修饰性成分，例如：

【单二代】指单亲家庭环境下成长的子女。（《2009 汉语新词语》）

【独二代】第一代独生子所生的孩子。（《2006 汉语新词语》）

【富二代】富翁的下一代。（《2006 汉语新词语》）

【贫二代】指近二三十年以来贫困人家的子女。（《2009 汉语新词语》）

【名二代】指名人的子女。（《2011 汉语新词语》）

"单、独、富、贫、名"分别为"单亲家庭、独生子、富翁、贫困人家、名人"中的限定性成分，限定性成分在词义中具有区别性功能，可对不同"二代"人群起到分类作用。

其次，后定型词法模式中仅 60 例［2+1］的［A+N］，占总词数的 5.0%。通过观察语料可发现，其中的双音节形容词带有些许性质形容词或非谓形容词（属性词）的属性。例如：

【豪华男】指具有良好教育背景、才华出众、经济基础雄厚的男子。（《2009 汉语新词语》）

【淡定哥】称遇事从容镇定、处变不惊的青年男子。含戏谑色彩。

（《2010 汉语新词语》）

【低碳族】指致力于降低二氧化碳等温室气体排放的人。多为环保工作者或环保志愿者。（《2009 汉语新词语》）

【草食族】指具有草食性动物某些特征的人，他们对爱情采取被动的态度，温和，缺乏激情。（《2009 汉语新词语》）

【肉食男】指具有肉食性动物某些特征的男性，他们对爱情采取积极主动的态度，浪漫多情，不甘寂寞。跟"草食男"相对。也称"食肉男"。（《2008 汉语新词语》）

一方面，现代汉语单音节形容词是典型的性质形容词，而双音节形容词则往往带有状态形容词的性质，且双音节形容词正处于从性质形容词逐渐转化为状态形容词的过程之中（朱德熙，1956）。观察［2+1］的［A+N］词例可发现，其中的形容词表现出较大的游移性，介于性质与状态之间，可视为非典型的性质形容词。例如"豪华、淡定"仅能满足性质形容词的部分鉴定标准：

Ⅰ.最鸡贼、最淡定、很鸡贼、很淡定、比较鸡贼、比较淡定、＊稍鸡贼、＊稍淡定

Ⅱ.他比你鸡贼、他比你淡定

Ⅲ.＊鸡贼男子、＊淡定男子

性质形容词的主要交际功能是区别，而状态形容词的主要交际功能是描写（张国宪，2000）。"鸡贼""淡定"等虽无法完全满足性质形容词的鉴定标准，但可进入大部分鉴定式Ⅰ，在性质形容词与状态形容词之间更偏向于前者。形容词光杆修饰名词时带有分类功能，这与性质形容词的典型交际功能相同。

另一方面，"低碳、草食、肉食"等具有唯定性，仅能充当固定成分的定语，是典型的非谓形容词，该类词最重要的功能就在于为搭配对象分类。[①] 沈家煊（1997）指出，双音节形容词内部很不一致，有些偏向于性质形容

---

① 朱德熙（1982：53）指出："从意义上看，区别词表示的是一种分类标准，因此，区别词往往是成对或成组的。"

词，有些偏向于状态形容词。"性质形容词所形容的名词通常是类名，因为一类事物的性质是相对恒定的。……状态形容词所形容的名词通常是个体名，因为我们认识的个别事物的性状相对来说是临时性的。"观察定中式［2+1］的［A+N］，我们发现该组配模式下的形容词绝大部分带有性质形容词和非谓形容词的区别、分类功能。

通过上述分析可知，［A+N］形类组配模式中的 A 具有分类功能。首先，现代汉语中的非谓形容词和性质形容词（以单音节为典型）均具有分类功能；其次，无标记定语（不用助词"的"）也具有分类功能，可限制对象的范围（张国宪，2006：328）。形式上的这两个特征都指向分类功能，形式层的特征鲜明地体现了语义层面的功能要求。

我们再聚焦该类词语中的名词性成分。

名词性成分的语义特殊之处主要体现于后定型词法模式。吕叔湘（1963）指出，如果形容词是双音节而名词是单音节，形容词后面通常需要加个"的"字，如"雪白的墙、容易的字、现成的车、贵重的酒"。也有不加"的"的，"这些组合的不带 de 看起来象是跟前面是哪些形容词的关系较小，而跟后面是哪些名词的关系较大。'人、事儿、话'等不多几个名词最容易造成这种组合，例如'普通人，一般人，老实人，规矩人，聪明人，明白人，糊涂人；要紧事儿，新鲜事儿，稀奇事儿，危险事儿，麻烦事儿，便宜事儿；老实话，糊涂话，漂亮话，轻松话，客气话，现成话'。"语料研究表明，形容词性的不定成分通常与指人类固定成分组配，如［X+客］［X+男］等，基本不与指事类与指现象类固定成分组配，如［X+门］［X+热］等。前文分析指出，［A+N］式词法词中的 A 大都具有分类功能，与指人类名词性成分组配可对该类人群做次一级的划分，将指称对象划分为不同子类人群，而事件或现象带有较强的临时性特征，对其难做子类划分，故也难以实现语义组配。

5.2.1.2 状中式［A+V］的语义组配特征

前定型词法模式中的状中式［A+V］组配模式分别为［1+1］式 11.6% 和［1+2］式 25.0%。我们以韵律模式为纲分而述之。

1. ［1+1］的［A+V］

张国宪（1996、2004、2006）研究表明，在［A+V］组配模式中，音节上的偶数匹配比奇数匹配更自由。"单音节形容词有只与单音节动词组配的倾向……性质形容词与'行为'动词（典型的词长形式为单音节构造）的组配是无标记的，而与'动作'动词（典型的词长形式为多音节构造）的组配则会呈现出不同程度的标记性"①（张国宪，2006：44），如"长住：＊长居住""低飞：＊低飞翔"等。然而，根据对语料的统计分析发现，在前定型［A+V］组配模式上，绝大部分词法模式都未遵循现代汉语的常规韵律模式，仅［裸+X］在［1+1］的［A+V］模式下具有典型性，例如：

［裸+X］：裸报、裸奔、裸辞、裸购、裸归、裸婚、裸驾、裸考₁、裸考₂、裸卖空、裸烹、裸漂、裸拼、裸融、裸晒、裸诉、裸退、裸学、裸演、裸映、裸游

其中的 V 都为典型的动作动词，加上"裸"之后表示对中心成分 X 的一种下位分类，例如：

【裸退】指干部退休后不再担任官方、半官方或群众组织中的任何职务。（《2007 汉语新词语》）

【裸婚】指不买房、不买车、不办婚礼、直接登记结婚的结婚方式。（《2009 汉语新词语》）

【裸映】指电影不举行任何宣传活动，直接上映。（《2011 汉语新词语》）

张国宪（2006：350）在分析［1+1］的［A+V］组合时指出，"单音节形容词充当状语的语义功能更像是为动作进行分类，经分类后的动作都有明显的词汇化倾向"。与定中式［A+N］中的 A 一样，［A+V］中的 A 也主要起区别作用，如"裸退、裸婚、裸映"分别区别于常规的干部退休、新人结婚和电影上映形式。

2. ［1+2］的［A+V］

［1+2］的［A+V］虽然不是任何词法模式的典型形式组配模式，但是在

---

① 行为动词表达的是基本层次范畴的概念，如"炒、烧、焖"等，而动作动词表达的是下位层次范畴的概念，如"清炒、红烧、油焖"等。（张国宪，2006：352）

前定型的词法词中，除［裸 +X］和［亚 +X］外，其他词法模式在该形式组配模式下均具有一定的构词力，如：

［软 +X］：软罢工、软抱怨、软裁员、软处理、软联通、软起飞、软着陆

［硬 +X］：硬联通、硬着陆

［零 +X］：零补考、零等待、零点招、零翻译、零感染、零换乘、零解聘、零扣分、零欠薪、零抢跑、零申报、零投诉、零污染、零增长、零走收、零作弊

［微 +X］₁：微采访、微出行、微创业、微点评、微度假、微腐败、微改革、微捐、微留学、微旅游、微投诉、微维权、微运动、微整容

［微 +X］₂：微拜年、微辩论、微表白、微播报、微采访、微传播、微代言、微访谈、微过年、微乐活、微祈福、微求职、微求助、微施政、微调查、微维权、微问政、微营销、微阅读、微招聘、微直播

［亚 +X］：亚失业

张国宪（2016：20）指出，"当'形 + 动'结构中的动词是'V双'时，一般只与双音节形容词搭配，而不与单音节形容词组合"，如"精心保养：*精保养""残酷打击：*重打击"等，然而现代汉语词法模式的组配特征却与该规律相背，原因何在？

陈宁萍（1987）、张国宪（1989、2016）、王洪君（2001）、王灿龙（2002）等研究表明，双音节动词在一定程度上具有名词的语义和语法功能[1]。观察语料发现，［1+2］的［A+V］双音节动词在语义上凸显的是一种行为，而非具体动作。例如：

【软罢工】指态度消极地工作，不作为。（《2008 汉语新词语》）

【软抱怨】以委婉方式抱怨，使对方知道自己的不满，又容易接受。（《2008 汉语新词语》）

【软裁员】指企业通过减少工时、降低工资等手段，迫使员工主动辞职，

---

[1] 陈宁萍（1987）持"漂移说"，认为"汉语中某些动词正在向名词一端移动"，张国宪（2016）持"功能增殖说"，认为双音节动词并非丧失原有动词性功能，而是增加了名词性功能。

使得公司既达到裁员目的，又能避开法律约束，或者不需支付员工经济补偿。(《2009 汉语新词语》)

【软处理】即"冷处理"①。(《新词语大词典》)

【软联通】国际合作中涉及规则制度等方面的互联互通。与"硬联通"相对。(《2014 汉语新词语》)

【软起飞】指在经济上分阶段地、稳步地前进。(《新词语大词典》)

【软转型】通过改革体制机制，优化政务环境、市场环境、社会环境、法治环境等措施来促进经济的转型升级。与"硬转型"相对。(《2012 汉语新词语》)

【软着陆】❶人造卫星、宇宙飞船等利用一定装置，改变运行轨道，逐渐减低降落速度，最后不受损坏地降落到地面或其他星体表面上。❷比喻国民经济经过一段时间的过快增长后，平稳地回落到适度的区间，没有出现大规模通货紧缩和失业。泛指采取稳妥的措施使某些重大问题和缓地得到解决。(《现汉》)

"罢工、抱怨、裁员、处理、联通、起飞、转型、着陆"都是一种行为，而非具体的动作，前添固定成分"软"之后凸显行为的非常规形式，即形成有标记项对无标记项的对立状态，如：

软罢工：罢工	软联通：联通
软抱怨：抱怨	软起飞：起飞
软裁员：裁员	软转型：转型
软处理：处理	软着陆：着陆

常规的、无标记项"罢工"表示的是拒绝工作，而非常规的、有标记项"软罢工"则在形式上与之相异，采取消极对待的态度，而非直接的排斥态度。

【抱怨】心中不满，数说别人不对；埋怨。(《现汉》)

【软抱怨】以委婉方式抱怨，使对方知道自己的不满，又容易接受。

---

① 【冷处理】喻指以冷静的态度、缓和的方式来处理问题。(《新词语大词典》)

（《2008 汉语新词语》）

常规的、无标记项"抱怨"是通过直接抒发情绪来表达内心不满，而非常规的、有标记项"软抱怨"则强调表达方式的委婉与间接。

张国宪（2016：10）指出，从交际功能上看，"单音节动作动词适宜于陈述，而双音节动作动词不仅可以用于陈述，而且还可以用于指称"。指称与陈述是语言的两大基本交际功能，其在词类上的典型体现形式分别为名词与动词，典型的名词具有三维空间性，而典型的动词则具有时间性。"单音节动词具有义项多、动作性强度高等语义特征，而双音节动词反之，义项单一，动作性强度弱，因而双音节动词的功能极易增殖"（张国宪，2016：72），也就是说，作为动词典型成员的单音动词通常仅用于陈述，而典型性较差的双音节动词，尤其是述宾式和联合式动词，其动作性强度较弱，易发生指称化。从单双音节动作动词所体现的类义上看，"单音节动作动词在类义上主要表示动作行为，而双音节动作动词不仅可以表示动作行为，而且还可以表示状态"（张国宪，1989）。交际功能与类义是互通的，"状态"通常在交际功能上体现为"指称"，而"动作行为"通常体现为"陈述"。V$_双$具有"指称"与"状态"两种属性，"指称"是名词性成分或中心语的主要交际功能。

5.2.2 唯词法词的语义组配特征

符合唯词法词属性的词法模式形类组配模式主要有以下五种：

后定型：定中式［V+N］、定中式［N+N］、状中式［N+V］、状中式［A+V］[①]

无定型：状中式［N+A］

这五种形类模式与韵律模式的具体关系如表 5–35 所示。

---

① 后定型状中式［A+V］即［X+化］的［A+V］式词法词，由于该类词法词在语义上的组配特征与句法结构的语义组配特征相异，因此，我们将其归入"唯词法词"以做详细分析。

表 5-35　唯词法词的形式组配模式

单位：例

模式类型	形类模式	［1+1］	［2+1］	［1+2］
后定型	定中式［V+N］	61	442	12
	定中式［N+N］	184	321	19
	状中式［N+V］	11	33	－
	状中式［A+V］	17	15	－
无定型	状中式［N+A］	67	49	－

5.2.2.1 定中式［V+N］的语义组配特征

定中式［V+N］词例主要为后定型，已知后定型词语总数为 1267 例，根据表 5-35，［1+1］占 4.8%，［2+1］占 34.8%，［1+2］占 0.9%，即单音动词充当定中式［V+N］定语的可能性很低。顾阳和沈阳（2001）、石定栩（2003）指出，汉语"动 - 名"结构在表达述宾关系时受限最少，表达定中偏正关系时受限较多。张国宪（1989）指出，$V_双$ 可以直接充当定语组成偏正短语，而 $V_单$ 则不能，［$V_单$+N］在结构上仅表示动宾关系，如"租汽车"，而［$V_双$+N］在结构上则可表示动宾与偏正两种，如"出租汽车"。也就是说，汉语中"作为动词范畴中典型成员的单音节动词不具有充当定语的功能，而非典型成员双音节动词则具有潜在的定语功能"[①]（张国宪，2005）。现代汉语单音节动词动作性较强，具有典型的动词语法特征。动词的基本特征之一是带有时间性，从概念上说，动作通常与时间相关联，动作性越强的动词，时间性也相应越强。最典型的动词为单音节动作动词，但是"属性定语有排斥时间性的倾向"（李宇明，1996）。双音节动词则动作性较弱，其动词语法特征弱化或部分丧失，有向名词漂移的倾向（陈宁萍，1987；张国宪，1989；王洪君，2001；王灿龙，2002）。此外，单音节名词具有较强的黏附性（张国宪，2004），［$V_双$+$N_单$］"表示定中关系具有显著的倾向性"，如"保证人、表扬信"（李晋霞，2008：7）。我们以韵律模式为纲分而述之。

---

① 根据张国宪（1989）、王光全（1993），直接做定语的单音节动词仅限于极少数状态动词，如"死狗、疯人"中的"死、疯"和烹饪动词，如"蒸肉、烤白薯"中的"蒸、烤"。

1. ［1+1］的［V+N］模式

［1+1］的［V+N］模式构词力较弱，仅见以下词例：

混族、剩男、宅男、考奴、垄奴、租奴、没女、胜女、盛女、剩女、宅女、踏哥、爱商、唱商、旅商、搜商、炒粉、吻替、考霸₁、考霸₂、投霸、秀霸、学霸、研霸、展霸、嚼吧、哭吧、酿吧、玩吧、浴吧、熨吧、摆客、帮客、拆客、筹客、创客、叮客、黑客、换客、纠客、掘客、秒客、趴客、拍客₁、拍客₂、拼客、欠客、切客、晒客、闪客、剩客、试客、刷客、淘客、调客、贴客、团客、推客、耀客、印客、追客、租客

$V_单$一般不具备充当定语的可能性，部分词语为凑足不定成分的双音节形式，而采取单音节动词的重叠形式来充当不定成分。例如：

【傍傍族】依傍他人的权势、钱财来达到目的的人。（《2010 汉语新词语》）

【奔奔族】指那些出生于 20 世纪 70 年代中期至 80 年代中期，因社会压力巨大而拼命工作，并追求享乐、张扬自我的人。（《2006 汉语新词语》）

【囤囤族】赶在物价上涨之前大量购买、囤积商品的人。（《2010 汉语新词语》）

相较于单音节形式"傍、奔、囤"，双音节形式"傍傍、奔奔、囤囤"仅在形式上有所增加而在语义上并无增殖。另如"装装族、蹭蹭族、捏捏族、帮帮族、抛抛族、泡泡族、抢抢族、刷刷族、团团族、蜗蜗族、走走族、抱抱族"等。

唯一在［1+1］的［V+N］模式下具有构词力的是［X+客］，［1+1］的［V+N］总共 57 例，其中 31 例为［X+客］式词法词。［X+客］之所以在该组配模式下具有构词力是因为该词法模式的类推原型为"黑客"，其中"黑"在此表"通过互联网非法侵入他人的计算机系统查看、更改、窃取保密数据或干扰计算机程序"之义，语言使用者以该词为原型类推构造新词时会在一定程度上遵循该词的形义组配规律。

2. ［2+1］的［V+N］模式

［2+1］的［V+N］主要集中于［X+族］［X+热］［X+门］［X+哥］₂等词法模式。语料分析发现，这些词法模式中的 V 以动宾结构为典型，具体占比如表 5-36 所示。

表 5-36　动宾结构不定成分占比表

单位：%

词法模式	［X+族］	［X+热］	［X+门］	［X+哥］₂
占比	59.4	76.0	44.4	58.6

根据表 5-22，可知［2+1］的［V+N］模式下［X+族］的词法模式为 234 例，据笔者统计，V 为动宾结构有 139 例，则其占比为 59.4%。其余词法模式同理可以得出：［X+热］词法模式为 25 例，V 为动宾结构有 139 例；［X+门］词法模式为 81 例，V 为动宾结构有 36 例；［X+哥］₂词法模式为 29 例，V 为动宾结构有 17 例。

张国宪（2016：60）在陈爱文（1986）的研究基础上分析指出，现代汉语动词存在以下动性强度等级序列：

单音节＞前加／后附＞偏正＞补充＞陈述＞支配＞联合

即单音节动词动性最强，联合式双音节动词动性最弱，"强动性动词有较强的时间性特征，是动词内部的典型成员，与之对应的句法成分是谓语；而弱动性动词的时间性特征也弱，为非典型性成员，定语与之对应"。从上表动宾结构所占比值可知，［2+1］式［V+N］中的 V 通常动性较弱。我们再对不定成分的类型进行统计分析，具体比值如表 5-37 所示。

表 5-37　［2+1］式［V+N］词法词不定成分类型

单位：例，%

结构类型	［X+族］		［X+热］		［X+门］		［X+哥］₂	
	词例	占比	词例	占比	词例	占比	词例	占比
述宾	139	59.4	19	76.0	36	44.4	17	58.6
联合	31	13.2	6	24.0	29	35.8	7	24.1

续表

结构类型	[X+族]		[X+热]		[X+门]		[X+哥]$_2$	
	词例	占比	词例	占比	词例	占比	词例	占比
偏正	30	12.8	0	0.0	14	17.3	4	13.8
述补	1	0.4	0	0.0	2	2.5	0	0.0
主谓	1	0.4	0	0.0	0	0.0	0	0.0
其他①	32	13.7	0	0.0	0	0.0	1	3.5

从表中数据可知，现代汉语词法模式下 [2+1] 式 [V+N] 组配模式中的 V 存在以下优选序列：

述宾＞联合＞偏正＞述补＞主谓

各类型词例如下：

述宾：抢票族、试药族、办学热、考博热、改分门、喂药门、摆摊哥

联合：漂流族、走拍族、收藏热、销售热、添加门、泄露门、咆哮哥

偏正：蚁居族、穷游族、悄婚族、误杀门、窃听门、旁听哥、专拍哥

述补：掏空族、打错门、翻新门

主谓：自教族

周洪波（1993）在分析 [X+热] 时指出，有些 [V+热] 中的 V "本身就是不及物动词，或者没有合适的被支配名词性短语的意思"，如 "旅游热、读书热、出国热、整容热" 等。通过分析上述 [2+1] 式 [V+N] 组配模式中的 V，我们发现占比最高的动宾式动词基本为不及物动词，如 "抢票、试药、办学、考博、改分、喂药、摆摊" 等，这些词都表现为弱动性。

除了在结构类型上以述宾式为典型的特征之外，另一重要特征表现为大部分的 V 都为短语，而非凝固的词，例如：

避孩族、炒鸟族、懒婚族、淘券族、食虫热、考托热、建房热、集报热、招嫖门、喂药门、偷菜门、特招门、蹭课哥、啃雪哥、卖菜哥、举牌哥

---

① "其他" 主要指一些不成词的、难以归类的短语，例如 "空怒族" 指 "因航班延误而愤怒，甚至行为失控的乘客"。（《2013 汉语新词语》）"空" 与 "怒" 之间并不存在语义关系，而是在语义所指现象上存在因果关系。

有些甚至不是语义完整的结构，例如：

【爱邦族】指滥用联邦止咳露而产生药瘾的一类人。(《2007汉语新词语》)

【爱鲜族】注重身体健康，热衷食用新鲜食品的人。(《2009汉语新词语》)

"爱邦"指滥用联邦止咳露，"邦"只是联邦止咳露中的一个汉字；"爱鲜"指热衷食用新鲜食品，"鲜"只是新鲜食品中的一个修饰性成分。吕叔湘（1979：48）指出，"有些语缀（主要是后缀）的附着对象可以不仅是词根或词，还可以是短语"，这是汉语语缀的两个重要特征之一[①]。这一特征在［V+N］组配模式上得到了鲜明的体现。

张国宪（2016：9）分析指出，$V_单$与$V_双$在充当定语和状语上存在以下对立差异：

表 5–38　$V_单$与$V_双$充当句法层面定语和状语的差异

动词类型	定语	状语
$V_单$	−	−
$V_双$	+	+

在句法层面上，$V_单$通常不能充当中心语的定语，而$V_双$却能，如"搜索人员：*搜人员""收藏部门：*收部门"，V单通常不能充当中心语的状语，而$V_双$却能，如"拼命工作：*拼工作""补充说道：*补说道"。但是，在词法层面上，$V_单$在少数情况下可以充当中心语的定语，如"考奴、剩女、吻替、投霸、哭吧"等，而$V_双$在部分词法模式中具有较高充当定语成分的可能性，如［X+族］［X+热］［X+门］［X+哥］₂等，二者均不能充当状语成分，如下表所示：

---

① 另一个重要特征是存在类前缀与类后缀。

表 5-39　$V_单$与 $V_双$充当词法层面定语成分和状语成分的差异

动词类型	定语	状语
$V_单$	+	-
$V_双$	+	-

3. ［1+2］的［V+N］模式

［1+2］的［V+N］仅［X+ 二代］，例如：

【笑二代】指笑星的徒弟、子女或其他接班人。（《2009 汉语新词语》）

【导二代】其父辈是导演，自己也是导演的人。（《2010 汉语新词语》）

【流二代】改革开放以来城市流动人口的子女仍在城市中生活的，称为流二代。（《2010 汉语新词语》）

【拆二代】因拆迁得到大额补偿而"暴富"的家庭的子女。（《2011 汉语新词语》）

再如"创二代、负二代、坑二代、垄二代、漂二代、拼二代、写二代"等。

该模式下的 V 所表示的意义动作性都较弱，如"写二代"中的"写"表示"写作"，而非具体的动作行为"用笔在纸上或其他东西上做字"，"拆二代"中的"拆"表示"拆迁"，而非具体的动作行为"把合在一起的东西打开"。有些 V 实际所表为名词性意义，如"导二代"中的"导"表示"导演"，"笑二代"中的"笑"表示"笑星"。

5.2.2.2 定中式［N+N］的语义组配特征

陆志韦（1964：19）指出"名 + 名 = 名词是现代汉语最能孳生的格式"，前人研究已从定量、定性等多方面对此提供了数据与理论支持（朱德熙，1956；周荐，1991、2004；苑春法、黄昌宁，1998；苑春法，2000；董秀芳，2004；黄洁，2008b）。名名复合词不仅是汉语的强势词法模式，同时也是英语复合词的强势词法模式，可生成大量新词（Algeo，1991）。儿童习得研究表明，该类复合词也是儿童最早习得的类型（Clark，1981）。

着眼于定中式［N+N］结构，主要为后定型，其中［1+1］占 14.5%，

［2+1］占 25.3%，［1+2］占 1.5%。数据所反映的是词法模式构词的整体倾向性，不同的词法模式在优势韵律模式上各不相同。形式组配特征一节已经指出，［1+1］的［N+N］模式主要在［X+奴］［X+盲］［X+吧］［X+商］［X+粉］［X+替］［X+霸］［X+哥］₁等词法模式中具有典型性，［2+1］的［N+N］模式主要在［X+热］［X+门］［X+控］［X+体］［X+男］［X+哥］₂等词法模式中具有典型性。具体词例如下所示：

1. ［1+1］的［N+N］模式

［X+奴］

白奴、班奴、病奴、彩奴、菜奴、车奴、房奴、坟奴、股奴、果奴、孩奴、婚奴、基奴、节奴、卡奴、码奴、猫奴、墓奴、年奴、屏奴、妻奴、权奴、团奴、娃奴、险奴、血奴、药奴、医奴、债奴、证奴

［X+盲］

彩盲、法盲、股盲、机盲、基盲、计盲、科盲、路盲、美盲、谱盲、球盲、色盲、网盲、文盲、舞盲、心盲、医盲、艺盲、音盲

［X+吧］

冰吧、布吧、餐吧、茶吧、床吧、迪吧、房吧、股吧、果吧、话吧、街吧、酒吧、乐吧、路吧、球吧、书吧、水吧、陶吧、网吧、雪吧、眼吧、氧吧、纸吧

［X+商］

乐商₂、媒商、美商、气商、情商、趣商、淑商、体商、性商、意商、音商、语商、志商、智商

［X+粉］

奥粉、宝粉、超粉、果粉、凉粉、麦粉、米粉、天粉、微粉、医粉

［X+替］

笔替、饭替、光替、会替、脚替、童替、文替、胸替

［X+霸］

班霸、笔霸、波霸、财霸、菜霸、车霸、电霸、法霸、饭霸、房霸、钢霸、会霸、集霸、景霸、空霸、路霸、箩霸、煤霸、咪霸、面霸、票霸、屏

霸、市霸、水霸、血霸、艺霸、鱼霸

［X+哥］₁

的哥、迪哥、动哥、呼哥、警哥、军哥、空哥、煤哥、托哥、网哥

2.［2+1］的［N+N］模式

［X+热］

IP热、大陆热、公关热、公司热、海南热、汉语热、贺卡热、莫言热、气功热、人体热、生日热、生肖热、时装热、台球热、托福热、晚会热、文化热、文凭热、武术热、武侠热、西服热、星星热、学位热、亚运热、羽绒热、元芳热、针灸热、专硕热

［X+门］

PS门、八毛门、暴风门、杯具门、标准门、玻璃门、补贴门、茶杯门、差价门、尘肺门、瓷器门、大师门、导游门、地图门、电报门、电话门、豆浆门、多表门、饭局门、房产门、分红门、辐照门、高薪门、哥窑门、鸽子门、骨汤门、国籍门、国旗门、虎照门、黄山门、会所门、婚宴门、激素门、结石门、金罐门、开水门、空饷门、口罩门、骷髅门、棱镜门、李刚门、龙虾门、密码门、名表门、牛肉门、农残门、女友门、配方门、砒霜门、脾气门、气候门、弃婴门、石墨门、寿衣门、兽兽门、水军门、水源门、踏板门、台历门、天线门、同名门、微博门、伪虎门、尾气门、香烟门、薪酬门、学位门₂、艳女门、艳照门、药鸡门、遗产门、淫媒门、语文门、帐篷门、职称门、纸牌门、质量门、种票门、资料门、紫砂门

［X+控］

大叔控、攻略控、技术控、萝莉控、苹果控、数码控、四叶控、推特控、微博控、微信控、颜值控、侦探控、中国控

［X+体］

QQ体、包裹体、宝黛体、表格体、厕所体、丹丹体、德纲体、凡客体、方阵体、纺纱体、废话体、高铁体、葛优体、公式体、还珠体、海燕体、红楼体、回音体、精神体、鲸鱼体、蓝翔体、梨花体、亮叔体、流氓体、陆川体、玛雅体、蜜糖体、明星体、末日体、秋裤体、三宝体、舌尖

体、生活体、十年体、淘宝体、土豪体、微博体、乡愁体、小贱体、校内体、眼中体、羊羔体、一淘体、意林体、英雄体、元芳体、怨妇体、甄嬛体、助理体、子弹体

［X+ 男］

顺溜男、37 度男、贝塔男、便当男、标配男、草莓男、宠物男、灯笼男、点心男、凤凰男、干物男、火箭男、极客男、酱油男、快餐男、奶瓶男、奶嘴男、女子男、水壶男、素养男、玩具男、余味男、月亮男

［X+ 哥］₂

暴力哥、标尺哥、啵乐哥、大衣哥、断臂哥、鳄鱼哥、浮云哥、公益哥、红娘哥、鸡汤哥、锦旗哥、孔雀哥、力学哥、麻袋哥、幕后哥、浓烟哥、仁义哥、日历哥、外语哥、未来哥、笑脸哥、油条哥、章鱼哥、帐篷哥、证件哥

定中式［N+N］组配模式向来是学界讨论的热点之一，"名名定中是定中复合词的原型模式，以名词性成分充当定语成分是定中复合词构词的常规选择"（董秀芳，2004：130），不仅汉语构词法如此，英语构词法也与之相同（Benczes，2006；Libben and Jarema，2006）。对名名复合词的研究主要聚焦于两个名词性成分之间的语义关系，但大量的研究表明，名名复合词内部语义关系是难以穷尽的，如唐宁（Downing，1977）、沃伦（Warren，1978）、滕健（1995）、方清明（2015）等。各派学者都曾对名名复合词的语义构造模式展开过详尽分析，如李（Lee，1960）、利维（Levi，1978）、莱德（Ryder，1994）、魏斯涅夫斯基（Wisniewski，1996）、加涅和肖本（Gagné and Shoben，1997）、本采什（Benczes，2006）、周先武和王文斌（2010）等分别基于转换语法、早期生成理论、认知图式理论、心理学实验、概念整合理论、框架语义学等对英语名名复合词中的创造性现象进行了解释，刘正光（2003）、刘正光和刘润清（2004）、朱彦（2004）、胡爱萍和吴静（2006）、黄洁（2008a、2008b、2010、2013）、魏雪和袁毓林（2013）、周韧（2016）等分别基于概念合成理论、述谓理论、图式理论、参照点理论、隐转喻理论、生成词库论等详尽分析了汉语名名复合词的构造机制。各家学说虽然着

眼点各不相同，但都将名名复合词的研究推向深入。

语料分析发现，［N+N］中的 N_1 在语义上没有明显的特殊之处，既可以表具体事物、也可以表抽象事物，既可以表自然物、也可以表人造物，但 N_1 和 N_2 的关系可基本归为两类：主题关系（thematic relation）和属性关系（property realtion）。

主题关系描述一个合成概念的修饰语名词与中心语名词是如何关联的（Gagné and Shoben，1997）。例如：

mountain cloud：a cloud in the mountains

（山云：山里的云）

mountain magazine：a magazine about mountains

（山脉杂志：关于山脉的杂志）

（Gagné and Shoben，1997）

in（里）和 about（关于）就是主题关系。再着眼于词法词语料，我们发现大部分［N+N］式词法词的构成成分具有主题关系，例如：

【债奴】指因债务而承受巨大压力的人或单位。（《2008 汉语新词语》）

【侦探控】对侦探小说和推理断案特别有兴趣以致沉迷的人。（《2012 汉语新词语》）

"债奴"释义中的"因……而……"表示因果关系，"侦探控"释义中的"对……"表示关涉关系，这两种关系均属于主题关系。

属性关系指合成概念的修饰语名词在语义上并不表事物，而表事物的某种属性，并以该属性修饰中心语名词。例如：

box clock：a square clock

（盒钟：方形的钟）

（Wisniewski，1996）

square（方形）就是 box（盒）的属性。再着眼于词法词语料，我们发现个别词法模式中小部分［N+N］式词法词的构成成分具有属性关系，例如：

【榴莲族】指职场中有一定工作资历，能力较强而脾气很坏，不好相处

的人。因其类似榴莲，闻着臭，吃着香，故称。(《2009 汉语新词语》)

【月亮男】指在外人面前表现出众，但对家人却不关心体贴的男性。"月亮"意为把光亮给了大众，把黑暗留给了家人。(《2009 汉语新词语》)

释义中带波浪线的内容是不定成分经转喻运作后表达的属性义。"榴莲族"中的"榴莲"并不表事物，而表榴莲闻着臭、吃着香的属性，再通过隐喻转指"有一定工作资历，能力较强而脾气很坏，不好相处"的属性；"月亮男"中的"月亮"也不表事物，而表月亮仅以光亮示人的属性，再通过隐喻转指"把光亮给了大众，把黑暗留给家人"的属性。

上文对定中式［A+N］［V+N］和状中式［A+V］的分析已经指出，现代汉语词法模式的前位构词成分通常具有区别功能，那么定中式的［N+N］是否也同样如此？

前人对［N+N］形类模式的研究已经指出，做定语的名词在功能上等同于非谓形容词或已经转变为非谓形容词（张伯江，1994；谭景春，1998、2001）。名词做定语是用名词所指事物的整体属性修饰限定中心语，而形容词（和 / 或非谓形容词）作定语则只是用单一属性修饰限定中心语（Wierzbicka，1986；沈家煊，1997；柯航，2012：138）。整体属性比单一属性更稳定，［N+N］的成分间关系也比［A+N］［V+N］的成分间关系更稳定。然而，语料分析发现，只有少数词法词的构成成分具有属性关系，即只有少数［N+N］式词法词的定语名词具有形容词或非谓形容词的区别性功能。

5.2.2.3 状中式［N+V］［A+V］的语义组配特征

状中式［N+V］［A+V］词例即［X+化］词法词[①]，其中［1+1］的［N+V］占 0.9%，［2+1］的［N+V］占 2.6%，［1+1］的［A+V］占 1.3%，［2+1］的［A+V］占 1.2%。具体词例如下所示：

1.［1+1］的［N+V］模式

E 化、港化、量化、内化、娘化、沙化、商化、神化、外化、西化

---

① ［X+化］除了［N+V］和［A+V］组配模式外，还具有［V+V］组配模式，云汉、峻峡（1989）考察发现 12% 的［X+化］属于［V+V］组配模式，但由于我们所考察的辞书未包含该模式的词例，且该模式能产性较低，因此，不进行专门分析。

2. ［2+1］的［N+V］模式

白领化、边缘化、城市化、城投化、程序化、宠物化、电商化、电子化、短工化、服饰化、个性化、公园化、股份化、轨道化、国际化、荒漠化、集团化、立体化、情绪化、权金化、全球化、沙漠化、商品化、石漠化、石英化、时装化、市场化、数字化、碎片化、网络化、蚁穴化

3. ［1+1］的［A+V］模式

矮化、淡化、活化、良化、亮化、劣化、暖化、热化、软化、弱化、熟化、细化、咸化、香化、野化、优化

4. ［2+1］的［A+V］模式

成熟化、粗鄙化、袋装化、低龄化、多极化、多样化、多元化、非核化、非农化、高龄化、国产化、集约化、空心化、廉价化、随意化

首先，关于［N+V］模式，张国宪（2016：12）指出，"由于'V单'不具备受光杆名词修饰的功能，所以在表示偏正关系的'名+动'结构中，动词不能是单音节的，'名+动'结构'N+V单'一般只构成主谓短语"。例如"狗叫、风吹、车开、狮吼"（N单+V单）和"小狗叫、北风吹、火车开、雄狮吼"（N双+V单）等。然而，［N+V］的［X+化］却能形成偏正结构。其次，关于［A+V］模式，张国宪（2006：351）指出，"当'形+动'组合中的形容词为双音节时，一般只与双音节动词组配，而不与单音节动词结合"，例如"*认真读：认真阅读""*灵活用：灵活运用"。然而，［A+V］式［X+化］的韵律模式却与之相异。那么，是什么原因造成［N+V］和［A+V］的［X+化］在形式组配模式上与常规的偏正式［N+V］和［A+V］不一致？

［X+化］的构式义为"转变成某种状态或性质"，从表层语义看，"化"是整词语义中心，因为［X+化］表示一种变化，但从深层语义看，X是整词的语义重心，因为X是变化的对象。常规的偏正结构语义中心与语义重心一致，均为中心语成分，而［X+化］的语义中心与语义重心却不一致，语义中心在中心语成分，而语义重心在修饰语成分。

朱德熙（1987）指出，"进行语法研究的时候，必须区别语料中的不同层次以保证研究对象内部的均匀和一致"。虽然同样属于状中式［A+V］组

配模式，但是［X+化］在语义组配的特性与其他词法模式具有明显的差异。相较于其他词法模式，［X+化］产生时间较早，固定成分"化"的语义虚化程度比其他词法模式的固定成分更深，这致使词法模式的语义重心前移至修饰语成分。

秦华镇（2005）认为，［X+化］中的X必须具有"可延展性"，即"具有能够变化或者能够成为别的变化结果的意义空间"，且"表示的事物或者是'值得期待'的，或者是为人们所'憎恶'的"。然而，语料分析发现，大部分［X+化］所表示的仅是客观的状态转变，另外，"可延展性"的概念也较为模糊。例如：

（1）在一个细分化、碎片化的时代里，想要在市场上建立起一个横扫六合的主流品牌，对于所有商业营销者都是巨大的系统工程。（《国际金融报》2007年10月30日）

（2）随着学科分类的细化和大科学研究开展，科研工作更多地需要科研人员合作完成。（人民网2010年7月6日）

例句中的"碎片化"与"细化"仅陈述时代与学科分类的发展趋势，并未带有明显的"期待"或"憎恶"色彩。

从外部功能上看，郭潮（1982）指出，［2+1］的［X+化］则不能携带宾语[①]，而［1+1］的［X+化］"一般都是及物动词，可以在主谓宾式的句子中充当谓语，可以带对象宾语"，例如：

（3）教师不能淡化主题、忽视主课，讲课、研究决不能偏离方向、与中央唱反调。（《人民日报》2017年6月27日）

（4）通知指出，各地要细化责任，细致排查，确保假日旅游运行安全。（人民网2017年9月12日）

能否携带宾语是动词动性强弱的重要指标之一，单音节动作动词具有强动性，能够自由携带宾语，双音节动词具有弱动性，部分结构类型的双音节

[①] 郭潮（1982）认为"三音的和多音的'化'尾动词，后面不能带宾语，只能在'把'字句中充当谓语"，例如"把敌我矛盾扩大化""将国家组织法西斯化，将经济组织战争化"，然而我们经语料库检索发现，［2+1］的［X+化］式词实际上极少充当"把"字句的谓语。

动词可携带宾语，三音节动词动性最弱，通常难以携带宾语。作为三音节动词的［2+1］式［X+化］通常不能携带宾语，大多数情况下充当"的"字结构的中心语。

5.2.2.4 状中式［N+A］的语义组配特征

状中式［N+A］词例都属于无定型，其中［1+1］占57.8%，［2+1］占42.2%。具体词例如下所示：

1. ［1+1］的［N+A］模式

宝蓝、碧绿、碧青、菜黄、菜青、草白、草黄、草绿、茶青、橙红、橙黄、葱绿、蛋青、豆绿、豆青、鹅黄、垩白、翡青、粉白、垢黄、海绿、荷红、火红、姜黄、金黄、橘红、橘黄、葵绿、蜡黄、莲青、柳黄、麦黄、墨黑、墨绿、奶黄、藕白、藕灰、漆黑、肉红、乳白、霜白、水白、水蓝、水绿、炭黑、炭红、桃红、天蓝、铁黑、铁黄、铁青、铜黄、土黄、乌黑、蟹青、猩红、杏红、杏黄、锈黄、雪白、牙黄、芽黄、燕黄、银白、银灰、油黄、枣红、粽黄

2. ［2+1］的［N+A］模式

芭蕉绿、宝石红、宝石蓝、薜荔青、葱心ㄦ绿、翡翠绿、甘草黄、橄榄黄、橄榄绿、橄榄青、高粱红、海潮蓝、海棠红、海棠蓝、湖水蓝、鸡血红、金鱼黄、酒糟红、孔雀蓝、蜡渣黄、荔枝红、榴花红、绿豆青、玛瑙红、玫瑰黄、柠檬黄、藕荷绿、枇杷黄、苹果绿、葡萄灰、葡萄紫、茄花紫、青莲紫、松花黄、松花绿、象牙黄、蟹壳黄、蟹壳青、杏子黄、鸭蛋青、鸭嘴黄、胭脂红、樱桃红、枣花绿、朱砂红

前人关于颜色词的研究主要聚焦于基本颜色词，如伯林和凯（Berlin and Kay, 1969）、凯和麦克丹尼尔（Kay and McDaniel, 1978）等。我们所关注的是非基本颜色词，如"樱桃红、玫瑰紫、柠檬黄、藕荷绿"等，这些非基本颜色词均是基本颜色词的下位词，如"海棠红、鸡血红、石榴红、荔枝红"都是"红"的下位词。詹人凤（1997：177）指出，"实物语素+基本颜色语素"是现代汉语构造非基本颜色词的强势模式，如"血红、火红、玫瑰红、杜鹃红"等。该组配模式是古代汉语句法结构遗留的产物，"'名+动/

形→状中'在古代汉语中是自由短语规则,其中的'名'表状貌、工具等。同样的语义关系在现代汉语中按规则需用介字字组表示"(王洪君,1994)。例如,"笔直"要表示为"像笔一样直"。[N+A]语义组配模式呈现出强构词力是从近代开始的(李红印,2007:69)。该模式下的词法词通常可以理解为"像 N 一样的 A",例如:

【鹅黄】像小鹅绒毛那样的黄色;嫩黄。(《现汉》)

【雪白】像雪那样的洁白。(《现汉》)

韵律组配方面,张国宪(1996)认为其中的形容词"对名词音节的选择是相对自由的",即名词既可以是单音节也可以是双音节,如"铜绿:鹦哥绿""肉红:铁锈红""天蓝:宝石蓝""葱白:鱼肚白"等,但语料分析发现,新近产生的词法词更倾向于[2+1]韵律模式。

语义组配方面,李红印(2007:52)指出,"表物语素 + 表色语素"语义组配模式中的名词主要有三类:一般事物(葱绿、天蓝、鱼肚白)、色彩应用范围(国防绿、学生蓝、海军蓝)和色彩或颜料的产地(刚果红、(西)洋红、普(鲁士)蓝)。其中 N 为一般事物的语义组配模式具有强构词力。N 主要为植物和矿物,还有少数动物,例如:

植物:芭蕉绿、橙红、甘草黄、橄榄黄、麦黄、藕荷绿、枇杷黄

矿物:金黄[①]、银白、宝石蓝、翡翠绿、玛瑙红、铁黑、铜黄、翡青

动物:孔雀蓝、蟹青、猩红、燕黄

张国宪(2005、2006:326)认为[N+A]颜色词中的 N 具有程度义,"就语义功能而言,'草绿、鹦哥绿'等合成词中的修饰成分'草、鹦哥'与'很绿'等短语中的副词性成分'很'的作用并无二致,区别只是在于名词用客观可视的色彩来表述焦点色的外延,而副词则是用主观的感知程度来限定焦点色,表现在句法层面就是前者是名词后者是副词、前者大多是词法现

---

① 朱德熙(1982:53)及大多数《现代汉语》教材都将"金、银"定性为"非谓形容词 / 区别词 / 属性词",吴长安(2001)认为定语位置上的"金、银"是使用了比喻义的名词。我们认为在"金黄、银白"中"金、银"表示的是金属"金子、银子",是一种事物,应定性为"名词性成分"。

象后者大都是句法现象而已"（张国宪，2005）。但是词义分析发现，该类词法词中的 N 并不具有程度义，如"芭蕉绿"表示"像芭蕉的绿"，"橄榄黄"表示"像橄榄的黄"，"芭蕉"与"橄榄"在词义中并未呈现出程度高低之别。该词法模式是一种比况结构，N 在结构中表比喻对象。

5.3 小结

本章主要分析了词法模式产物词法词的形式组配特征与语义组配特征两个方面。

首先，从韵律模式与形类模式两个维度分别分析了后定型、前定型与无定型词法模式的形式组配模式。数据统计表明：（1）[1+1] 的 [N+N] 和 [2+1] 的 [V+N][N+N] 为后定型词法模式的优选模式，三音节的 [2+1] 韵律模式具有最强的构词力；（2）除个别词法模式外，[1+2] 的 [A+N] 为前定型词法模式的优选模式，三音节的 [1+2] 韵律模式具有最强的构词力；（3）无定型的 [N+A] 式颜色词在韵律模式上主要有 [1+1] 和 [2+1] 两种，且二者构词力差异不大，[N+A] 式颜色词整体构词力较强，但内部子类构词力并不均衡。总体上看，对于强构词力的词法模式而言，语言使用者在构造新词时更倾向于选择奇数匹配模式，而对于次强构词力的词法模式而言，语言使用者在构造新词时更倾向于选择偶数匹配模式。

其次，以形类组配模式为纲，分别分析了句法 - 词法词与唯词法词的语义组配特征。研究发现，根据词法模式构造的 [A+N] 与 [A+V] 式词法词在韵律模式整体倾向上与常规韵律模式 [1+1] 相反，而以 [1+2] 为主流，其中的 A 具有区别、分类功能；[V+N] 式词法词中的 V 具有弱动性，基本为双音节形式；绝大部分 [N+N] 式词法词的构词成分之间具有主题关系，鲜少具有属性关系；[N+ 化][A+ 化] 式词法词因语义中心与语义重心不一致而导致韵律模式与常规 [N+V][A+V] 相异；[N+A] 为比况结构，词法词的词义通常可理解为"像 N 一样的 A"。

6. 词法词的词义识解机制

本章将从词法词的词义推导视角出发，探讨词法词的识解机制。根据第五章分析所得的词法模式形义组配特征，在构式理论的框架之下，以唯词法词与句法 – 词法词为纲，结合物性结构、隐喻、转喻等理论分别分析不同组配模式下词法词的词义识解机制。

6.1 词义可预测性

"识解指的是我们明显具备的、以不同方式对同一情景加以构想（conceive）和描写（portray）的能力。"（Langacker，2008：43）对词法词词义识解机制的探讨实际上就是对词法词词义可预测性的分析。学界通常将词义可预测性称作"词义透明度"或"语义透明度"。前人研究表明，现代汉语新生词语具有"词义表面化"（沈孟璎，1995a）、"见形明义"（刁晏斌，2013）的特点，但是"词义表面化"或"见形明义"并非意味着词义完全透明，而是词语理解过程中理据性的增强。任何新创的词语都具有其独特的理据性，该理据通常来源于词语生发的言语环境。言语的功能在于传递信息，即让接收者明白词语的指涉意义，高理据性的词语能够更快地传达言者之意，符合言语交际的基本准则。关于词法词，黎良军（1995：31）指出，"个别词的意义似乎可以推知，如'科盲''舞盲''法盲'。但是，这种推知过程与短语意义的推知过程有质的差别。推测上述词义的过程以了解'文盲'这个词的意义为出发点，如果不懂得'文盲'这个词，就没法进入推知过程。而推知一个短语的意义，却是从分析这个短语包含的词开始的"。由此可见，词法词的词义推导并非简单的成分义组合过程。

6.1.1 认知词汇学的词义可预测性

蒋绍愚（2015：96）指出，词法词是"在线生成的词"，既然是在线生成的，那么对其词义可预测性的判定就不可采取前人基于词语构成成分判定词义透明度的方法，而应当结合词语所依存的语境，即一种基于使用的认知词汇学方法。例如，李晋霞、李宇明（2008）将词义可预测性称作"词义透明度"，"指词义可从构成要素的意义上推知的难易度"。该研究"主要站在现代汉语的共时层面上，根据词义与语素义的关系来确定词义的透明度"。文章将词义透明度划分为四个梯级——完全透明、比较透明、比较隐晦和完全隐晦，具体的评定依据是《现汉》（第5版）的词典释义，这种基于词典内省式判定词义透明度的研究方法不完全适用于词法词的词义可预测性判定。词汇语用学研究表明，"词语与结构的使用和理解是一个以语境为基础的语用–认知问题，而不单是语义问题"（冉永平，2005）。那么，当我们要识解基于词法模式类推生成的词法词时，需要回答以下几个问题：

第一，构式在词法词的词义识解过程中扮演什么角色？

第二，语境在词法词的词义识解过程中具有什么功能？

第三，词义识解的运作程序是怎样的？

6.1.1.1 词法词的语境

既然词法词是在线生成的，有关词法词的使用和理解都不可脱离其语境，那么我们首先就需要明确这里的语境具体指什么。[①]

我们将语料分析中的部分词法词置于 BCC 语料库中进行检索，检索发现，该类词法词主要出现于报刊新闻之中，那么报刊新闻作为一种语境具有怎样的特征？

新闻是一种交际形式，但是不同于日常的言语交际，新闻是一种交互性较低的交际形式，新闻的编写者与阅读者分别扮演着交际的递讯者与收讯者

---

① 我们所探讨的词法词仅限于基于词法模式构造的词语，而不包含利用汉语词法规则临时构造的、无明显词法模式根据的词法词。

的角色。新闻中的"递讯—收讯"是一种一次性的交际行为,满足递讯的方法很多,其中一种便涉及利用词法模式创造词法词。对词法词词义推导的解讯过程也就是词义识解的过程。

通过对语料的进一步检索发现,根据词法模式所构造的词法词经常出现于新闻标题之中,而与其相关的语义信息则出现于新闻正文之中。例如:

(1)新闻标题:《"水母族"为求职虚报信息 资历注水早晚被"晒干"》

新闻正文:对求职时持假学历、假证书、假资历等虚假信息的新生群体,网上称其为"水母族"。(《深圳特区报》2011年1月18日)

(2)新闻标题:《你是不是"攻略控"》

新闻正文:游戏过关看攻略、旅游选择看攻略、购物看比价攻略……如今,各种各样的攻略出现在我们身边。很多人,遇事第一反应先到网上搜索相关攻略,做好功课,吸取前人经验,提高办事效率,不少青年人也渐成"攻略控"。(《北京青年报》2012年5月4日)

(3)新闻标题:《男朋友原来是个"草莓男"》

新闻正文:简单来说就是外表条件看似都不错,实际却有很多性格缺陷的男人,比如懦弱、逃避、自我、缺乏担当。(《青年报》2016年1月31日)

新闻标题中的"水母族""攻略控""草莓男"在新闻正文中均有相关语义信息。这种独特的语境与语篇布局方式可诱发读者通过阅读新闻正文来进一步推导词法词的词义。

6.1.1.2 认知关联论的词义推导

前人研究认为求新求异是语言使用者创造或使用词法词的使用心理,但是,所谓的求新求异只是表面现象,我们还须进一步探讨造词者[①]的造词心理。任何一个在听读者看来词义不可预测或所推导的词义与语境不相适切的词法词,其在创造之时都是有据可循的,也就是说,词法词与语境是存在关联的,对词义识解的过程即从语境中寻找最佳关联的过程。

学界对人类的言语交际主要有三种解释模式:语码模式、推理模式和明

---

① 为了论证的简洁性,我们仅使用"造词者",但实际的语言表达者包括"造词者"与"用词者"。

示－推理模式。语码模式基于编码解码理论，认为解码者通过解码操作可以获得编码者意欲表达的所有语码信息，然而，现实的言语交际并不能实现信息的完全解码。推理模式由格赖斯（Grice，1989）系统提出，该模式强调对交际中隐含意义的推导，认为要理解说话人的含意（implicature）需要依靠听话人的语用推理（pragmatic inference），而非语言解码（linguistic decoding）。斯波珀和威尔逊（Sperber and Wilson，2008：352–353）在推理模式的基础上结合认知关联论提出了明示－推理模式，认为人类的言语交际有两条"关联原则"（Relevance Principle）：

第一条为"认知原则"（Cognitive Principle）：

人的认知倾向于追求最大关联。

第二条为"交际原则"（Communicative Principle）：

每个明示的交际行为都传递了一个推定，推定自己达到了优化关联。

明示－推理模式即"交际者将其意图以某种刺激方式（言语的或非言语的）明示给对方，对方则根据所收到的刺激，结合当时的语境假设进行推理，寻找出最佳关联的解读"（陈开举，2002）。明示是递讯者行为，推理则是收讯者行为。对于斯波珀和威尔逊（2008）而言，关联论所感兴趣的是词语在会话中所发生的词义扩大、缩小或调整，但我们所关注的是收讯者如何通过词语所处语境来进行词义推导，即预测词义，其中的认知加工程序为何。

张国宪（2006：329-330）指出，"依据认知科学的关联理论，语言交际不是简单的'编码—解码'，而是一个'意图—推理'的心智过程。受话者在接收和理解一段话时并不是被动地接受信息，而总是先提取一些信息，建立起一系列的假设，然后选择认知语境来调整这些假设，从而形成一个逐渐变化的认知背景，通过认知语境与个人经验之间的互动来建构意义"。也就是说，意义是建构而来的，而非仅仅由构词成分组合而成。那么意义建构的材料有哪些？

基于认知关联论，人们识解一个新词可借助于三种信息：词语的构词成分、解词者的百科知识和词语出现的上下文语境。首先，根据言语交际的认知关联原则，造词者的造词行为或者说所造之词是一个明示的交际行为，携带着一定的语用意图，因此，词语的构词成分是词义推导的首要依据。其次，认知语言学的意义观认为，意义本质上是一定范围内的百科知识。因此，原则上，一个人的语言知识与其全部的世界知识共存。也就是说，意义的百科知识观促使我们能够启用固有的、长时记忆中的相关知识来识解新词。最后，词语出现的上下文语境是锚定构词成分义及词义的重要凭借。可否识解一个表达式以及可否接受其语义合式性，仅能借助于适切的背景知识来解释。

6.1.2 词法词的语义整合性

无论是词，还是短语，语言中的结构都可分为组合性结构和整合性结构，组合性结构的语义基本可以由构成成分义组合而来，在运用时通常可自由地援例类推，而整合性结构则相反，语义不可完全预测，运用时也不可自由地援例类推。"'构式'的分析观念本质上是针对组合性原则的"（施春宏，2016a），强调语义的整合性，典型构式的某些形义特征无法从构成成分中完全预测出来。对于词法构式而言，词法词的语义由构成成分整合而来，其中不定成分在构式中表词语原义或引申义，词法模式表构式义，该构式义主要由固定成分体现。构式义与固定成分作为自由词使用时的语义不同，构式义无法脱离构式而独立存在。如英语［X+-friendly］构式中的 -friendly 与自由形式 friendly 语义不同，构式义"适宜（某人或组织），或使得（某活动）（以某工具）顺利进行，并（对某物）无负面影响"无法脱离［X+-friendly］构式而独立存在（邵斌、王文斌，2014）。根据词法模式类推构造的词法词的理据性包含"结构框架的制约性"（沈孟璎，1995a）。此外，我们在 3.4 节讨论现代汉语词法结构与句法结构的部分同构性时已经指出，现代汉语中存在大量词法与句法异构的现象。异构观的有力证据之一即大量现代汉语合成词的词义具有不可预测性，"就大部分合成词来说，词义仅仅可以从构成词的语素的意义得到一定的启发而已"（石安石，1993：20）。"词义是不可推知的。合成词包括好几个词素，但是，词义并不是由词素义按照一定的句法关系组合起来的，词素义只是词义中的某几个关节点，对词义只起提示性的作用。"（黎良军，1995：30）也就是说，整合性是现代汉语合成词词义的重要特性之一。

长期以来，学界普遍认为词法词或派生词等通过词法模式类推构造的词语具有较强的规则性，因此，词义具有较高的可预测性，如英语中［X+ -ness］构造的派生词具有很高的可预测性，如 darkness、happiness、sadness、illness、loneliness 等。然而，现代汉语词法词的情况却并非如此，语料分析发现，汉语词法词并非都具有较高的词义可预测性，而是呈现出级差现象。一些形式组配模式的词法词相较于另一些形式组配模式的词法词更易于识解。

构式理论强调以语言的边缘现象为切入点，从特殊中提取规律以推及一般。我们对形义组配特征的进一步分析也采取同样的操作步骤，首先探讨唯词法词的词义识解机制，其次分析句法 – 词法词的词义识解机制。

6.2 唯词法词的词义识解机制

从句法搭配视角着眼，句法 – 词法词的形类组配模式是常规的范畴正配模式，而唯词法词的形类组配模式则是一种范畴错配模式。我们将对构式压制及相关概念进行概说，在此基础上以形类组配模式为纲，尝试结合多方面的认知理论阐释不同形类组配模式的词法词识解机制。

6.2.1 构式压制及相关概念

6.2.1.1 变价理论的局限性

对构式压制概念的认识必须基于对语法中动词变价理论的了解。传统语法认为动词在句子中携带几个论元，就是几价动词，例如：

（4）小王吃了一个苹果。

（5）我吃了他一个苹果。

在（4）中，动词"吃"是一个二价动词，主语"小王"和宾语"苹果"是"吃"的两个论元；在（5）中，动词"吃"是一个三价动词，带了主语"我"、直接宾语"苹果"和间接宾语"他"。

再如戈德伯格（1995）中的经典例子：

（6）Frank sneezed the tissue off the table.

（弗兰克一喷嚏把纸巾喷下了桌子。）

（7）She baked him a cake.

（她烘了一个蛋糕给他。）

例（6）中，sneeze 是不及物动词，属于一价动词，只能携带一个论元，但在这个句子中 sneeze 携带了 Frank、tissue 和 table 三个论元。例（7）中，bake 是一价动词，但在句子中也携带了三个论元。这里出现了论元增容（argument augmentation）现象，同一个动词在不同的句法环境中可携带不同数量的论元。那么论元增容的动因为何？是什么条件致使其增容了？这就引出了变价理论所存在的循环论证问题（陆俭明，2016）。"吃"在句子中变成了三价动词，因为它带有三个论元，那为什么它可带三个论元？因为它变价了。

6.2.1.2 构式压制的概念

变价理论未能解释语法中论元增容的原因，此外，其对于词法层面的非常规现象也缺乏解释力，而构式理论从产生之初就力求解释语言中的各方面现象，其中的构式压制说更是着力于分析论元增容的原因。

当前学界对构式压制的研究主要针对句法层面的现象，如特殊构式压制和体压制等，米凯利斯（Michaelis，2004）[1] 将这一调节机制界定如下：

If a lexical item is semantically incompatible with its morphosyntactic context, the meaning of the lexical item conforms to the meaning of the structure in which it is embedded.

（如果一个词项在意义上与其形态句法环境不相兼容，那么词项的意义将服从于其所嵌入的结构的意义。）

也就是说，当一个图式构式与填入其空槽的词项存在形式和 / 或语义冲突时，图式构式将处于强势地位，迫使词项进行语义调变，从而消解冲突，即"构式压制词项以产生与系统相关联的意义"（Goldberg，1995：238）。由

于形式表达是固定的，因此，能进行调变的只能是语义。王寅（2011：332）的概念界定也着眼于句法层面，认为"当动词义与构式义不完全一致或相冲突时，构式常会迫使动词改变其论元结构（增加或减少动词的论元数量）和语义特征"。从这些概念界定的表述上看，构式压制是一个自上而下的操作机制。然而，实际情况并非如此。

施春宏（2014）在对构式压制现象进行分析时指出，"在组构成分进入构式的过程中，构式向组构成分提出需要满足的准入条件，如果组构成分的功能、意义及形式跟构式的常规功能、意义及形式不完全吻合，则通过调整其功能和意义结构及形式结构中的某些侧面以满足该准入条件，若两相契合，则构式压制成功；若不能两相契合，则构式压制无效"。相较而言，施春宏（2014）的构式压制概念比戈德伯格（1995）、米凯利斯（2004）、王寅（2011）等的概念要宽泛得多，不仅用以描述句法层面的现象，还包括词法层面的现象，另外，构式的生成过程被描述为"构式和组构成分双向互动合力作用的结果"（施春宏，2014），而非单方面的、整体对部分的压迫结果。其实，戈德伯格（1995：24）在谈及动词与构式的互动时就已指出，"虽然构式具有独立于动词的意义，但是很明显语法的运作不是完全自上而下的，即构式简单地将其意义强加于意义固定的动词之上。实际上，有理由认为分析必须是既自上而下，又自下而上"。也就是说，构式的意义和动词的意义是彼此影响、相互参照的。相应地，在词法层面，图式性构式与构词成分之间也是一种彼此互动的关系。

从表面上看，构式压制说已经解释了论元增容现象，但是，我们仍须进一步思考冲突的消解规律。消解冲突有两种方法：一种是语义的，即根据构词成分的百科知识；另一种是语用的，即依靠词语出现的语境。前人研究大多采取语用解决法，如德·斯瓦尔特（De Swart，1998）认为，压制由隐性的语境重解机制所控制，该机制由解决（语义）冲突的需求所触发；米凯利斯（2004）认为，由于构式和词语一样，将语义限制（如事件表征）和语用限制（如使用条件）自由地组合在一起，因此，描写构式意义需要我们将认知解释与话语功能解释相结合。鲜有研究将语义与语用方法相结合，鉴于此，我们以具体词法词为例展开分析。

6.2.2 定中式［N+N］的词义识解机制

通过前述章节对词法模式各组配模式词法词的定量与定性分析可知，定中式［N+N］是现代汉语词法模式的典型形类组配模式。前人已根据认知框架（cognitive frame）、理想化认知模型（idealized cognitive model）、认知域（cogntive domain）和物性结构（qualia structure）等理论阐释了名词语义的百科知识观，我们将在前人研究基础上，综合多种理论的研究成果阐释现代汉语［N+N］式词法词的构造机理。我们将［N+N］式词法词中的两个构词成分分别标记为 N_1 与 N_2，将整词标记为 N_3。

6.2.2.1 压制力何来

从句法视角着眼，由两个名词性成分相组合的偏正结构是一种非常规的搭配模式，语义的识解需要在两个名词性成分所代表的概念之间搭建关联。但是，从词法视角着眼，名名偏正结构是一种常规的组配模式，词义的识解具有一定的规律性。董秀芳（2004：133）指出，现代汉语定中式复合词的强势语义模式为"提示特征 + 事物类"。对于解词者而言，经验积累的语言知识会促使他们在识解名名复合词时自动将 N_1 的语义理解为一种提示特征，而非事物类。

黄洁（2008b）从构式视角解释了名名复合词的构造机制，认为 $N_1+N_2 \rightarrow N_3$ 的构造过程中，"名词₃指称一个实体的构式义对名词₁和名词₂的词汇义进行压制，压制的结果是名词₂保留其指称功能（因为汉语的复合词是右中心的结构），名词₁发生由指称向描述（述谓）的功能转变，所以出现大多数两个名词性成分组合后保持一个指称对象的现象"。

但这样的解释存在一个逻辑问题，当我们假设 N_3 对 N_1 和 N_2 进行构式压制的时候，N_3 是与 N_1、N_2 同时存在的。然而，词义识解的实际情况是 N_1 语义功能转指先于 N_3 的存在。因此，我们认为 N_1 的特征义并非 N_3 压制的结果，N_2 在整词中保持其指称义，更无被压制的动力。但是，不可否认的是，在［N+N］组配模式中，N_1 的确发生了语义功能的转指，那这转指的动力和途径是怎样的？

　　复合词通常由两个成分组合而来，如果词法构式的构式义依附于某一构词成分，那么，对词语组合性的解释也可视为两个构词成分之间的匹配问题。语法学对形义误配问题的解释不仅有构式压制这一种操作方法，词汇强迫（lexical coercion）①是与构式压制相似的另一种解决形义误配的操作方法。如果说构式压制解决的是整体与部分之间的匹配冲突的话，词汇强迫解决的就是部分与部分之间的匹配冲突。例如：

　　（8）John began to read the book.

　　（9）John began reading the book.

　　（10）John began the book.

　　"begin 是个事件动词（eventive verb），要求其补足语（complement）是一个事件论元，句法上通常表现为一个动词短语 VP"（宋作艳，2015：24），（8）（9）满足该语义选择要求，但（10）在句法层面却为一个指称事物的名词短语 NP，即出现了范畴错配。因此，begin 会强迫名词短语 the book 进行类型转换，变成事件类。泰勒（2002：287）对压制的观点与普斯特耶夫斯基（Pustejovsky，1995）的观点相似，认为"所谓的压制指的是当一个单位与另一个单位组合时，对其毗邻的单位施加影响，致使其改变用法特性"。也就是说，压制是词语搭配的问题。

　　因此，与其认为 N_1 是受 N_3 压制而发生语义功能转指，不如说 N_1 受 N_2 的中心语功能压制而激活了语义中的述谓功能。那么，具体的语义激活过程是怎样的？转指机制为何？以下，我们先分析数量最多的关系型［N+N］式词，再分析语义功能转指情况复杂的属性型［N+N］式词。其中属性型［N+N］式词又可根据引申方式的不同分为转喻型［N+N］式词和隐转喻型［N+N］式词。

---

① 词汇强迫与构式压制的英语分别为 lexical coercion 和 construction coercion，虽然二者均使用 coercion，但隶属于不同的语言理论体系，学界译法不尽相同。学界一般将 lexical coercion 中的 coercion 译为"强迫"，而将 construction coercion 中的 coercion 译为"压制"。

6.2.2.2 关系型［N+N］[①]式词的词义识解机制

在语义组配特征分析中，我们已经指出，［N+N］式词法词中的 N_1 和 N_2 主要有主题关系与属性关系两种语义关系类型。加涅和肖本（1997）提出"关系竞争理论"（Competition Among Relation in Nominals Theory），认为人们是依据关系解释（relation interpretation）策略来识解名名组合概念的，即基于修饰语概念与中心语概念之间的某种主题关系来解释组合概念。与之不同，魏斯涅夫斯基（1996、1998）、魏斯涅夫斯基和洛夫（Wisniewski and Love，1998）等提出"双重加工理论"（Dual-Process Theory），认为人们在理解［N+N］式组合时会使用两种策略：关系解释策略和属性解释（property interpretation）策略。属性解释策略表明，在属性映射（property mapping）中，人们会将修饰语概念的属性转移到中心语概念上（Wisniewski，1996）。我们并不着力于判断两种理论究竟孰对孰错，我们所关注的是这样两种解释策略对于我们的词义识解分析有怎样的帮助。具体到我们所研究的词法模式，绝大部分词法词均可采取关系解释策略进行词义识解，只有小部分构词成分词义引申的词法词需采取属性解释策略进行词义识解。

我们首先重点分析数量占比较高的关系型［N+N］式词法词的识解机制。语料分析显示，对关系型［N+N］式词法词进行词义识解基本可采用关系解释策略。

1. 识解过程

我们以［X+奴］为例，［X+奴］的构式义为"生活因 X 而失去某种自由的人"，该构式义较为具体，不定成分 X 就是导致固定成分"奴"承受压力的主要因素。87.2% 的［X+奴］词法词为［N+N］形类组配模式。如：

【房奴】因购房养房而承受巨大经济压力的人。（《2006 汉语新词语》）

【药奴】因药价昂贵而承受巨大经济压力的人。（《2007 汉语新词语》）

---

① 关系型［N+N］与属性型［N+N］均是着眼于修饰语名词而命名的，因为"喻指成分占据前位时，喻指成分属性义为性质义，表示的是物质的某种特性；喻指成分占据后位时，喻指成分属性义为指称义，表示的是某种事物"（许晓华，2016：36），也就是说，中心语名词发生语义引申并不会改变它的指称性质，而修饰语名词则相反。

【债奴】指因债务而承受巨大压力的人或单位。(《2008 汉语新词语》)

【菜奴】因蔬菜价格高涨而承受较大经济压力的人。(《2010 汉语新词语》)

【险奴】因购买大量保险而经济负担沉重的人。(《2010 汉语新词语》)

从辞书释义可知，[X+奴]类词的语义中存在一种因果关系，该因果关系即关系解释策略中的主题关系。主题关系为词义识解提供了有利线索，但是这样的关系仍需进一步具体化。那么解词者到底是如何逐步明确该类词法词词义的？

基于第四章对构式范畴化的认识可知，词法词的识解过程就是一个逐步范畴化的过程。解词者首先会对比目标词与构式库中已存储的图式构式和实体构式。如果目标词完全符合图式构式的属性要求，那么词义即可顺利识解，如果目标词仅部分符合或不符合图式构式的属性要求，那么解词者就需要修改原图式构式的属性要求或建立一个新的图式构式。

我们以[X+奴]式词法词在 BCC 语料库中出现的频次为标准，判定[X+奴]词法模式的范畴原型，统计数据如表 6-1 所示：

表 6-1 [X+奴]词法词频次表

词例	频次	词例	频次
房奴	28200	白奴	18
卡奴	6570	网购奴	15
孩奴	2640	班奴	14
猫奴	2170	租房奴	14
屏奴	514	险奴	13
车奴	396	证奴	8
菜奴	334	码奴	5
节奴	285	考奴	5
年奴	248	彩奴	4
墓奴	195	娃奴	4
妻奴	173	专利奴	4
上班奴	169	垄奴	4

词例	频次	词例	频次
发票奴	165	药奴	3
坟奴	133	医奴	3
债奴	132	病奴	2
团奴	124	基奴	2
租奴	106	权奴	1
血奴	98	果奴	0
婚奴	51	知识产权奴	0
股奴	42		

由上述［X+奴］词法词频次表数据可知，［X+奴］以"房奴"为原型，该词是同类词法词的类推原型。

识解一个新词至少存在两种情况：一种是解词者从未接触过同类词法词，尚未建立词法词所属词法模式的图式构式；另一种是解词者曾经接触过同类词法词（通常为词法模式原型词例），且已建立词法词所属词法模式的图式构式。下面我们分而述之。

1）识解假设一

假设解词者从未接触过［X+奴］词例，那么，当他面对包含"房奴"的句子时，他是如何进行词义识解的？例如：

（11）对于刚刚步入社会开始打拼的"80后"，面对高高在上的房价和竞争激烈的工作，他们中的大多数要不沦为"房奴"，要不只能"啃老"。（中青网 2012 年 5 月 13 日）

根据关联理论，造词者不会创造一个与语境无关的词语，该词必定满足了最佳关联。解词者心理构式库中存储的"奴"表示"旧社会受压迫、剥削、役使而没有人身自由等政治权利的人"，如"奴隶、家奴、农奴"等，但明清以降，小说、散文等文学作品中出现了由"奴"的比喻义构造的"守财奴"，用以"指有钱而非常吝啬的人（含讥讽意）。也说看财奴"（《现汉》），例如：

（12）银钱都积在他们家里也不是事，只要他肯化了出来，外面有得流通便好，管他冤枉不冤枉。搁不住这班人都做了"守财奴"，年年只有入款，他却死搂着不放出来，不要把天下的钱，都搿到他家么。（[清]吴趼人《二十年目睹之怪现状》（中））

"守财奴"是以两个独立概念加合方式生成的，如图6-1：

图6-1 "守财奴"词义示意图

"守财奴"在日常言语交际及文学作品中的流通一定程度上促发了现代汉语[X+奴]词法模式。

回到例（11），当解词者接触"房奴"时，首先检索构式库，发现无可同化的图式构式，进一步检索长时记忆中的对比词，理想化状态下可检索出"家奴、农奴、守财奴"[①] 等[X+奴]式词。在此基础上，启用构词成分"房"和"奴"的基本义，然而，两个构词成分的概念不相适切，固有的[X+奴]式词的修饰语表"奴"的属性，如"家奴"表示"私家的奴仆"，"农奴"表示"隶属于农奴主或封建主的农业生产劳动者"，而"房奴"中的"房"并不表示"奴"的属性，而是造成指称对象为"奴"的原因所在。如果解词者套用构式库中已有的语义模式，那么将会出现构词成分间的语义冲突，语义冲突迫使解词者启用与"房"相关的百科知识，如"买房"，和语境中的关联信息，如"刚刚步入社会""高高在上的房价"。基于关联信息可知，高房价是所指对象沦为"房奴"的原因所在，但高房价只是间接原因，直接的原因是"房奴"买房养房的行为。也就是说，启用的百科知识是直接原因，启用的语境信息是间接原因。在整个识解过程中，"房"和"奴"具有相对独

---

① 我们以《现汉》所收录的词语为理想化状态下心理构式库或心理词库中所收录的词，"家奴、农奴、守财奴"为《现汉》所收[X+奴]式词。

立性，语义组配方式与"守财奴"相似，如图6-2所示。

图6-2 "房奴"词义示意图

经过一步步的词义推导，解词者或者修改固有图式构式中的语义模式属性，或者建立全新的图式构式。一个新图式构式的形成方式有两种模式：一种是第四章中介绍的归纳推理模式，该模式需要解词者至少已经成功识解两个或两个以上的同类词法词，并且发现它们之间的相似之处；另一种是溯因推理模式，该模式仅需解词者已经成功识解一个词法词，详见第七章分析。

2）识解假设二

假设解词者接触过"房奴、车奴"等词，且已在构式库中建立了相应的图式构式［X+奴］，那么，当他面对包含新词"墓奴"的句子时，应该如何进行词义识解？例如：

（13）如果无法保障公益墓地，必将导致越来越多的人既当"房奴"，又要当"墓奴"的境地。（《羊城晚报》2013年4月6日）

根据关联理论，"墓奴"满足了造词者所认为的最佳关联。首先，通过检索构式库，解词者可提取已存储的图式构式［X+奴］，进而检索原型词，从长时记忆中提取"房奴、车奴"等作为对比项，对比"墓奴"与"房奴"后发现，"墓"与"房"在音节、语义类上均具有较高的一致性，已有图式构式［X+奴］可同化目标词"墓奴"，通过启用百科知识"购买墓地"和语境信息"无法保障公益墓地"可顺利识解目标词，词义如下：

【墓奴】因购买高价墓穴而承受沉重经济负担的人。（《2006汉语新词语》）

但是，如果固有的图式构式无法同化目标词，目标词与原型词在形义组配模式上存在较大偏差，那么解词者需要修改原图式构式，或者添加新的属性值、或者删除特殊属性值。在此基础上，再次启用构词成分义、百科知识、语境信息等，以实现词义识解。例如：

（14）讨发票、买发票，白领年关缘何沦为"发票奴"？（法制网 2010 年 12 月 28 日）

作为图式构式原型词例的"房奴"表达的是一种经济压力，但是在例句中"发票奴"并不表示指称对象因为发票而承受巨大经济压力，如果用固有的图式构式来同化目标词必将出现识解错误的情况。因此，如果想基于固有的图式构式来识解目标词，那么必须修改原图式构式的属性值，例如，此处需删去具体属性值"经济的"，仅表示某方面压力。在此基础上，再次启用构词成分义、百科知识和语境信息，如"讨发票、买发票"等，以实现词义的成功识解，如下：

【发票奴】为了报销或抵各种费用而苦于四处找发票的人。（《2010 汉语新词语》）

"墓奴""发票奴"的语义组配方式与"房奴"不同，语义并非构词成分独立组合而来，而是"墓""发票"与图式构式［X+ 奴］整合而来。"墓"和"发票"受［X+ 奴］压制而发生语义转指，分别表示"买墓地"和"找发票"，语义转指发生于［X+ 奴］认知域内。如图 6–3、图 6–4 所示。

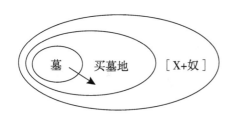 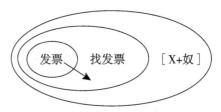

图 6–3 "墓奴"词义示意图　　　图 6–4 "发票奴"词义示意图

我们将上述两种假设做一简单综合，如图 6–5 所示：

识解假设一中的"房奴"沿着"输入目标词→是否提取词法模式→启用构词成分义是否识解→启用百科知识是否识解→启用语境信息是否识解"的路径进行词义识解。

识解假设二中的"墓奴"沿着"输入目标词→是否提取词法模式→检索

原型词→启用构词成分义是否识解→是否同化目标词→启用百科知识是否识解→启用语境信息是否识解"的路径进行词义识解。

识解假设二中的"发票奴"沿着"输入目标词→是否提取词法模式→检索原型词→启用构词成分义是否识解→是否同化目标词→调整词法模式→启用构词成分义是否识解→启用百科知识是否识解→启用语境信息是否识解"的路径进行词义识解。

假设中所构拟的是理想化的识解程序，现实生活中的识解并非以线性的顺序逐步进行，而是在语境中随时调用构词成分义、百科知识和图式构式等信息。各程序可交叠展开，以实现词义的识解。

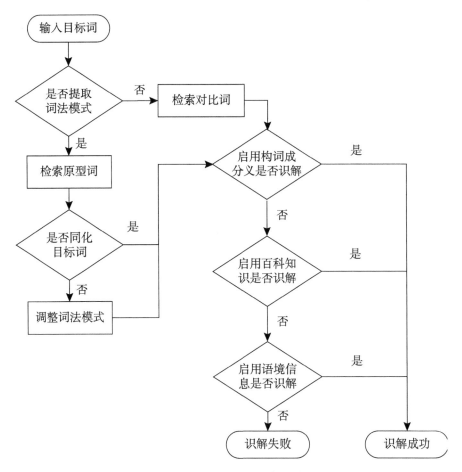

图 6-5　词法词词义识解程序

2. 识解机制

图 6-5 虽然描述了［N+N］式词法词的识解过程，但是仍有几个问题需进一步分析：

问题一：哪些知识是百科知识？

"百科知识是具有组织结构的知识系统，语义以百科网形式呈现。词汇只是通往与某个特定概念或概念域相关的百科义的起始点（point of access），而与特定词项关联的常规意义只是引导意义构建过程的一个'提示'（prompt）。"（马辰庭，2016）百科知识所形成的百科网与心理学的"扩散激活模型"（Spreading Activation Mode）（Collins and Loftus，1975）相似，二者均通过"节点激活"与"活性扩散"的方式表征，例如柯林斯和洛夫特斯（Collins，Loftus，1975）以 red（红）为激活节点所构拟的图式性表征（见图 6-6）。

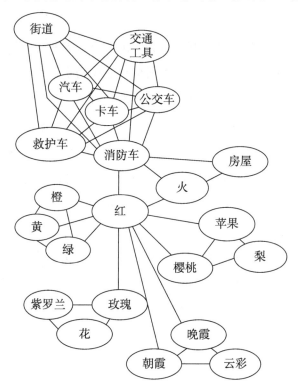

图 6-6　人类记忆常规片段中概念关联性的一个图式性表征

（线越短，关联越强）

（译自 Collins and Loftus，1975）

如果一个节点被激活（即如果一个涉及词的表征的节点正被提取），那么它的活性将会扩散到其他相关联的节点，激活的强度决定于两个节点之间关联性的强弱（Murphy，2003：55）。当个体激活长时记忆中的"红"之后，活性首先会扩散到与"红"关联较强的"橙""绿""火""消防车""樱桃""苹果""玫瑰"等节点概念，其中"消防车"节点又可将活性扩散至"救护车""卡车"甚至"街道"，即活性可沿着"红—消防车—救护车—街道"线路逐一扩散。节点间的活性扩散基于彼此间的语义联想，不同于普通语义联想，百科网的语义联想为转喻操作，"转喻激活建立在有限的理想化认知模式基础上，节点之间具有语用功能关联，认知语境、意向性和目标节点的中心度都制约转喻路径的选择；而普通语义联想侧重基于个人经验和知识体系的发散思维，开放性更强"（马辰庭，2016）。也就是说，百科网的语义联想更具规律性。

基于对语言事实的分析，我们认为，由百科知识所构成的百科网包括百科节点与百科描写两类信息，通常百科节点表现为指称性概念，而百科描写表现为陈述性概念。当我们激活百科网中的百科节点之后，活性会通过百科描写而激活与之相联的另一个百科节点。以此类推，活性逐渐扩散至其他相联的百科节点，直至活性消散。百科描写还可分为两类：一类是述谓知识，另一类是属性知识。述谓知识通常为动词性语义内容，而属性知识通常为形容词性语义内容，例如"墓奴"中"墓"所激活的"买墓地"就是述谓知识，"潮汐族"中"潮汐"所激活的"定期涨落的"就是属性知识。

认知语义学家将百科知识视为知识的一个结构化系统，以网络的形式组织，某一词语所提取的各方面知识原则上不具有相等的凸显度（Evans and Green，2006：216）。兰盖克（1987：159–161）指出，一个实体的百科概念的众多特征可依据其中心度（centrality）形成一个梯度等级。中心度取决于一个特征在多大程度上是规约的（conventional）、类属的（generic）、内在的（intrinsic）和独有的（characteristic）。规约特征为言语社团所共享；类属特征具有较高的普遍性，与具体特征相对；内在特征在描写时无须参照外部实体；独有特征表示某一特征为词项所示实体所特有。中心度较高的百科概念更易于提取，但这样的说法仍然较为抽象。如果要进一步追问百科网语义联想的规律，那么我们首先需要观察相应［N+N］式词法词的词义。例如：

【时装热】大众纷纷穿时装的潮流。（《新词语大词典》）

【学位热】一股争相取得学位的热潮。（《新词语大词典》）

【公司热】一股竞相创办公司的潮流。（《新词语大词典》）

【托福热】指热衷于参加托福考试的潮流或情绪。（《新词语大词典》）

【专硕热】报考专业硕士的热潮。（《2014 汉语新词语》）

从词语释义可知，［N+N］式词法词中的 N_1 表示陈述性语义信息，N_2 表示指称性语义信息。也就是说，N_1 发生了语义转指，由指称性成分转指为陈述性成分，其所激活的并非仅仅百科知识节点，而是具有述谓功能的百科描写，那么转指过程中出现的谓词性成分由何而来？这些谓词性成分是否有规律可循？

前人在分析句法层面的"类型强迫"（type coercion）（Pustejovsky，1995）与"充盈结构"（enriched composition）（Jackendoff，1997：61；Ruiz de Mendoza and Pérez，2001）时都曾探讨过类似问题。

与构式理论中的构式压制原理相似，生成词库论（Pustejovsky，1995）的类型强迫也旨在解释语言中的范畴错配现象。例如"转喻动词（metonymic verb），或者说事件动词（eventive verb）要求带一个事件类宾语，可以是动词短语 VP，也可以是指事件的名词短语 NP，而实际上却带了实体类的名词短语 NP 做宾语，因此事件动词就强迫（coerce）这个指实体的 NP 进行类型转换（type shifting），变成一个事件类，这一类型转换是通过 NP 核心名词物性结构中的物性信息来实现的"（宋作艳，2015：4）。物性结构旨在"描写词项所指对象（object）由什么构成、指向什么、怎样产生的以及有什么用途或功能"（宋作艳，2015：10），这四点分别对应名词的构成角色（constitutive role）、形式角色（formal role）、施成角色（agentive role）和功用角色（telic role）。例如，"学习钢琴"中的"钢琴"受"学习"需带事件类宾语的要求而在语义识解时重建为"弹钢琴"，其中"弹"为"钢琴"的功用角色。宋作艳（2010、2011、2015）、周韧（2016）等都曾基于生成词库论的物性结构（qualia structure）详细分析过现代汉语名名复合词的释义模式。宋作艳（2015：235）研究指出，像［X+热］这样的词法模式，其中固定成分可触发事件强迫，即"如果前面的成分 X 是名词性成分，就会强迫这个名词性成分在释义和理解中重建一个与之相关的事件，名词性成分通过自己的物性结构提供一个具体的谓词可以使这个事件具体化"，其中的"谓词"通常为名词性 X 的功用角色、施成角色或规约化属性（宋作艳，2010、2015、2016b），例如：

【汉语热】母语非汉语的民族所表现出来的学习汉语的热潮。（《新词语大词典》）

【武侠热】指青少年中一度兴起的读武侠小说的热潮。（《新词语大词典》）

释义中的"学习"是"汉语"的功用角色，"读"是"武侠"的功用角色。周洪波（1993）在分析［N+热］时指出，隐含的动词"多为及物性动词，而且语义上能支配露面的名词"，例如"（装）电话热、（购买、申报）专利热、（购买、销售、安装、使用）空调热"，有些［N+热］是"先省去了部分名词再省动词"，如"汪国真热"由"（读）汪国真（诗歌）热"省略而来。其实，这些就是转喻运作而来，而非省略。如果我们将所谓"省去"的动词补全，补全后的词语通常在韵律组配上偏离原型，与常规语感不符。根据周文的观点，［N+热］式词语源于对［V+N+热］式词语的省略，但实际上就是取发生转喻的核心元素。

不可否认，物性角色（qualia role）的确能够解释一些［N+N］的组配机制，也就是说，在词义识解时，构词成分的百科知识具有一定的规律性，但是很多词语仍然无法解释。我们仍以学界讨论最多的［X+热］为例，例如：

【气功热】20 世纪 80 年代初开始兴起的一股宣传气功、谈气功、学气功、研究气功、练气功的热潮。（《新词语大词典》）

【羽绒热】指一股热衷于生产、销售或购买、穿着羽绒服的潮流。（《新词语大词典》）

【海南热】指许多人热衷于去海南特区谋求发展的潮流。（《新词语大

词典》)

【莫言热】指莫言因获诺贝尔文学奖而备受社会关注的现象。(《2012 汉语新词语》)

根据释义可知,"气功热、羽绒热"可填充的谓语动词具有多种可能,而"海南热、莫言热"却难以填充一个适切的谓语动词。王洪君(2001)在谈及汉语定语中的谓词省略现象时指出:"舍弃表动作概念的定语在语义上是有代价的,只有在某一对象可能的工具有限,涉及的动作是可预测的情况下,这种舍弃才是可行的,如'股票机'('接收股票信息的小装置')、'血压仪'('血压测量仪')。而很多情况下动词的舍弃会造成语义不明确,如,针对纸张的可能工具很多,有'裁切、折叠、分发'等等,单说'*纸张机',很难预测到该机的基本功用是'粉碎纸张',这就使得这一出路受到限制。"这里所说的"工具有限""动作可预测"实际上与兰盖克(1987)所说的影响百科知识中心度的四种属性相似。

那么,生成词库论的物性结构能在多大程度上为词义识解提供解释?

[X+ 热] 构式义为"某种热潮",既然是热潮,那么肯定是人们所追捧的或热衷的事情。例如:

(15)各种热潮中,人们对科技文化知识的重视、追捧可以说一直长盛不衰,相伴而行的文凭热更是一浪高过一浪。(人民网 2014 年 12 月 30 日)

根据关系解释策略可知,[N+N] 式词可释义为"关于 N_1 的 N_2","关于"可被视为一个广义谓词,因此,"文凭热"就是"关于文凭的热潮"。但是这样的释义太过宽泛,是脱离语境的,普斯特耶夫斯基和耶泽克(Pustejovsky and Ježek, 2008)指出,"由于意义是通过组合方式构建的,一个词汇语义模型需要解释这样一个事实,即词语表现并不仅仅受固有语义特征所驱动,还受语义组合规则所调节。也就是说,词语意义受语境所影响,这一问题不能在意义获取和表征的分布方法中被忽略"。例如,上述"文凭热"通过语境信息"重视、追捧"等具化为"重视文凭、追捧文凭的热潮"。也就是说,语境是比物性角色更具影响力的因素。

杰肯道夫(1997:61)在分析语言中的充盈结构时指出,物性结构可

被视为识解充盈结构的第二步。关于"充盈结构",杰肯道夫(1997:49)指出:

a. 一个句子的概念结构除了包含其词汇概念结构(lexical conceptual structures, LCSs)的概念内容之外,可能还包含其他未以词语形式表达的内容,但这些内容必须呈现在概念结构中,或者为了实现词汇概念结构转化为概念结构时的合式性(即"强迫"),或者为了满足会话或超语言情境的要求。

b. 词汇概念结构组合以表达概念结构的方式部分由词项的句法论元所决定,部分由词汇概念结构自身的内部结构所决定[Pustejovsky 的协同组合(co-composition)]

当语言使用者在识解类似"Mary began the novel"(玛丽开始小说)这样的句子时会采取两步识解操作。第一步,begin 要求后接名词为事件名词,如 dance,但是此处接的却是实体名词,因此识解者将启用规则插入一个广义函数以使名词性成分满足动词的动作变量要求:

Interpret NP as $[_{Activity}\ F\ (NP)]$. (i.e. an unspecified activity involving NP, "doing something with NP")

将 NP 识解为 $[_{Activity}\ F\ (NP)]$。(一个涉及 NP 的未指明的活动,"与 NP 相关的活动")(笔者译)

上述识解操作并未明确活动(activity)具体为何,杰肯道夫(1997:61)认为,利用实体名词的物性结构可进一步充盈目标结构中的谓词性成分,即第二步识解操作。杰肯道夫(1997)最终将对充盈结构的识解诉诸名词性成分的物性结构。与之不同,鲁伊斯·德·门多萨和佩雷斯(Ruiz de Mendoza and Pérez, 2001)认为,充盈结构所表达的实为一种"语境参数化"(contextual parametrization)现象,"充盈/参数化"即动词对潜在类属值做出选择限制。具体而言,就是通过一个源域在目标域中的转喻来实现,即源域是一个实体,而目标域是一个包含该实体的具体动作,具体动作的性质由语境所决定。这样的转喻可标记为"物体代包含该物体的行为"(an object for an action in which the object is involved)。例如:

（16）He began the beer.（他开始喝酒了。）

（Ruiz de Mendoza and Pérez，2001）

该例经语境参数化可获得以下几种可能解释：

（17）He began to drink the beer.（他开始喝酒了。）

（18）He began to bottle the beer.（他开始装酒了。）

（19）He began to pour the beer.（他开始倒酒了。）

（20）He began to distribute the beer.（他开始分酒了。）

（21）He began to mix the beer with water.（他开始用水调酒了。）

（Ruiz de Mendoza and Pérez，2001）

无论是对物性结构、充盈结构的探讨，还是语境参数化操作都旨在明确表层语言形式所未呈现的或所隐含的深层语义信息。再回到我们所分析的［N+N］式词法词上，张敏（1998：315-316）研究指出，名名组合中"最为原型"的汉语名词定语大致有以下六类：

a. N_1 表 N_2 的材料质地，如"木头桌子、水泥地板"；

b. N_1 表 N_2 的功能用途，如"酱油瓶子、黑板刷子"；

c. N_1 表 N_2 的职业身份，如"石油工人、语文老师"；

d. N_1 表 N_2 的产地来源，如"日本电器、烟台苹果"；

e. N_1 表 N_2 某方面的属性，如"细菌武器、古代文化"；

f. N_1 表 N_2 的领有者，如"张三的钢笔、师傅的经验"等。

这六类"最为原型"的名词定语在性质上与生成词库论的四种物性角色具有较高的相似性，这也在一定程度上说明，［N+N］式词法词中的 N_1 在语义转指时确实存在优选对象。谈到这里，我们就进入了对第二和第三个问题的讨论。

问题二："百科知识"与"语境信息"之间关系为何？

基于普斯特耶夫斯基（1995）、杰肯道夫（1997）、鲁伊斯·德·门多萨和佩雷斯（2001）等研究可知，如果没有语境，那么对［N+N］式词法词的识解就只能依靠百科知识，例如，启用 N_1 的物性角色。百科知识中与 N_1 搭配频率最高的语义信息通常会被优先启用，成为 N_1 百科知识或百科描写的缺省值。如果有语境，那么所有的百科知识都将听从语境调控，语境信息具有绝对的优先启用权，倘若 N_1 百科知识或百科描写的缺省值与启用的语境信息相斥，那么百科知识或百科描写必须服从语境的调控。"不同语境可将同一词项百科知识的不同侧面前景化，从而极大提升其中心度并将其实现为转喻目标义。"（马辰庭，2016）基于使用的研究模型主张语义与语用之间没有明确的区分，一个词的意义是语境信息在线构造的结果。例如上文提到的"羽绒热"：

（22）上海的"羽绒热"已经连续 3 年，有人预测今年羽绒服装的发展势头会有所减弱。（《文汇报》1986 年 2 月 15 日）

如果仅从百科知识上着眼，"羽绒"可激活的百科描写有多个选择，然而一旦入句，"羽绒"的活性将仅扩散至百科描写"穿羽绒服"或"买羽绒服"。

问题三："启用百科知识"的具体认知操作为何？

根据前人研究及语料分析可知，在［N+N］式词法词中，N_1 由指称性成分转指陈述性成分，指称性成分充当陈述性成分中的语义成分（通常为宾语）。这一转指过程可被视为一个转喻过程。转喻具有多种类型，潘特和桑伯格（Panther and Thornburg，1998、2004）基于语用功能差异将转喻分为指称转喻（referential metonymy）、述谓转喻（predicational metonymy）和言外转喻（illocutionary metonymy）三类，科维切斯和雷登（Kövecses and Radden，1999）、鲁伊斯·德·门多萨和奥塔尔（Ruiz de Mendoza and Otal，2002）等基于抽象程度将转喻分为高层转喻（high-level metonymy）和低层转喻（low-level metonymy），这两种转喻又可分为命题转喻（propositional metonymy）与情景转喻（situational metonymy）（陈香兰，2013）。与词法模式构词研究直接相关的是低层情景转喻和指称转喻，二者所指相同，均指在一个认知域内用一个相对凸显的概念指代另一个不太凸显的概念。转喻不仅是一种指代手法，而且能够起到帮助理解的作用（Lakoff and Johnson，1980：36）。在［N+N］式词法词中，不同于一般的指称转喻与情境转喻，N_1 所发生的转喻是一个指称转喻与情境转喻相糅合的操作。

日常生活中常见的转喻操作为指称转喻，例如：

（23）The ham sandwich is waiting for his check.（火腿三明治正等着结账。）

（Lakoff and Johnson，1980：35）

例（23）中的表达式 the ham sandwich 被用于指称一位点了火腿三明治的顾客，语言使用者用一个实体指代与之相关的另一个实体。莱考夫（1987：315-316）认为转喻是理想化认知模型的一种形式，转喻映射发生于单一的概念域内，该概念域由一个理想化认知模型构建。如果理想化认知模型中有 A 和 B 两个要素，那么 A 就可以"代表"（stand for）B，如上例中的 the ham sandwich（火腿三明治）就可以代表 the person eating the ham sandwich（点了火腿三明治的顾客）。

兰盖克（1993）认为，转喻在本质上是一种参照点现象（a reference-point phenomenon），更确切地说，由转喻表达式所指称的实体起参照点作用，该参照点为目标所指提供了心理可及。与之相似，科维切斯和雷登（1998、1999）将转喻定义为一种认知过程，在这一过程中，一个概念实体（载体）为同一理想化认知模型中的另一个概念实体（目标）提供心理可及。阿拉克和库尔森（Alac and Coulson，2004）进一步指出，中心的、高度凸显的项目会作为认知参照点激活其他相对不那么凸显的项目。前人对转喻所作的界定基本着眼于概念转喻，即同一认知域内的两个概念实体之间的"代表"关系，该关系通常具有"邻近性"（contiguity）或"接近性"（proximity）。但是"邻近性作为转喻的核心概念具有很大的偶然性：喻体往往即兴而成，对语境有强烈的依赖性。同时，转喻认知的相对突显原则也是受特定语境条件制约的，说话人所选择的喻体会因其所处环境和交际意图的不同而不同"（江晓红、何自然，2010）。

我们再来看另一种转喻情况，例如：

（24）to author a book（写一本书）

（25）to shampoo one's hair（洗头）

（Kövecses and Radden，1998）

在上例中，author 经"施事代行为"（agent for action）转喻，由表"作者"到表"写作", shampoo 经"工具代行为"(instrument for action)转喻，由表"洗发水"到表"洗（头）"。这里的转喻涉及范畴转换，始源域由名词性成分转换为动词性成分，这些转喻在性质上属于部分代整体转喻，因为动词性成分所表示的陈述性概念中包含名词性成分所表示的指称性概念，如"写作"概念必然与相应的施事概念（"作者"）相关联，"洗（头）"概念通常与相应的工具概念（"洗发水"）相关联。

前人研究大多聚焦于句法–语用层面，而鲜少涉及词法层面，那么，[N+N]式词法词中的构词成分是否也可能发生类似的转喻操作？也就是说，在构词法层面是否存在或可能发生指称性成分代陈述性成分的转喻操作？

根据认知关联论，造词者所造之词在其看来都是满足了最佳关联的明示信息，安戈尔和施密德（Ungerer and Schmid，2006：290）认为，（所谓的）明示推论刺激作为图形从所有那些没有被（以语言或非语言形式）显性编码的可能假设所构成的概念背景中凸显出来。被显性编码的图形具有转指概念背景的可能性。词法模式具有两个构词成分：一个是不定成分，另一个是图式构式，由于现代汉语定中式复合词的强势语义模式为"提示特征＋事物类"（董秀芳，2004：133），对于[N+N]式词法词而言，N_1 是信息的焦点所在，因此是整个概念域内凸显的图形，N_1 可在 [X+N_2] 的构式框架内发生语义转指。名词性成分所激活的不仅仅是其所表征的指称性概念，而是整个行为活动的理想化认知模型。

上文我们讨论过，在有语境的情况下，所有的百科知识都将听从语境调控，语境信息具有绝对的优先启用权，语境可调控凸显度。那么为什么语境能够拥有如此之大的权力？反向推理，词法词是造词者在语境中选择某一语境信息，结合构式库中的图式构式类推创造的，其中"选择"的过程涉及造词者的主观能动性，"当人把注意力有意识地集中到某一事物上时，一般不显著的事物也就成了显著事物"（沈家煊，1999b）。因此，从解词者视角出发去识解新词原则上不存在百分百的完全识解，而是最佳识解。

转喻虽然存在部分代整体、整体代部分和部分代部分三种类型，且"一般情况下整体比部分显著"（沈家煊，1999b），然而，在构词中出现的类型基本为部分代整体。"在概念上，动作和事物的区别是一种比较抽象的整体和部分的区别。一个动作概念总是包含相关的事物概念在内，不可能想象一个动作而不同时联想到跟动作有关的事物；相反，事物可以在概念上独立，完全可以想象一个事物而不联想到动作。……同样，性状和事物的区别也是整体和部分的区别"（沈家煊，1999b）。兰盖克（2008：104）对比名词与动词的概念原型时也指出，名词所指称的事物在概念上是自主的（conceptually autonomous），即我们对事物的概念化无需依赖于其所参与的任何事件。相反，动词所指称的事件在概念上是依存的（conceptually dependent），如果不对彼此互动构成事件的参与者进行概念化，事件的概念化将无法实现。

上文我们一直在谈论的是在识解［N+N］式词法词时，N_1 语义转指的可能及具体操作，但一直未探讨图式构式在整个识解过程中所充当的角色，即所起的功能。

在分析词法模式的形式组配模式时我们得出这样一组数据，如表 6-2 所示。

表 6-2　后定型词法模式形类组配表

单位：例

词法模式	［N+N］	［V+N］	［A+N］	总计
［X+族］	80	250	19	349
［X+奴］	33	6	0	39
［X+盲］	22	0	0	22
［X+热］	30	26	0	56
［X+吧］	30	9	2	41
［X+门］	88	86	1	175
［X+商］	25	5	1	31
［X+粉］	19	1	9	29
［X+替］	10	1	0	11
［X+霸］	28	8	0	36
［X+控］	15	5	0	20
［X+客］	11	52	16	79

续表

词法模式	［N+N］	［V+N］	［A+N］	总计
［X+体］	60	39	20	119
［X+男］	33	11	18	62
［X+哥］₁	12	1	0	13
［X+哥］₂	28	29	6	63
总计	524	529	92	1145

注：该表未添加［X+二代］和［X+化］数据，因为这两个词法模式在韵律与形类模式上与其他词法模式不一致

通过将表中数据转换为百分比值可得到表 6-3。

表 6-3　后定型词法模式形类组配百分比表

单位：%

词法模式	［N+N］	［V+N］	［A+N］	总计
［X+族］	22.9	71.6	5.4	100
［X+奴］	84.6	15.4	0	100
［X+盲］	100	0	0	100
［X+热］	53.6	46.4	0	100
［X+吧］	73.2	22.0	4.9	100
［X+门］	50.3	49.1	0.6	100
［X+商］	80.6	16.1	3.2	100
［X+粉］	65.5	3.4	31.0	100
［X+替］	90.9	9.1	0	100
［X+霸］	77.8	22.2	0	100
［X+控］	75.0	25.0	0	100
［X+客］	13.9	65.8	20.3	100
［X+体］	50.4	32.8	16.8	100
［X+男］	53.2	17.7	29.0	100
［X+哥］₁	92.3	7.7	0	100
［X+哥］₂	44.4	46.0	9.5	100

我们按照［N+N］形类组配模式的百分比值做一排序，如下：

［X+ 盲］＞［X+ 哥］₁＞［X+ 替］＞［X+ 奴］＞［X+ 商］＞［X+ 霸］＞［X+ 控］＞［X+ 吧］＞［X+ 粉］＞［X+ 热］＞［X+ 男］＞［X+ 体］＞［X+ 门］＞［X+ 哥］₂＞［X+ 族］＞［X+ 客］

如果我们从词法模式的构式义具体性程度着眼，将发现该序列左端的词法模式构式义相对具体得多，而序列右端的词法模式构式义相对抽象得多。各构式的构式义如下：

［X+ 盲］：指对某种事物不能辨别或分辨不清的人；缺乏某方面常识、能力的人。

［X+ 哥］₁：从事某种职业的男性。

［X+ 替］：代替做某事的人。

［X+ 奴］：生活因 X 而失去某种自由的人。

［X+ 商］：某方面的商数或能力。

［X+ 霸］：同类中某方面最突出的个体。

［X+ 控］：对 X 极度喜欢的一类人。

［X+ 吧］：供人从事某些休闲活动的场所。

［X+ 粉］：某类粉丝；某物或某人的追捧者。

［X+ 热］：某种热潮。

［X+ 男］：具有某种属性或在某事件中具有特殊行为表现的男子（多贬斥义）。

［X+ 体］：某种网络语言表达形式。

［X+ 门］：因某种行为而引起公众关注的消极事件。

［X+ 哥］₂：具有某种属性或在某事件中具有特殊行为表现的男子（多褒扬义）。

［X+ 族］：具有某种属性的一类人。

［X+ 客］：具有某种属性的网民。

对比分析序列两端的代表性词法模式：

［X+ 盲］∶［X+ 族］

［X+盲］的不定成分全都是名词，但是对该词法模式［N+N］式词法词的识解难度通常较低，通过填补构式义"指对某种事物不能辨别或分辨不清的人；缺乏某方面常识、能力的人"中的未确定成分即可实现词义的识解。其中"未确定成分"基本就是缩略名语素的基本义。如果说在识解该类词的过程中存在什么困难的话，那么就是缩略名语素的语义还原问题。如：

【法盲】缺乏法律知识的人。(《现汉》)

"法"语义还原后为"法律"。但是，名词的缩略也存在一定的规律性，［X+盲］中的缩略名语素通常为原名词的第一个音节或语素，如：

法盲——法律	美盲——美学
彩盲——彩票	网盲——网络
股盲——股份制/股票/股市	舞盲——舞蹈
基盲——基金	医盲——医疗卫生
计盲——计谋	艺盲——艺术
科盲——科学	音盲——音乐

语料中的唯一例外为"谱盲"：

【谱盲】不识歌谱的人。(《新词语大词典》)

具体的构式义和规律的缩略语素还原操作促使词义识解无须启用语境信息甚至百科知识，仅靠构式义与构词成分即可达到对词义的基本识解。例如，"基盲"可释义为"缺乏基金方面常识的人"，"美盲"可释义为"缺乏美学方面常识的人"，"音盲"可释义为"缺乏音乐方面常识的人"，比对辞书释义：

【基盲】对基金买卖毫无所知的人。(《2007汉语新词语》)

【美盲】指极其缺乏美学常识和审美能力的成年人。(《新词语大词典》)

【音盲】对音乐知识一窍不通的人。(《新词语大词典》)

根据图式构式与构词成分推导得到的词义与辞书释义相差无几，由此可见该类词法模式的词法词在词义推导方面具有强规律性。

我们再来看一下序列另一端的［X+族］，仅22.9%的［X+族］词法词属于［N+N］形类模式，其中仅6.5%的词法词可取关系解释策略进行识解，其余 16.4% 的词法词需取属性解释策略进行识解。对于这 6.5% 关系型词法词而言，仅启用图式构式义与构词成分义基本无法实现对词义的完全识解，部分词法词可通过百科知识，如物性角色来实现词义的基本识解，如"吊瓶族"。

我们以"V+吊瓶"为检索项检索 BBC 语料库中的报刊库，共检索出 58 例，其中 V 为"挂"的 22 例，V 为"打"的 18 例，由此可见，"吊瓶"常与"挂""打"搭配。如果我们激活百科描写"挂/打吊瓶"，那么可以得到"挂/打吊瓶的人"，但是这样的词义显然是不足的。辞书中"吊瓶族"释义如下：

【吊瓶族】本无必要却主动要求打吊瓶的人。(《2006 汉语新词语》)

对比通过百科知识识解获得的词义与辞书释义可知，后者包含一些词语百科知识所无法激活的语义内容，而这些内容却是词义正确识解的关键信息所在。与［X+盲］不同，［X+族］构式义相对抽象得多，"具有某种属性的一类人"的构式义实际上并没有提供多少实质性的语义内容，构式义没有谓词性语义成分。虽然图式构式会压制 N_1 进行语义转指，但语义转指并没有强规律性，激活的百科知识仅能协助识解部分词义内容。

我们按照词法模式构词量的大小做一排序，如下：

［X+族］＞［X+门］＞［X+体］＞［X+客］＞［X+哥］$_2$＞［X+男］＞［X+热］＞［X+吧］＞［X+奴］＞［X+霸］＞［X+商］＞［X+粉］＞［X+盲］＞［X+控］＞［X+哥］$_1$＞［X+替］

对比该序列与上述［N+N］式词占比序列可发现，如果一个词法模式在［N+N］形类组配模式上越具构词力，那么其总构词力就越低，同时，其构式义也越抽象。也就是说，［N+N］式词量占词法模式总词量的比值与该词法模式的构词力、构式义抽象程度呈反比。如［N+N］式词占比序列的后五位为［X+客］［X+族］［X+哥］$_2$［X+门］［X+体］，而这五个词法模式却正是总构词量排名的前五位，与之相应，［N+N］式词占比序列前三位的［X+盲］［X+哥］$_1$［X+替］则分列总构词量序列的倒数第四、第二、第一位。对于构词力较弱、构式义较具体的词法模式而言，［N+N］形类组配模式在词法模式的所有形类组配模式中具有绝对的优先权，即如果一个构式义具体的［X+N］式词法模式有一定的构词力，那么其所构之词大都为［N+N］式词。如［X+盲］中［N+N］式词占100%。

我们再按照［1+1］的［N+N］式词法词占词法模式总构词量的占比做一排序，如下：

［X+替］＞［X+盲］＞［X+商］＞［X+霸］＞［X+哥］₁＞［X+奴］＞［X+吧］＞［X+粉］＞［X+客］＞［X+男］＞［X+控］＞［X+哥］₂＞［X+族］＞［X+热］＝［X+门］＝［X+体］

对比该序列与上述词法模式构词量大小序列可发现，构词力最强的四个词法模式在［1+1］［N+N］形式组配模式上占比最小。从第五章统计数据可知，［X+粉］左侧（包括［X+粉］）的词法模式在［1+1］［N+N］形式组配模式上具有典型性，而［X+客］右侧（包括［X+客］）的词法模式在［1+1］［N+N］形式组配模式上基本不具有能产性，［X+热］［X+门］［X+体］无此类词例。这一区别导致两大类词法模式在词义识解时具有一个鲜明的差异，［X+替］等词法模式所构词法词的不定成分通常需要先通过语义还原操作，将单音成分还原为双音或多音成分方可进行词义的进一步识解，而［X+男］[1]等词法模式所构词法词的不定成分大多为双音成分，无须语义还原操作。

综合上述研究，我们发现，在［X+替］等构式义相对具体的词法模式中，构式主要起两个作用：

第一，如果不定成分为并合[2]或简缩语素，那么构式将迫使其进行语义还原操作。

第二，如果不定成分发生语义转指，那么构式将为其提供一个广义谓词或迫使其激活一个具体谓词。

例如［X+哥］₁构式义为"从事某种职业的男性"，不定成分在语义上

---

[1] 我们在第五章论述过，由于［X+客］的类推原型为［1+1］韵律模式，该类词法词中［1+1］式词数量较多，因此符合此处规律的为［X+男］右侧的词法模式。

[2] 有关语义并合的相关讨论见第七章。

表示职业属性。该词法模式的原型为"的哥"，其中"的"为"的士"语义并合的结果。与［X+盲］一样，［X+哥］₁的词义识解困难也主要在于对并合或简缩名语素的语义还原。语义还原结果主要有三种：

工作凭借：的哥（的——的士）；巴哥（巴——巴士）

工作场所：吧哥（吧——酒吧）；动哥（动——动车）

工作身份：警哥（警——警察）；呼哥（呼——传呼员）

这类词虽然构式义比较具体，且不定成分语义还原路径较为清晰，但是除少数高频使用或普及度较高的词语，如"的哥、警哥、空哥"等外，并合或简缩语素所还原的语义基本为语素的低频义，因此，词义的识解通常需要依托语境信息。如：

（26）这家传呼公司的中文秘书联网台共有600名传呼员，其中有近100名呼哥。（《羊城晚报》1996年12月20日）

"传呼"工作已经随着科技发展退出人们的日常生活，如果没有语境提供"传呼员"，"呼哥"词义一般难以得到识解。

（27）"动哥""动姐"列车上与旅客同庆"五四"青年节（新闻标题，东北网2017年5月4日）

"动车"为近年来新出现的交通工具，"动"鲜少表"动车"义，如果没有语境支撑，"动哥"词义一般难以得到识解。

语境可协助解词者还原不定成分语义，但词义的进一步识解还需依靠构式所提供的广义谓词"从事"。因此，"呼哥"可被识解为"从事传呼员工作的男性"，"动哥"可被识解为"从事动车列车员工作的男性"。

我们一直在讨论，如何将［N+N］式词释义模式"关于N₁的N₂"中的广义谓词"关于"具体化，如借用N₁的物性角色、百科知识或N₃的语境信息等，但是语料分析发现，一些词法模式和词法词无须将广义谓词具体化。

例如［N+商］：N方面的能力或商数。

【音商】人在音乐方面表现出的能力。仿"智商"造词。（《2012汉语新词语》）

【语商】运用语言进行表达及与他人沟通的能力。仿"智商"造词。

（《2013 汉语新词语》）

【意商】指对人的意志的一种度量，即对意志强弱水准的量的规定性。
（《新世纪新词语大词典》）

对该类词的词义识解基本上只需实现对不定成分的语义还原，语义还原路径较为规律，因为这些词都是基于对原型词"智商"的仿造类推而成。在依托语境和比对原型词的基础上，词义通常较易识解。

6.2.2.3 属性型［N+N］式词的词义识解机制

根据构词成分间是否存在隐喻关系，属性型［N+N］式词可分为转喻型［N+N］式词和隐转喻型［N+N］式词两类。

1. 转喻型［N+N］式词的词义识解机制

转喻型［N+N］式词指 N_1 与 N_2 不具有显著语义关系，且 N_1 经转喻在 N_3 中凸显一种描述性语义特征，而 N_2 未发生语义引申的词语。

黄洁（2013）统计分析了《现汉》（第 5 版）中发生转喻的［N+N］式词语，研究表明，［N+N］式词法词中的转喻基本上可分为部分转指整体与部分转指部分两类，其中"部分转指部分类多于部分转指整体类，部分转指部分类中主要是活动 ICM 的要素相互转指"。详细分析黄洁的分类及数据发现，其"部分转指整体"类［N+N］式词语均为两个语素组配后整体发生转指，如：

【柴米】做饭用的柴和米，泛指必需的生活资料。

"柴"和"米"组配之后整体转指必需的生活资料。此外，一半以上的"部分转指部分"类［N+N］式词语也为两个语素组配后整体发生转指，如：

【丹青】红色和青色的颜料，借指绘画。

【口舌】指劝说、争辩、交涉时说的话。

"丹青"为工具转指活动，"口舌"为工具转指产品。仅少数"部分转指部分"类［N+N］式词语为单一构词成分发生语义转指，如：

【贝雕】在贝壳上琢磨加工的艺术，也指琢磨加工贝壳制成的工艺品。

【伞兵】用降落伞着陆的空降兵。

"贝雕"中的"雕"为活动转指产品，"伞兵"中的"伞"为对象转指活动。

现代汉语词法模式的转喻型［N+N］式词法词仅存在构词成分 N_1 发生语义转指的情况[①]，而没有整体转指的情况，且 N_1 转指一种属性。例如"奶嘴男、奶瓶男、面包女、零帕族"等，这类词的识解难度通常较大。转喻具有偶然性（contingence），始源域与目标域之间不具有概念上的必然关系（not conceptually necessary），原则上是可取消的（defeasible）（Panther and Thornburg，2003）。例如前述的"实体代包含该实体的动作"，但如果要在转喻的目标域中抽绎出一种属性或特征将是难度更大的认知操作。以"奶嘴男"为例，如果只根据构词成分义，词义通常无法识解，"奶嘴"释义为：

【奶嘴】装在奶瓶口上的像奶头的东西，用橡胶等制成，用来吮吸奶瓶里的奶、水等。（《现汉》）

释义中的描述性语义内容"装在奶瓶口上的像奶头的""用橡胶等制成""用来吮吸奶瓶里的奶、水等"最多只能帮助我们激活"咬奶嘴"的百科描写，如果要将这样的百科描写转化为一种主观评价，必须启用语境信息来实现。例如：

（28）当我们说一个男人没"断奶"或称之为"奶嘴男"，主要是说这个男人的精神还没有断奶，对母亲有着一种无法割舍的依赖。（《新闻晚报》2013 年 8 月 17 日）

通过语境信息"对母亲有一种无法割舍的依赖"，可以基本实现对"奶嘴男"的识解，释义如下：

【奶嘴男】指没有责任心、喜欢依赖他人，永远长不大的男性。（《2009汉语新词语》）

"奶嘴"与"没有责任心、喜欢依赖他人、永远长不大的"属性之间没有必然的关联，这样的转喻之所以能够实现依赖于造词者的创造性联想。我们可以将识解的转喻过程做一理想化描述：受图式构式［X+男］的压制，解词者启用"奶嘴"的百科知识激活百科网中的百科节点"奶嘴"，进而激

---

① 第七章中的"白领、蓝领"为整体转指的结果，但是这两个词法词并非基于词法模式生成的，而是在词法模式产生之前就已存在。

活百科描写"咬奶嘴","奶嘴"作为一种实体,在"咬奶嘴"行为中具有凸显性,可为目标域提供心理可及。"咬奶嘴"作为"婴儿"认知域中的常见行为,可激活"咬奶嘴"的行为主体"婴儿"。"婴儿"具有"器官尚未发育完善""不成熟、依赖他人""生长发育迅速"等多种属性,语境信息"对母亲有一种无法割舍的依赖"锚定了词义中的"不成熟、依赖他人"属性。"奶嘴男"的词义识解机制如图6-7所示。

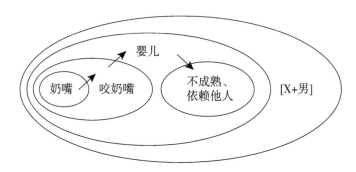

图6-7 "奶嘴男"的词义识解机制图

"奶嘴"在百科网中的激活路径如图6-8所示。

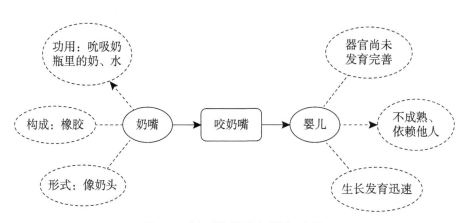

图6-8 "奶嘴"的语义激活示意图

由图6-8可知,百科节点"奶嘴"具有构成、功用、形式等多种属性,但在"奶嘴男"中仅激活了其中的功用属性,构成、形式等属性都处于背景之中;同样,百科节点"婴儿"具有多种物理属性,其中仅"不成熟、依赖他人"被激活。

相似的识解机制也发生于以下词法词的识解过程中：

【奶瓶男】指心理发育不成熟，成年后仍然依赖家人的男性。因他们好像尚未"断奶"一样，故称。也称"奶男"。(《2010汉语新词语》)

【零帕族】指以积极乐观的心态，轻松应对生活和工作中的压力的人。(《2010汉语新词语》)

【面包女】称婚姻中过多追求物质条件的女性。因面包和感情分别代表着恋爱中的物质需求和精神基础。(《2012汉语新词语》)

释义中带波浪线的内容都是不定成分经转喻运作后表达的属性义。

2. 隐转喻型［N+N］式词的词义识解机制

隐转喻型［N+N］式词指 N_1 与 N_2 具有隐喻关系，且 N_1 经转喻引申在 N3 中凸显一种描述性语义特征，而 N_2 未发生语义引申的词语。

上一章我们已经指出，少数构成成分具有属性关系的［N+N］式词法词的 N_1 具有形容词或非谓形容词的区别性功能。那么，N_1 为何能具有区别性功能呢？

李宇明（1996）指出，"空间性是名词最基本的特征……在名词充当属性定语的时候，其空间性在这一特定的语法槽中被明显削弱或完全消解，而原来比较隐蔽的属性意义则突显（salience）出来，成为表义的一个新的侧面（profile），从而造成名词表义功能的游移（shift）"。那么"隐蔽的属性意义"具体指什么？谭景春（1998）、施春宏（2001）等都对名词的词义进行过深入的分类分析。谭景春（1998）将名词词义分为"概念意义"和"性质意义"，认为"名词所包含的性质义是名词向形容词转变的语义基础""作定语表性质的名词已经转变成了非谓形容词"[①]，如"铁汉子"中的"铁"。同样是对名词词义的分类，施春宏（2001）将名词词义划分为关涉性语义成分与描述性语义成分，"关涉性语义成分指对名词的内涵起到说明、限制等介绍作用的客观性内容，它显现出名词的关涉性语义特征，即具有关涉性，因而是

---

① 吴长安（2001）认为谭景春（1998）依据性质义归入非谓形容词的名词是因为在搭配中使用了显性比喻义，因此不应认为名词改变了词性。

名词语义特征中表示'要素'的部分，如类属（领属）、构造、原料、用途、数量、时间、方所等。描述性语义成分指对名词内涵起到描写、修饰等形容作用的评价性内容，它显现出名词的描述性语义特征，即具有描述性，因而是名词语义特征中表示性质的部分，如属性、特征、关系、特定表现等"。例如：

【淑女】贤良美好的女子。

释义中的"贤良美好"即描述性语义特征，"女子"即关涉性语义特征。

我们再回到隐转喻型［N+N］式词，该类词中的修饰性名词 N_1 在 N_3 中凸显一种描述性语义特征，其中 N_1 为 N_2 的喻体，显现的描述性语义特征为隐喻所依存的相似性。例如：

【汉堡族】指徒有其表，华而不实，缺乏核心竞争力的人。因其如同汉堡包一样，外表光鲜却营养价值不高，故称。（《2010 汉语新词语》）

【蚁族】指高智商、低收入，像蚂蚁一样弱小，不被关注，但却勤勤恳恳工作、过着简单聚居生活的大学毕业生。（《2009 汉语新词语》）

【月亮男】指在外人面前表现出众，但对家人却不关心体贴的男性。"月亮"意为把光亮给了大众，把黑暗留给了家人。（《2009 汉语新词语》）

【干物女】指像干贝、香菇等干货那样干巴巴、生活缺乏生机的年轻女子。多为城市白领，工作认真，但工作之余待在家里，生活懒散，不修边幅，拒绝社交，基本放弃恋爱。也称"鱼干女""香菇女"。（《2007 汉语新词语》）

释义中带波浪线的内容即 N_2 所指对象与 N_1 所指对象之间的相似性，如"外表光鲜却营养价值不高"是"汉堡"所显现的描述性语义特征，该特征与"族"的所指对象"徒有其表，华而不实，缺乏核心竞争力"的特征相映射，通过"以物喻人"的方式达到凸显人物特性的表达效果。

隐转喻型［N+N］式词中的隐喻所依存的相似性可分为外在特征相似与内在属性相似。

1）外在特征相似

外在特征相似指［N+N］式词中的一个名词的所指对象在具体形状上与

另一名词所指对象相似，例如：

【胆瓶】颈部细长而腹部大的花瓶，形状略像胆。(《现汉》)

【带鱼】鱼，体长侧扁，形状像带子，银白色，全身光滑无鳞。是我国重要海产鱼类之一。有的地区叫刀鱼。(《现汉》)

"胆瓶"因所指对象在外形上与"胆"相似而得名；"带鱼"因所指对象在外形上与"带"相似而得名。再如"梯田、柳眉、扇贝、脚轮、耳房、剑眉"等[①]。

2）内在属性相似

内在属性相似指［N+N］式词中的一个名词的所指对象在抽象属性上与另一名词所指对象相似，例如：

【母校】称本人曾经在那里毕业或学习过的学校。(《现汉》)

【子城】指大城市所附的小城，如瓮城。(《现汉》)

"母校"对学生的栽培与母亲对孩子的抚养性质相似；"子城"与大城市之间的关系与母子之间的关系相似。再如"母法、母金、母树、子公司"等。

黄洁（2013）研究指出，"人们在以名名复合词的形式对事物进行隐喻性指称或描述时，采用事物的分析性特征多于可感性特征。……一个事物的外观和功能特征往往是我们认识事物时容易把握的特征，显著度高，因而常被用于隐喻性指称或描述"。也就是说，基于内在属性相似的隐喻型［N+N］式词多于基于外在特征相似的隐喻型［N+N］式词，且功能与外观分别是两类词法词隐喻发生的基础。然而，考察语料发现，现代汉语隐转喻型［N+N］式词法词所依存的相似性既非单纯的外在特征，也非单纯的内在属性，而是二者的糅合。例如：

【向日葵族】比喻对生活充满热情，怀有感恩之心，善于发现幸福，知足乐观的人。他们像向日葵一样，追随着阳光成长，故称。(《2009 汉语新词语》)

---

① 此处所列均为 N_1 为 N_2 喻体的词语，现代汉语中还存在 N_2 为 N_1 喻体的词语，如"雪花、雨丝、雨雾、雨幕、蚕蚁"等。

【清汤挂面女】指像清汤挂面一样素淡，不过分追求时尚、安于平常生活的女性。(《2009 汉语新词语》)

"向日葵"具有追随阳光成长的外在行为特征，造词者将该行为特征比喻为一种对生活充满热情的内在属性；"清汤挂面"具有素淡的可感知特征，语言使用者将该特征比喻为不过分追求时尚、安于平常生活的内在属性。这些内在属性都是基于造词者对事物外在特征的主观评价。

那么，解词者又是如何识解属性型［N+N］式词法词的？

根据认知关联论，每个构词成分的存在均有据可依，对于解词者而言，每个构词成分均传递了明示信息，解词者需要做的就是根据明示信息去寻找最佳关联。前文我们已经详细论述过关系型［N+N］式词法词的识解过程及机制，属性型［N+N］式词法词的识解过程与之相似，但机制相异。在此，我们仅详述图式构式起作用的识解假设二。以"潮汐族"为例：

(29) 睡城燕郊现状：30 万潮汐族跨省上班 (新闻标题，《京华时报》2015 年 9 月 7 日)

通过检索构式库，解词者可提取图式构式［X+族］，进而提取原型词，如高例频率词"上班族、啃老族"等。然而，在启用构词成分义后将出现 N_1 语义与［X+族］构式义不相适切的情况，《现汉》对"潮汐"释义如下：

【潮汐】❶ 通常指由于月球和太阳的引力而产生的水位定期涨落的现象。❷ 特指海潮。

如果我们以关系解释策略来识解"潮汐族"，那么将会识解出"与潮汐具有某种主题关系的一类人"的结果。显然，"潮汐"的百科知识[①]与语境信息都不支持这样的识解结果。在这样的情况下，我们可以转用属性解释策略来进行词义识解。

上文已经指出，名词语义具有描述性语义成分与关涉性语义成分，描述性语义成分通常为某种属性或特征，如"潮汐"释义中的"定期涨落"。但是"定期涨落"只是潮汐的一种外在特征，如要实现构词成分义与构式义的

---

① 百科知识没有一个标准的模板，它与每个人的生活经历相关，是基于经历生活常识，《现汉》释义可被视为一种理想化的百科知识。

正常组配，那么必须将构词成分义做进一步的语义引申，即隐喻引申。N₁的隐喻引申通常以其最典型的特征为相似性基础，但隐喻映射的发生还需要依靠语境信息的锚定。"睡城""跨省上班"等语境信息表明"潮汐族"是一群早出晚归跨地区上班的人。潮汐"定期涨落"的特征与这类人"早出晚归"的特征形成映射关系，如图6-9所示。

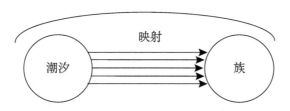

图 6-9 "潮汐族"的词义识解示意图

通过上述推导过程，我们可以基本得到"潮汐族"的语义，即：

【潮汐族】称每天早出晚归跨地区上班的人。因像潮汐每天早涨晚退那样，故称。（《2015 汉语新词语》）

如果没有语境的锚定，仅靠N₁的百科知识，词义通常无法识解或识解错误，例如，"便利贴"和"果冻"在《现汉》中释义如下：

【便利贴】即时贴。【即时贴】一种随手记事或起提醒作用的小纸片儿，背面有胶，可反复粘贴。也叫便利贴。

【果冻】用水果的汁和糖加工制成的半固体食品。

仅靠释义内容我们难以识解"便利贴族"和"果冻族"，描述性语义成分"随手记事或起提醒作用"是从便利贴的功用视角着眼的，"半固体"是从果冻的形式视角着眼的，但这些语义成分能够转换成指称对象"族"的哪种属性或特征是难以预料的，因为这是造词者发挥主观能动性，在隐喻的始源域与目标域之间构建非常规相似性的结果。例如，"便利贴族"与"果冻族"释义如下：

【便利贴族】在职场上默默无闻、工作努力却得不到重视的人。他们如同便利贴一样用时想起，用过就丢，故称。（《2011 汉语新词语》）

【果冻族】性格分明、接受能力强，喜欢标新立异，勇于追求个性生活，

但缺乏责任心，不能包容，容易受挫的人。因像果冻那样美味而易损，故称。（《2008 汉语新词语》）

这里仍有个问题尚未解决，即为何提取的修饰性语义内容是目标域中的相似性联接端，而非源域中的？

根据关联理论，我们可以推测，首先，造词者是对"族"所指群体的工作性质有所了解，而且也意欲以［X+族］词法模式来造词表义。其次，表达工作性质的方式有两种，一种是以［A+N］组配模式，另一种是以［N+N］组配模式，当造词者决定以后者为表达方式后，就需寻找一个可以建立相似性的具象事物，如"便利贴"。再次，通过映射方式激活"便利贴"中的描述性语义内容，进而在"族"与"便利贴"之间建立相似性联接。以"便利贴"的具象特征为"族"的抽象特征提供心理可及通道。最后，提取目标域中相似性联接端抽象属性作为词语的修饰性语义特征。如图6-10所示。

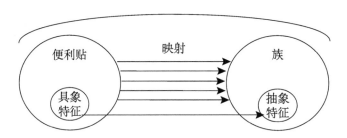

图6-10 "便利贴族"的词义识解示意图

相似语例如下：

【阿尔法男】在群体中处于首要领导地位的男性。"阿尔法（α）"是希腊字母中第一个字母，有"第一、最好"的意思，故称。（《2011 汉语新词语》）

【贝塔男】成就平平、性格温和的年轻男性。贝塔（β）是希腊字母中第二个字母，在表示"最优、第一"的阿尔法（α）之后，故称。（《2010 汉语新词语》）

【37度男】指职业稳定、收入中等、工作努力、忠于感情的成熟男性。

也作"37℃男"。也称"37度男人"。(《2007汉语新词语》)

　　【孔雀女】指城市里出生并成长，像孔雀一样有优越感的女人，特指与"凤凰男"相恋、结婚的女子。(《2007汉语新词语》)

　　英语新词中有一个与"阿尔法男、贝塔男"构词原理相同的词alpha girl，本采什（2006：166）指出，该词是经由"隐喻+转喻"而来的，其中隐喻指将girl（女孩）比喻为希腊字母中的alpha（阿尔法），转喻指"符号转喻"（sign metonymy），即"形式代概念"（form for concept），以alpha的形式代"最好、最优"的意思。汉语中的"阿尔法男、贝塔男"也具有相同的构词原理。

　　通过上述分析，我们已经基本实现了对属性型［N+N］式词法词识解机制的解释。但还有几点值得进一步思考。

　　思考一：在什么情况下，解词者会采取属性解释策略来识解词法词？

　　魏斯涅夫斯基（1996）指出，当解词者认为修饰成分概念的特征适用于中心成分概念时，尤其是在两个名词所指概念具有高度相似性的情况下，他们会采取属性解释策略。然而，埃斯特斯和格卢克斯贝格（Estes and Glucksberg，2000）、科斯特洛和基恩（Costello and Keane，2000）、刘烨、傅小兰、孙宇浩（2004）等研究认为两个子概念间的相似性不是促使解词者采取属性解释策略的主要因素。埃斯特斯和格卢克斯贝格（2000）研究指出，如果复合词的中心概念具有一个为属性提供的关联维度且修饰成分在该维度上具有一个凸显特征（salient property），那么解词者可通过属性解释策略识解该词。例如zebra clam（斑马蛤蜊），修饰语斑马提供的凸显特征black and white striped（带黑白条纹的）正好嵌入中心语概念clam的color（颜色）维度。科斯特洛和基恩（2000）研究认为子概念拥有诊断性（diagnosticity）是解词者采用属性解释策略进行词义识解的重要因素之一，诊断性属性指经常在一个概念的样例中出现，而鲜少在其他概念的样例中出现的属性。也就是说，修饰成分特征的凸显程度与独有程度是驱使解词者采取属性解释策略的重要因素。例如"潮汐族"中，"定期涨落"是潮汐的凸显与独有特征，"向日葵族"中，"追随太阳"是向日葵的凸显与独有特征。

另外，魏斯涅夫斯基（1996）、魏斯涅夫斯基和洛夫（1998）、伯克和克利夫顿（Bock and Clifton，2000）等研究表明，生物组合更易于通过知觉属性转移而获得属性解释，而人造物组合更易于通过子概念间的关系获得关系解释。领域特异性（domain specificity）研究（Farah and McClelland，1991；Santos and Caramazza，2002）也发现，"在概念组合过程中，对于生物概念，内部结构属性和知觉属性更容易被激活和加工，而对于人造物概念，功能属性和关系属性更容易被激活和加工"（刘烨、傅小兰、孙宇浩，2004）。语料考察发现［X+族］中有一组词法词满足［（动物）+族］语义模式，如"蚁族、鼠族、虾米族、蜂族、考拉族、水母族、斑马族"等。

【蚁族】指高智商、低收入，像蚂蚁一样弱小，不被关注，但却勤勤恳恳工作、过着简单聚居生活的大学毕业生。（《2009 汉语新词语》）

【鼠族】靠租住地下室生活的城市低收入者。因像老鼠一样聚居在地下，故称。（《2010 汉语新词语》）

【虾米族】指能够利用有限资源，精打细算，创造完美生活空间的人。源自肯德基的至珍七虾堡引发的"小空间大生活"——肯德基 $7m^2$ 虾窝设计挑战赛面向全国搜寻"虾米"的活动。（《2009 汉语新词语》）

【蜂族】从事出版、媒体等文化行业的人。因其像蜜蜂般忙碌，不断生产精神食粮，故称。源自莫卧儿的小说《女蜂》。（《2011 汉语新词语》）

【考拉族】指在节假日长时间睡觉以缓解压力、消除疲劳的人，多为白领。因与考拉（树袋熊）睡眠的习性相似，故称。（《2011 汉语新词语》）

【水母族】学历证书信息造假的人。因水母体内 95% 以上是水分，故以此讽喻学历上的"水分"。（《2011 汉语新词语》）

【斑马族】不被纷繁的事物所困扰，能够像斑马只有黑白两种条纹那样，简单快乐生活的人。（《2010 汉语新词语》）

我们利用百度新闻分别检索标题中包含"蚁族、鼠族、蜂族、虾米族、斑马族、考拉族、水母族"等词的新闻，检索结果见表 6-4。

表 6-4 ［（动物）+ 族］式词法词频次

词法词	蚁族	鼠族	虾米族	蜂族	考拉族	水母族	斑马族
新闻篇数(次)	11700	387	95	8	5	4	2

由检索结果可知，"蚁族"的例频次远高于其他词，是该语义模式的原型成员。许晓华（2016：117）指出，"某事物能否充当喻体参与比喻造词以及参与造词的频率，主要取决于事物是否具有某种易为人们感知的典型的、稳定的、具有一定特异性的属性特征"。从释义可知，喻指成分所凸显的属性义并不相同，有些属性义与习性相关，如"蚁、鼠、虾米、蜂、考拉"，有些属性义与体貌相关，如"水母、斑马"，但是这些属性特征都是典型、稳定且特异的。

思考二：属性型词法词的图式构式有何特征？

黄洁（2013）研究表明，"汉语名名复合词的构词多基于事物之间的相似关系，而非事物之间的邻近关系"，也就是说，属性型［N+N］是比关系型［N+N］更为优选的组配模式。然而，现代汉语词法模式的语料却显示了不同的情况。观察属性型［N+N］式词法词的固定成分可知，该类词法词主要集中于［X+族］［X+男］［X+女］等词法模式，尤其是［X+族］，而鲜少出现于其他词法模式。属性型［N+N］可被视为［X+族］［X+男］［X+女］词法模式的特有组配模式。那么原因何在？

通过比较各词法模式的构式义可发现，［X+族］［X+男］［X+女］的构式义比其他词法模式的构式义抽象得多，构式义中的限制性成分少得多。例如：

［X+族］：具有某种属性的一类人。

［X+男］：具有某种属性或在某事件中具有特殊行为表现的男子（多贬斥义）。

［X+女］：具有某种属性或在某事件中具有特殊行为表现的女子（多贬斥义）。

构式义中的"某种属性""特殊行为表现"等均是较为抽象的概念，这些构式义成分均未对不定成分形成较大限制。

通过对［N+N］式词法词词义识解过程及机制的详细分析，我们已经基本实现了对该类型词法词形义组配规律及词义识解程序的描写与解释。上述分析操作的程序与结论也基本适用于其他几种形义组配模式。以下，我们将简要分析其他几类形义组配模式下词法词词义识解机制的特殊性。

6.2.3 定中式［V+N］的词义识解机制

5.2.2.1 中我们已经指出，定中式［V+N］仅在［X+族］［X+哥］₂［X+门］［X+热］四个词法模式的［2+1］韵律模式下具有较强构词力。参照上一节中指出的词法模式构式义具体性序列，我们会发现，这四个词法模式均处于构式义较抽象的一端，分列序列倒数第 2、3、4、7 位。也就是说，图式构式对不定成分的限制较少。上一章关于［V+N］式词的成分属性还有两个结论：V 具有弱动性；V 多为短语。这两个结论与［V+N］式词的词义识解直接相关。

从认知上说，与［N+N］式词相比，［V+N］式词的词义识解难度要低得多，因为动词在概念上表现为动作行为，任何动作行为都与实体相联。作为修饰成分的 V 在百科网中被激活的对象是联接节点的百科描写，一旦 V 得到激活，那么百科描写所联接的节点也将被顺带激活。百科描写所提供的描述性语义内容促使［V+N］式词能够顺利识解。然而，这只是理想化的认知假设。例如：

【泼墨门】指 2009 年 12 月 23 日晚 12 点左右，在演员章子怡家附近地的一张巨幅照片被一群黑衣男子泼墨的事件。(《2009 汉语新词语》)

【啃楼族】指利用不断上升的房价通过倒卖住房或办理相关金融业务而从中获利的人。(《2009 汉语新词语》)

根据图式构式义与构词成分义并不能对词语实现完全识解，仅能得到"泼墨的事情"与"依赖楼房的人"这样的释义。在此，我们需要引入一对概念：事件与现象。事件是具体的、个别的，而现象是抽象的、类属的。这对概念在［V+N］式词的词义识解上具有鲜明的对立。如果一个词法词表达的是一个事件或事件主体,那么该词法词的词义通常识解难度较大,相反,如果一个词法词表达的是一种现象或一类人,那么该词法词的词义通常识解难度较小。观察发现,〔X+热〕构式义表达的是一种现象,〔V+热〕式词法词识解难度相对较小,例如:

【经商热】许多人热衷于经营商业的潮流或情绪。(《新词语大词典》)

【考博热】报考博士研究生热潮。(《新词语大词典》)

【集报热】竞相集报的热潮。(《新词语大词典》)

【发明热】社会上兴起的一股热衷于发明的潮流。(《新词语大词典》)

"经商热、考博热、集报热、发明热"等词义均可视为构式义与构词成分义的加合。只要解词者知道〔X+热〕的构式义与构词成分义,那么即使没有语境依托也可以实现对整词词义的完全识解。例如:

(30)近年来,不少担任一定领导职务的同志为适应社会主义市场经济建设的需要,纷纷走进高校或科研机构再深造,形成了一股不小的"考硕热"、"考博热"。(《人民日报》1996年8月22日)

"考硕热"与"考博热"词义均较透明,有无语境均可实现词义识解。

与〔X+热〕相反,〔X+门〕表达的是某一具体事件。当词语所指对象为具体事件时,如果没有语境的依托,词义通常模糊不清,只能借助广义谓词"关于"(此处具体化为"与……相关")来完成词义的识解,如"政审门"即"与政审行为相关的事件","清退门"即"与清退行为相关的事件"。然而,借助百科知识得到的词义信息显然是不足的,如果要实现对词义的完全识解,那么必须借助语境。例如:

(31)因父母两年前曾被行政拘留15天,河北廊坊的高三考生扈佳佳报考军校时,未能及时取得当地派出所的政审盖章,以致耽误了报考时限。(《河北"政审门"考生状告公安局》,新华网2009年7月23日)

(32)近日,华中科技大学研究生院发布的一则通知引起轩然大波。通知称,学校拟清退超学时的硕士和博士研究生共307人,奥运冠军杨威和高崚位列其中。(《近七成网友力挺华中科大"清退门"》,凤凰网2010年9月8日)

我们在 6.1 节中论述过，根据词法模式构造的词法词大多出现于新闻标题之中，这一特殊的语篇布局方式促使新闻阅读者通过进一步阅读新闻内容以实现对标题中词法词的词义识解。新闻标题的小语境所能提供的信息非常有限，虽然对词法词的词义识解起不了多大的作用，但是能激起新闻阅读者的解词兴趣。新闻正文的大语境通常会具体说明不定成分所指为何，事件的具体情况为何。如（31）（32）中的"政审门""清退门"可分别通过新闻正文以获得词义识解。从造词目的上说，造词者之所以在新闻标题中使用词法词正是出于对其词义不可完全预测特征的考虑。

[X+ 族]与[X+ 哥]₂的词法词特征也鲜明地体现了现象主体（一类人）与事件主体（某个人）之间的对立。

[X+ 族]表达的是具有某种属性的一类人。例如：

【隐孕族】因不愿影响自身职业的发展而隐瞒自己已经怀孕的人。（《2011 汉语新词语》）

【占票族】称为确保乘车而提前购买车票（通常不是最佳选择），在买到更合适车票后再退掉原先车票的人。（《2013 汉语新词语》）

虽然同样是表类属对象的，但与表现象的[X+ 热]相比，表现象主体的[X+ 族]识解难度相对要大得多。如"走班族、住车族、隐贷族、夜淘族、炫食族"等。原因何在？

通过语料库检索，我们发现[X+ 族]类词法词的不定成分两语素搭配频率极低，基本上为临时组合，而[X+ 热]类词法词的不定成分两语素搭配频率非常高，基本为凝固型词语或固定搭配。如表 6-5 所示：

表 6-5 [X+ 族]与[X+ 热]类词法词的不定成分频次

词例	不定成分	词频（次）	词例	不定成分	词频（次）
淘券族	淘券	4	办学热	办学	49823
退盐族	退盐	1	收藏热	收藏	47115
伪婚族	伪婚	1	减肥热	减肥	41772
占票族	占票	1	装修热	装修	36385

续表

词例	不定成分	词频(次)	词例	不定成分	词频(次)
隐孕族	隐孕	1	经商热	经商	9898
蜗婚族	蜗婚	1	买房热	买房	8811
炫食族	炫食	0	考研热	考研	6746
夜淘族	夜淘	0	创收热	创收	3411

不定成分内部语素的低频搭配属性致使解词者在识解整词时必须依托语境方可实现词义的识解。例如：

（33）车是有了，可是用车成本太高了，开不起。结果就出现了"捧车族"。所谓"捧车族"就是那些买了车，平时却不用，宁愿把车"捧"起来闲置，而只在周末或者节假日才开车出行的新型用车人群。（《竞报》2008 年 6 月 20 日）

"捧车"不是一个固定搭配，更不是一个高凝固性的词，"捧"在此也并不表示其常用动作义，而表引申义。"捧车"的低频搭配属性致使词义识解难度大大提高，辞书对该词释义如下：

【捧车族】因使用费用过高，将所购汽车闲置起来的人。（《2006 汉语新词语》）

［X+ 哥］₂表示在某事件中具有特殊行为表现的男子（多褒扬义）。例如：

【抢修哥】称赤身泡在污水井中抢修电缆的武汉供电公司汉口分公司电缆维修工刘跃青。

【送水哥】对农民工出身的郑州市民李老发的爱称。因其三年来坚持免费为农民工或路人送水解渴，故称。（《2011 汉语新词语》）

与［X+ 门］相似，对表事件主体的［X+ 哥］₂式词进行识解时必须依托语境，否则词义无法实现完全识解。

综上所述，"不定成分是高频搭配还是低频搭配"和"构式义与现象还是事件相关"会影响词法词的词义识解，四个词法模式在这两个特征上的属性如表 6-6 所示：

表 6-6 ［X+热］［X+门］［X+族］［X+哥］₂不定成分属性表

词法模式	［X+热］	［X+门］	［X+族］	［X+哥］₂
高频搭配/低频搭配	高频搭配	高频搭配	低频搭配	高频搭配
事件/现象	现象	事件	现象	事件

不定成分是高频搭配的词法词较易识解，构式义与现象相关的词法词较易识解。［X+热］同时满足两个易识解特征，因此，该类词法词识解难度整体上都较低。［X+门］［X+族］［X+哥］₂都只满足一个易识解特征，因此，该类词法词识解难度整体上都较高，都需要依托语境方可实现完全识解。尤其是当不定成分含有语义引申用法时，例如：

（34）近几年，报考公务员相当火爆，随即产生了大批量的"考碗族"，考上公务员就等于手里捧着"金饭碗"，紧接着"嫁碗族"、"娶碗族"也应运而生。"嫁人就嫁公务员"，这是 2009 年最强悍的一句口号，也是"嫁碗族"们对美满婚姻最大的期望。

"考碗族"与"嫁碗族、娶碗族"中虽然都有"碗"，但两个"碗"所指不同，"考碗族"中的"碗"转指"公务员工作""嫁碗族、娶碗族"中的"碗"转指"有碗的人"，即"公务员"。"碗"之所以能够转指工作与人们的具身认知相关，有工作方可解决生计问题，"饭碗"是生计问题中的凸显元素，因此，"工作"与"饭碗"具有因果联系。

6.2.4 状中式［N+V］和［A+V］的词义识解机制

前人关于［X+化］的研究大多关注整词的语法功能（云汉、峻峡，1989、1994；周刚，1991；张云秋，2002），而鲜少关注词的形义组配特征，更无研究探讨该类词法词的识解机制。

根据前人研究可知，［X+化］是一个多义构式，［X+化］₁表示"转变成某种状态或性质"，如"低龄化、国产化"，［X+化］₂表示"致使对象具有某种状态或性质"，如"神化、内化"。

总体上看，状中式的［X+化］词法词整体识解难度较低。［N+化］式词法词中的N基本都表指称义，该类词法词的词义具有较强的规律性，表示"转变为N的状态"或"使变为N的状态"。例如：

【沙化】指草原、田地等逐渐变成沙漠、半沙漠。也叫"沙漠化"。（《新词语大词典》）

【集团化】使形成集团。（《新词语大词典》）

［A+化］式词法词中的A基本表示常用义，该类词法词的词义也具有较强的规律性，表示"转变为A的状态"或"使变为A的状态"。例如：

【低龄化】年龄普遍趋小。（《新词语大词典》）

【国产化】使成为本国生产的。（《新词语大词典》）

分析词语释义可知，［X+化］构式义中的"转变""变"等充当的是不定成分所指状态的谓词。由于构式义内容具体，且不定成分表常见的基本义，因此，该类词法词识解难度普遍较低，入句后都能较易识解。例如：

（35）1月8日，内蒙古自治区政府召开生态保护建设成效新闻发布会。党的十八大以来，累计投入生态保护建设资金830多亿元，森林面积和蓄积实现"双增长"，荒漠化和沙化土地面积持续"双减少"。（《中国绿色时报》2018年1月12日）

（36）遭遇性侵的未成年被害人呈现低龄化趋势，14岁以下未成年被害人约占全部性侵未成年被害人总数的40%，年龄最小的仅4周岁。（《法制日报》2017年6月19日）

"荒漠化""沙化""低龄化"等都能在句中实现词义的完全识解。

语料分析发现，少数［X+化］式词法词的不定成分会发生语义转指，该类词法词的词义识解必须依托语境。如［N+化］式词法词的"蚁穴化"，名词性成分"蚁穴"不表指称义，而表属性义，例如：

（37）因慑于整个社会反腐的强大声势和监督机制、法制环境的日渐完善，腐败行为正趋向"大贪没胆、小腐不断"的蚁穴化。（人民网2003年9

月 12 日）

如果仅依据构式义"转变成某种状态或性质"和构词成分"蚁穴"，我们会将"蚁穴化"识解为"转变为蚁穴"，然而，这样的语义显然与语境不符。通过语境内容"大贪没胆、小腐不断"等可知，"蚁穴"在此并不表指称义，而表属性义，即名词的描述性语义成分。例如：

【蚁穴】❶ 蚂蚁的巢穴。❷ 比喻可以酿成大祸的小漏洞。(《现代汉语大词典》)

从"蚁穴"的释义可知，该词具有描述性语义成分"小"，"蚁穴化"实为"小化"，表示"转变为小规模"之义。《新世纪新词语大词典》将"蚁穴化"释义为：

【蚁穴化】形容规模小却能造成较大危害的贪污腐败行为。

我们认为，更确切的释义应为：

【蚁穴化】(贪污腐败行为)趋于小规模。

再如 [A+ 化] 式词法词的"矮化"，例如：

（38）将职业院校当成一条"生财之道"，无节制、无底线的利益变现，何尝不是一种对职业教育的自我矮化。(环球网 2017 年 12 月 6 日)

"矮"在（38）的"矮化"中不表常用的基本义"身材短""高度小"，而表引申义"(级别、地位)低"。《现汉》(第 7 版) 对"矮化"释义如下：

【矮化】❶ 抑制植物茎的生长，使植株矮小。❷ 指贬低。

对"矮化"引申义的识解需要结合其基本义与词语语境。

6.2.5 状中式 [N+A] 的词义识解机制

上一章指出，[N+A] 通常可以理解为"像 N 一样的 A"，如"草绿"就是"像草一样的绿"。该词法模式中的 N 表示的是属性义，而非指称义，如"草绿"中的"草"表示"颜色像草一样的"，"其功能在于对不同颜色进行细分"(许晓华，2016：114)。[N+A] 的语义模式为 [提示特征 + 颜色]，"提示的直接与否决定了整个词意义的透明性，提示直接则词义透明性高，反之则词义透明性低。而词义是否透明又对该词能否进入词典产生重要影响"（倪志佳，2017）。

该形义组配模式下的词法词通常识解难度较低，大部分词的不定成分为具体的实物名词，整词表示该实物所外显的颜色，通过将构词成分义与图式构式义相组配即可实现对词义的识解，整个识解过程可以完全脱离语境，也无须启用额外的百科知识，如"铜黄"即"像铜一样的黄"，"葡萄紫"即"像葡萄一样的紫"。如果说整个识解过程可能有什么困难的地方，那就是解词者可能未接触过名词所指称的实物，因此无法对颜色具体所指形成感性认知。

根据识解过程语义转指次数的多少，［N+A］式词法词可分为两种：单转型［N+A］式词法词和双转型［N+A］式词法词。上文所说的词义识解过程及机制即单转型［N+A］式词法词，该类词相对容易识解，与之不同，双转型［N+A］式词法词的识解难度高得多。

6.2.5.1 单转型［N+A］式词法词

单转型［N+A］式词法词中的 N 仅发生一次语义转指，虽然 N 所指实物具有多种属性，但受图式构式［X+（颜色）］的压制，N 将仅激活颜色维度上的百科知识。图式构式在这里凸显的功能不仅是强迫构词成分激活百科知识，也极大地限制了百科知识激活的可能性，迫使其仅能激活图式构式内嵌维度的百科知识。［X+（颜色）］构式内嵌"颜色"维度，因此，X 所激活的百科知识也必须为"颜色"维度上的属性。以"葡萄紫"为例，"葡萄"具有颜色、形状、味道、功用等多种属性，但在"葡萄紫"中仅颜色属性被激活。从"葡萄"到"葡萄的颜色"实际上是一种转喻操作，但由于颜色作为事物的一种属性与事物具有不可剥离的特征，因此这种转喻在认知上较为隐蔽，也更为深层。"葡萄紫"的词义识解机制如图 6-11 所示。

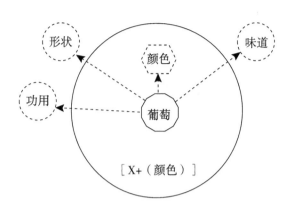

图 6-11 "葡萄紫"的词义识解示意图[①]

6.2.5.2 双转型［N+A］式词法词

双转型［N+A］式词法词中的 N 发生了两次语义转指。以"海军蓝"为例，首先，"蓝"限制了"海军"语义转指的可能范围，迫使其转指在颜色维度上具有凸显特征的实体，即"海军制服"。其次，"海军制服"将转指作为其属性的颜色"海军制服颜色"。基于此，"海军蓝"可获得词义的顺利识解，即"像海军制服一样的蓝"，词义识解机制如图 6-12 所示。

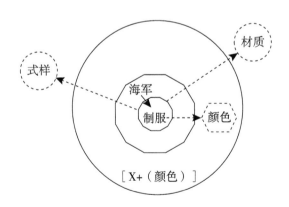

图 6-12 "海军蓝"的词义识解示意图

---

① 大圆圈代表图式构式，十二边形代表被激活的百科节点，虚线六边形代表被激活的属性，虚线小圆代表未被激活的属性，以下相同，不再赘述。

6.3 句法 – 词法词的词义识解机制

陈青松（2012：151）指出，"表示分类是形名粘合结构的主要语用功能，大多数形名粘合结构都可以表示一个从属核心名词所表概念的'固定'的次类"。前一章指出，无论是表示对事物分类的［A+N］式词法词，还是表示对动作行为分类的［A+V］式词法词，二者的语用功能都在于对中心语进行分类，因此，我们将并置分析二者的词义识解机制。由于后定型［A+N］与［A+V］式词法词数量极少，且带有较浓个别造词者的主观任意性，因此我们仅讨论规律性较强的前定型［A+N］与［A+V］式词法词的识解过程及机制。

"形名粘合结构一般是用一个属性给名词表示的概念分类，然后构成一个新的类名去称谓这个分出的小类。"（陈青松，2012：220）因此，构成形名粘合结构的名词一般都是类指的，而非特指的。我们再反观语料，几乎所有［A+N］与［A+V］式词法词均表类指，或者指称一类人或物，或者指称一种现象，如：

【软资源】指科学技术、信息等，它们在发展生产力中起着重要作用，又不同于矿产、水力等天然资源，所以叫软资源。(《现汉》)

【硬资源】在量上表现为稀缺性的资源，如土地、矿产、劳动力、资本等。而与之相对应的软资源，则主要指在质上表现为稀缺性、而其量不可度的资源，如技术、市场、信息、区位、空气、阳光等。(《国土资源实用词典》)

【裸婚】指不买房、不买车、不办婚礼、直接登记结婚的结婚方式。(《2009 汉语新词语》)

【微暴力】指对他人表示的怠慢、冷落或侮辱、敌视行为。(《2015 汉语新词语》)

【亚熟男】表面成熟，其实并没有完全成熟的男人。(《2007 汉语新词语》)

【零伤害】在生产过程中的人身伤害事故发生率为零。(《100 年汉语新词新语大辞典·下册》)

那么对这类词的识解过程及机制如何?

句法 – 词法词虽然在形类组配模式上符合造句原则,但"是一种具有强烈的凝固趋势的结构,它的结构原则不是自由的造句原则"(朱德熙,1956),解词者不能按照句法原则来识解,对该类词法词的识解同样受制于词法模式的构式特性。

在没有语境的情况下,我们对该类词法词词义的识解仅能依靠构词成分义、构式义及百科知识。前定型词法模式构式义均蕴含区别性语义特征,有些词法词仅知道图式构式的构式义就可实现词义的基本识解,如〔零 +X〕式词法词,而另一些词法词却必须依托语境,甚至需要语境的详细解释方可实现词义的识解,如〔软 +X〕式词法词。根据图式构式所表语义维度的差异,可将该类词区分为单维型与多维型两种。

6.3.1 单维型词法词的识解机制

单维型词法词的固定成分表量级,且构式义具体,如:

〔零 +X〕表示 X 的数量为零或很少。

〔亚 +X〕表示在程度上不到 X。

〔微 +X〕表示规模较小的 X。

例如:

【零利率】没有利率,指银行的某些存贷款利息为零。(《新世纪新词语大词典》)

【亚疾病】疾病发作之前,处于患病和健康之间、更靠近疾病的一种状态。(《2007 汉语新词语》)

【微婚礼】形式简约、规模较小、时尚新颖的婚礼。(《2013 汉语新词语》)

【零解聘】没有出现解除聘任制员工职务的现象。也称"零淘汰"。(《2014 汉语新词语》)

【亚失业】尚未正式失业，但工资、待遇比以前大幅下降的从业状态。（《2009 汉语新词语》）

【微出行】指行程简单、行装简便的短途旅行。（《2013 汉语新词语》）

无论是［A+N］式词还是［A+V］式词，词义基本上就是构词成分义与构式义的整合。对于解词者而言，形容词性成分仅在"量级"维度上与中心成分相关，且均取小量，因此，当解词者激活百科网中的百科节点或百科描写时，图式构式将启动压制功能，阻断节点或描写所负载的活性，且将所关联的特征或属性限制于"量级"一条，从而实现词义的快速识解。如"零利率"的识解机制如图 6-13 所示。

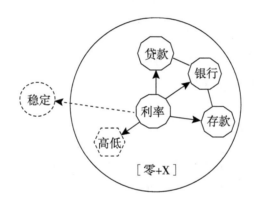

图 6-13 "零利率"的识解机制

作为中心成分的"利率"在百科网中被激活，受［零 +X］构式的压制，活性扩散至"银行""贷款""存款"等节点，同时节点"利率"也激活了属性"高低"，但［零 +X］构式将属性激活维度限制于数量，而阻断了其他属性的激活通道。在百科网节点激活与图式构式属性限制的协同作用下，词法词成功实现词义识解。

有些词法词中的量级属性是中心成分的自带属性，如"零利率"的"高低"、"零伤亡"的"多少"、"零距离"的"长短"等，构式在词义识解过程中只是起了激活属性的功能。更多词法词中的量级属性是构式所给予的，如"亚失业"的"失业"，"失业"本身并不包含量级属性，但在［亚 +X］的压制之下获得了表量级的属性"待遇大降",即发生了增殖效应,如图 6-14 所示。

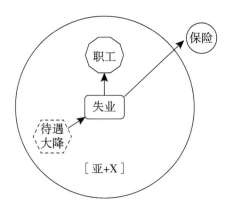

图 6-14 "亚失业"的识解机制

再如"微出行"中的"出行"在〔微 +X〕的压制之下获得了表量级的属性"简单";"亚别墅"中的"别墅"在〔亚 +X〕的压制之下获得了表量级的属性"档次和价格稍低"。

6.3.2 多维型词法词的识解机制

多维型词法词的固定成分仅表区别,且构式义抽象,如:

〔软 +X〕表示在某方面与一般的 X 不同。

〔裸 +X〕表示除了 X 之外,什么都不附带。

例如:

【软武器】指用来破坏敌人无线电设备效能的电子干扰装备等。(《现汉》)

【硬武器】指用来直接杀伤敌人或摧毁敌方军事目标的武器,如枪炮、地雷、导弹等。(《现汉》)

【裸退】指干部退休后不再担任官方、半官方或群众组织中的任何职务。(《2007 汉语新词语》)

前定型词法模式表示的基本上都是特殊事物或特殊现象。所谓的"特殊"必然是与"一般"相对应的,此处的"一般"通常就是中心成分所指事物或现象。例如"武器"释义如下：

【武器】❶ 直接用于杀伤敌人有生力量和破坏敌方作战设施的器械、装置，如刀、枪、火炮、导弹等。❷ 泛指进行斗争的工具。（《现汉》）

仅根据"武器"的百科知识及［软+X］的构式义，我们无法明确"软武器"的词义，仅能知道"软武器"是一种区别于一般武器的装备，但在哪个维度上存在区别则无从得知。

（39）在国际力量失衡的条件下，以世界上最大的军事力量为后盾、为硬武器，以民主价值观的招牌为软武器，文武交替，且使用"武的一手"的频率越来越高，是美国在实现其称霸世界的野心上表现出来的一种新趋势。（《人民日报》1999 年 6 月 1 日）

（40）互联网时代的到来，开辟了战争的一个新空间，即数字空间。破坏数字世界可以达到破坏物理世界的目的。进而使战争由"硬战争"扩展到"软战争"，武器由"硬武器"扩展到"软武器"，这正是信息时代的特点。（《人民日报》2012 年 7 月 27 日）

例（39）中"硬武器"指一般的武器，即军事力量，"软武器"与之区别的维度在于"物质/意识"，"硬"指物质形态，"软"指"意识形态"；例（40）中的"硬武器"也指一般的武器，"软武器"与之区别的维度在于"物理/数字"，"硬"指物理杀伤性武器，"软"指数字信息化武器。同一个例子却区分维度相异，这样的区别维度来自语境，是造词者关注视角的差异。见图 6-15、图 6-16。

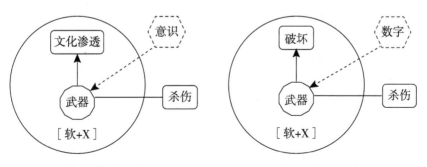

图 6-15 "软武器"的识解机制（一）　图 6-16 "软武器"的识解机制（二）

"不同语境可将同一词项百科描述的不同侧面前景化，从而极大提升其中心度并将其实现为转喻目标义。"（马辰庭，2016）例（39）中，语境驱使解词者选择"物质／意识"维度区分中心成分"武器"，进而激活百科描写"文化渗透"，例（40）中，语境驱使解词者选择"物理／数字"维度区分中心成分"武器"，从而激活百科描写"破坏"。同时，［软 +X］构式阻断了"武器"对自身蕴含的百科描写"杀伤"的活性扩散。

"英语词缀分为前缀（prefix）和后缀（suffix），其中前缀一般以语义为基础，主要作用是改变词根的语义；后缀的语义作用很小，它的主要职能是改变词根的语法功能（如词类）。"（赵宏，2013：194）现代汉语前定型词法模式可通过增加区分维度来改变不定成分语义，这与英语前缀功能相同，但后定型词法模式的职能不仅在于改变不定成分的语法功能，还能通过构式压制手段强迫不定成分发生语义转指。

6.4 小结

为了全面分析词法词的词义识解机制，我们从一开始就提出了三个基本问题，在此基础上又提出"三大问题""两大思考"，在"问题"与"思考"中又包含由一系列小问题组成的或连环或独立的追问，通过对追问的一个个解答以逐步解开词义识解的谜团。以下通过回答本章开头所提出的三个问题来做个小结。

6.4.1 构式在词法词的词义识解过程中扮演什么角色

首先，构式具有构式义，词义识解依赖于构式义与构词成分义的整合。其次，如果仅根据构式义与构词成分义无法实现词义的基本识解，那么构式将压制构词成分发生语义转指，激活相关的百科知识。

6.4.2 语境在词法词的词义识解过程中具有什么功能

语境对词法词的意义具有锚定功能。对词法词的构式义、构词成分义及百科知识的调用都发生在语境之中，因此语境在一开始就提供了词义识解的语义空间。

6.4.3 词义识解的运作程序是怎样的

识解一个词法词通常涉及以下五个程序：检索图式构式、检索原型词、启用构词成分义、启用百科知识及启用语境信息。启用语境信息与其他几个程序具有叠合关系，其他几个程序的展开都需以语境信息的启用为背景。

综上所述，每个词法词在被创造之初都是符合认知关联原则的，也都是达到了造词者所认为的最佳关联，但是在解词的过程中，不同的形义组配模式凸显了高低不一的识解难度。也就是说，造词者对形义组配模式的选择是一个无意识的过程，在线语境能为构词成分的选择提供即时的认知理据，而离线语境则需解词者通过阅读文本逐步建构，且建构的离线语境缺乏细节信息，在这样的情况下，形义组配模式就会凸显自身的识解难易度。并非所有的句法 – 词法词的识解难度都较低，多维型词法词的识解难度相对于单维型词法词要高得多。同样，并非所有的唯词法词的识解难度都较高，构式义具体程度与词义识解难易度成反比，构式义越具体，词义越易识解，反之，构式义越抽象，词义越难识解。

7. 词法模式的类推构词机制

有关词法模式特质的研究基本上都认为其运作方式为语言的类推（也叫"类比①"），如苏向红（2010）、刁晏斌（2013）等。类推是词语创造的重要方式之一，通常指"按照原先用的词语，改变一个词素仿造新词"（任学良，1981：234）。从认知上看，类推是一个隐喻过程，从原词到类推词的推导过程即从始源域到目的域的映射过程。对于隐喻而言，最重要的是两域之间的相似性，本章我们将在构式理论的框架之下，从隐喻的相似性视角具体分析词法模式的类推构词机制。

7.1 基于常规相似性类推构词

前人对隐喻做分类时常分出"基于相似性的隐喻"（similarity-based metaphors）与"创造相似性的隐喻"（similarity-creating metaphors）（Indurkhya，1992；束定芳，2000；王寅、李弘，2003；王红梅、谢之君，2004；王寅，2007），二者的区别在于人们在使用隐喻之前，该相似性是否已经为人们所熟知，例如日常隐喻"情绪高涨"中物理意义上的"高涨"与心理感觉上的"饱满"之间的相似在隐喻使用之前就已为人们所熟知，而诗歌隐喻"太阳是我的纤夫 / 它拉着我 / 用强光的绳索 / 一步步 / 走完十二小时的路途"（顾城《生命幻想曲》）中"太阳"与"纤夫"、"强光"与"绳索"之间的相似性则是在该隐喻使用之前鲜为人知的。这样的分类是具有意义

---

① 书中除原文征引使用"类比"外，其他处一律使用"类推"。

的，区分了常规隐喻与非常规隐喻，但是这样的命名并不准确。任何隐喻都是基于相似性而发生的，所以术语"基于相似性的隐喻"中的定语并未提供任何新的信息，而术语"创造相似性的隐喻"中的定语则与中心语所表属性相悖。我们认为更为恰当的术语表达为"基于常规相似性的隐喻"与"基于非常规相似性的隐喻"。与此二术语相对应，作为以隐喻为运作方式的构词手段，类推构词也可区分为"基于常规相似性类推构词"与"基于非常规相似性类推构词"。以下，我们将对比分析这两种构词方式的认知机制。

所谓基于常规相似性类推构词指的是类推词与原词的区别性语素之间具有规约语义关系，该语义关系在类推运作之前就已存储在造词者的长时记忆中[①]。基于常规相似性类推构词最常见的形式就是修辞中的仿拟，但仿拟通常仅能生成一个或几个类推词，所抽绎出的图式构式能产性极低，如造词者可根据"的哥"类推出"的姐"，因为"哥""姐"同属亲属语义场，但抽绎出的［的+X］却能产性极低，除"的姐"外，仅能再类推出"的嫂""的爷"等词，且词语使用频率极低。需要注意一点，这里所说的"相似性"并非指"趋同"，而是指原词概念与类推词概念之间的结构性对应关系，如"的哥"与"的姐"除在性别维度上具有相对关系外，在概念的其他维度上都具有相同属性。任何一种语义关系都基于语义所关联的两个对象之间的相似性，只有当同一范畴中的两个对象之间具有相似性时，反义、同义和类义等语义关系才会产生。例如，只有当"黑""白"具有相似性，共处颜色范畴之时，其间的反义关系才会产生。

朱彦（2010）将类推构词方式区分为"完全类推"和"创造性类推"两种类型。完全类推的类推词和原词在语音、结构和语义等方面的属性完全一致，而且两词相异语素之间具有反义或类义关系，如造词者基于"内、外"的反义关系从"外资"类推出"内资"，基于"手、脚"的类义关系从"国手"类推出"国脚"。不论反义或类义，相异语素都属于同一语义场，如

---

① 根据墨菲（Murphy，2000、2003）的研究，语义关系不在词库中表征，词语间的语义关系由关于（about）词的概念知识构成，而非属于（of）词的词汇知识构成。因此，我们仅从记忆角度论述规约语义关系的固存性。

"内、外"同属方位语义场,"手、脚"同属人体器官语义场。创造性类推的类推词和原词在语音、结构和语义等方面仅部分属性相同,如同属〔X+门〕词法模式的"虎照门、国旗门、踏板门、香烟门、艳照门",词语相异语素之间不具有近义、反义或类义关系。这两种类推构词类型与基于相似性常规与否所划分出的两种类推构词类型并不对等,完全类推构词是在类推词与原词区别性构词成分的常规相似性基础上运作的,如基于"冷""热"在温度维度上的相对关系,造词者可以根据"热点"推出"冷点"。

【热点】一个时期内引人注目的地方或问题。(《现汉》)

【冷点】指某一时期不受人注意的地方或问题(对"热点"而言)。(《现汉》)

从辞书释义可知"冷点"语义与"热点"语义在结构上完全对应,词义关系与"冷""热"的语素义关系完全相同。创造性类推构词中也有一部分是基于类推词与原词区别性构词成分之间的常规相似性运作的。例如:

【白灾】牧区指暴风雪造成的大面积灾害。(《现汉》)

【黑灾】由于持续干旱,造成牧区牲畜大量死亡的灾害。(《现汉》)

"白灾"中的"白"与暴风雪相关,而"黑灾"中的"黑"则通过与"白"在颜色语义场中的反义关系而表对应概念——干旱,两个词在理据性强弱上不对应(张博,2007)。由此可见,基于常规相似性类推构词既包括完全类推构词,也包括部分创造性类推构词。

基于常规相似性类推构造的词语最常见的是具有反义关系的词对,这样的词对难以形成词法模式,也就是说,不定成分间的反义关系不是形成词法模式的理想语义关系,因为典型的反义关系具有二元性,类推仅能产生一个新词。与之相对,不定成分间的类义关系有助于形成具有构词力的词法模式,因为具有类义关系的成员可以无穷多,类推产生的新词数量也可以无穷多。以下,我们将结合案例详细分析。

7.1.1 〔X+领〕

〔X+领〕的构式义为"从事某种职业的人"。例如:

【白领】指从事脑力劳动的职员，如管理人员、技术人员、政府公务人员等，他们工作时多穿白色衬衫。(《现汉》)

【蓝领】某些国家或地区指从事体力劳动的工人，他们劳动时一般穿蓝色工作服。(《现汉》)

【灰领】原指汽车修理工，因他们的工作服多是灰色的。后指既掌握理论知识又具有实际操作能力的复合型技术人才。(《现汉》)

【粉领】某些国家和地区指从事秘书、打字等工作的职业妇女。也叫粉红领。(《现汉》)

【黑领】指那些做脏活、累活或不体面的活的人。(《新词语大词典》)

【红领】指在国家机构工作的人。(《新世纪新词语大词典》)

【绿领】指崇尚健康生活方式，喜爱户外运动，支持公益事业，热心环保工作的人。(《新世纪新词语大词典》)

【橙领】对从事电子商务行业的人的新称谓，尤指通过淘宝联盟赚取收入的电子商务人员。因淘宝网站主色为橙色，故称。(《新世纪新词语大词典》)

【金领】指企业中收入较高的高级科学技术人员和高级管理人员，如软件设计工程师、公司部门经理等。(《现汉》)

【银领】又称"灰领"。一般指既能动脑又能动手，有一定知识水平，熟练掌握技能的高级技术人才。其地位介于金领和白领之间，故称。(《新世纪新词语大词典》)

"白领"为［X+领］的类推原型，出现的时间最早，该词仿译自 white-collar，white-collar 由 white-collar worker 缩略而成。由于采用仿译法，译词构词成分逐一对译原词构词成分，因此，"白领"与 white-collar 的结构关系和语义关系相同，构造机制也相同。首先，通过"部分代整体"转喻，以"白色衣领"转指"穿白色衬衫的职员"。因为"白色衣领"与"穿白色衬衫的职员"处于同一认知域，前者对后者具有心理可及。其次，由于"穿白色衬衫的职员"通常从事脑力劳动，经验的共现为"穿白色衬衫的职员"转指"从事脑力劳动的职员"提供了体验基础。通过两次、两个认知域内的概念转喻，"白领"最后表示"从事脑力劳动的职员"，两次转喻的动因不同，第一次转喻是因为形式的节略，第二次转喻则是受经验共现所驱动（见图7-1）。

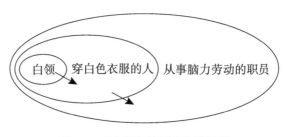

图 7-1 "白领"的词义构造机制

由于形式的节略与语义的完整相冲突，语言使用者通过重新分析，对语义进行重新分配，将"脑力劳动"的语义信息分配给"白"，同时将"从事某种职业的人"的语义信息分配给"领"，如图7-2所示。

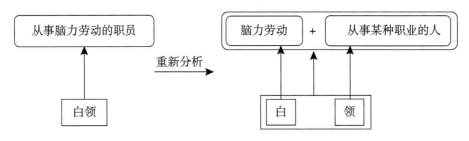

图 7-2 "白领"的重新分析

经两次概念转喻与重新分析，一方面，"白领"成了一个具有双层语义结构的多义词，既表示"白色衣领"，又表示"从事脑力劳动的职员"；另一方面，"白"和"领"也分别获得了属于该结构的临时义。

"蓝领、灰领、粉领、金领、黑领、红领、绿领、橙领、银领"等词均是以"白领"为原型样例进行范畴化的结果，但各成员的类推机制略有不同。

"蓝领"与"灰领"产生时间较早，是该词法模式中最接近原型的范畴成员，它们的造词机制与"白领"高度一致。"蓝"与"灰"表示衣者的衣领颜色，同时也表示衣者的工作属性。与"白领"一样，"蓝领、灰领"也发生了两次的概念转喻，即：

蓝领：蓝色衣领→穿蓝色衣服的人→从事体力劳动的工人。

灰领：灰色衣领→穿灰色衣服的人→既掌握理论知识又具有实际操作能力的复合型技术人才。

如图 7-3、图 7-4 所示。

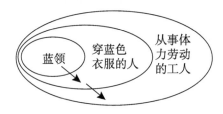

图 7-3 "蓝领"的词义构造机制

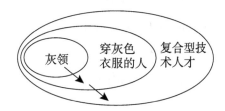

图 7-4 "灰领"的词义构造机制

对于"白领"而言，"蓝领"与"灰领"属于完全类推词。与之不同，"粉领、金领、黑领、红领、绿领、橙领"中的不定成分在词语中表示颜色词的引申义，属于创造性类推词。

［X+ 领］最早的成员为"白领"和"蓝领"[①]，这两个词与现实的职业分工有鲜明的关联，词语语义是整词转喻而来的。语言使用者通过对其进行形式和语义解构，将整词的区别性语义成分赋予其中的区别性构词成分，致使"白"和"蓝"在该词法模式中分别产生表职业特征的特定语义，即"脑力劳动"与"体力劳动"。"语义场内的词汇变化具有联动性"（赵一农，1999），如果"两个（或多个）词在某个义位上具有同义（或类义、反义）关系，词义运动的结果会导致它们在另外的义位上也形成同义（或类义、反义）关系"（张博，1999），即发生"聚合同化"现象。

"粉、金、黑、红、绿、橙、银"与"白、蓝"同属颜色语义场，都是"颜色词"的下位词，这使语言使用者将"白、蓝"在［X+ 领］中临时获得的工作属性义类推至该语义场中其他成员成为可能。具体的颜色词在［X+

---

① 相对于"白领"和"蓝领"，"灰领"所指对象数量少得多，该词出现的例频率也远低于前两者，因此，对［X+ 领］的范畴化起较大作用的主要为"白领"与"蓝领"。

领〕中表示何种工作属性义具有特定的认知理据。"粉领"表示"从事秘书、打字等工作的职业妇女","秘书、打字"等工作属性及"女性"均由"粉"提供,这些语义内容并非"粉"的固有语义,而是受〔X+领〕的构式压制而产生的特定义。首先,粉色是女性着装与用品的典型颜色,是"女性"这一认知域中的凸显元素之一;其次,从事秘书、打字员等工作的职员一般为女性,即女性是该类职业的典型成员。经验的共现致使"粉"能够转指女性及其所关联的工作属性,构式的压制则是"粉"发生连锁转喻(chained metonymy)的强迫力所在。

粉领:(粉→女性→秘书、打字员)+〔X+领〕⇒从事秘书、打字等工作的职业妇女(见图7–5)。

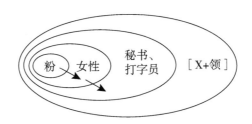

图7–5 "粉领"的词义构造机制

"黑领、红领、绿领、橙领"的认知机制与"粉领"相似。黑色通常与脏的或不体面的工作环境相关联,从事脏活、累活易使衣服变黑,因此,受〔X+领〕构式的语义压制,"黑"可用以转指脏活或不体面的工作;红色在中国大陆通常"象征革命或政治觉悟高"(《现汉》),国家机构的主色调即为红色,因此,"红"受〔X+领〕构式的语义压制,可用以转指国家机构的工作;绿色通常代表健康,是公益、环保活动中常见的颜色,因此,"绿"受〔X+领〕构式的语义压制,可用以转指公益事业或环保工作;橙色为淘宝网站的凸显颜色,淘宝联盟又是电子商务行业的领军单位,因此,"橙"受〔X+领〕构式的语义压制,通过两个认知域内的两次概念转指而用以表示电子商务行业。即:

黑领:(黑→脏活、不体面的工作)+〔X+领〕⇒从事脏活、累活或不体面的活的人。

红领：（红→国家机构的工作）+［X+领］⇒从事国家机构工作的人。

绿领：（绿→公益事业、环保工作）+［X+领］⇒从事公益事业或环保工作的人。

橙领：（橙→淘宝网站→电子商务行业）+［X+领］⇒从事电子商务行业的人。

详见图 7-6、图 7-7、图 7-8、图 7-9 所示。

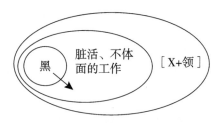

图 7-6 "黑领"的词义构造机制

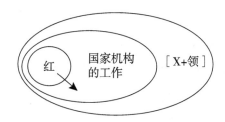

图 7-7 "红领"的词义构造机制

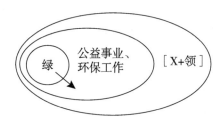

图 7-8 "绿领"的词义构造机制

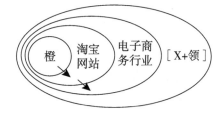

图 7-9 "橙领"的词义构造机制

由上述分析可知，经验的共现是［X+领］式词法词不定成分发生语素义转指（即概念转喻）的认知基础。

与上述［X+领］成员不同，"金领"在类推构词中发生的是隐喻操作，"金是一种稀有金属，具有高市场价值"与"高级科学技术人员和管理人员是少数知识群体，具有高社会价值"之间存在结构上的相似性，二者在稀有性与高价值性上形成映射关系。即：

金领：（金：稀有、高市场价值→稀少、高社会价值）+［X+领］⇒ 企业中收入较高的高级科学技术人员和高级管理人员。

如图 7-10 所示。

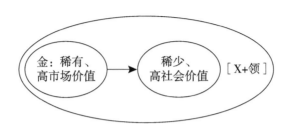

图 7-10 "金领"的词义构造机制

如果说"粉领、黑领、红领、绿领、橙领"等词的不定成分语义还与颜色相关，那么"金领"的"金"则与颜色完全无关，但是"金"作为多义词，具有颜色义，造词者在类推构词过程中有意参照 [（颜色）+ 领] 的语义模式，致使其成为"名不副实"的 [X+ 领] 成员。

"银领"与"灰领"所指相似，但是二者的生成机制相异。"灰领"是整词经两次概念转喻生成的，"灰"经重新分析而获得特定职业特征，表示"兼具理论知识与实践经验"。相较于"灰领"，"银领"更凸显指称对象的价值性，是参照了"金领"的价值定位而生成的，"银领"的语义模式与"金领"一致，表层为 [（颜色）+ 领]，深层为 [（金属）+ 领]。"灰领"的语义是历时演变的产物，而"银领"是共时构造的产物。

综上所述，[X+ 领] 各成员的类推过程如图 7-11 所示。

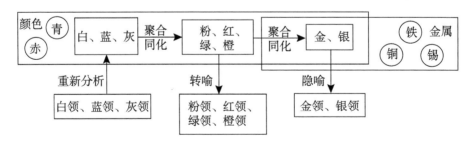

图 7-11 [X+ 领] 成员的类推过程

首先，"白领、蓝领、灰领"经过整词转喻后表示相应的职业义。

其次，语言使用者经重新分析，将"白领、蓝领、灰领"的区别性语义成分归于区别性构词语素，致使"白、蓝、灰"分别产生表示相应职业的临时语素义。

再次，"白、蓝、灰"经聚合同化运作将临时的职业语素义类推至"粉、红、绿、橙"等语素，具体语素义的实现依靠转喻操作。

最后，"白、蓝、灰"经聚合同化运作将临时的职业语素义类推至"金、银"等语素，具体语素义的实现依靠隐喻操作。"铜、铁、锡"虽与"金、银"同属金属语义场，但由于前者不具有颜色义，因此无法被"白、蓝、灰"等聚合同化。

根据［X+领］词法模式类推构词的发展，所有颜色语义场中的词语都有可能产生新的职业义，但是具体什么词与什么职业相关则依赖于社会文化的规约性关联和特定情境的偶然性关联，即转喻的规约性与偶然性特征。如英语中 black-collar workers（黑领工人）意指矿工，green-collar workers（绿领工人）意指环保主义者，scarlet-collar workers（绯红领工人）意指"拥有或经营色情网站的妇女"（Benczes，2006：144）。相较而言，汉语中的"黑领"语义范围宽泛得多，"绿领"的语义范围与之相当，"红领"（"绯红"属于"红"的一种）语义所指则完全不同。不论是社会文化的规约性差异还是特定情境的偶然性差异，二者都是基于语言社团或造词者的生活体验，例如，在欧美文化中，scarlet（绯红）除了具有颜色义之外，还具有"淫荡、不贞"的属性义，而在汉民族文化中，绯红仅表颜色义，并不具有"淫荡、不贞"的属性义，此外，其上位词"红"具有"喜庆""庄重"的属性义。我们再反观上一章中的词法词识解机制，之所以众多词法词的识解需要依赖语境提供信息，正是因为在创造性类推构词中造词者的主观因素起着决定性作用。"作为类比结构的创造，首先只能是属于言语的；它是孤立的说话者的偶然产物。"（de Saussure，1980：232）在创造性类推构词中，属于同一语义场的语素在词法词中具体喻指什么语义特征或指称对象取决于造词时造词者将主观注意施加于哪个语境信息。类推与识解是反向关系而非镜像关系。首先，不同于解词者的识解过程，类推鲜少启用百科知识，百科知识并不内蕴于类推词之中，而是解词者个人的词外知识。其次，语境对于解词者而言是为了明确构词成分的确切语义，对于造词者而言则是选取构词成分的依据。

7.1.2 [X+客]

[X+客]：具有某种属性的网民。

【黑客】❶指精通计算机技术，善于从互联网中发现漏洞并提出改进措施的人。❷指通过互联网非法侵入他人的计算机系统查看、更改、窃取保密数据或干扰计算机程序的人。[英 hacker]

【红客】为维护网络安全或提供友好帮助而非法进入他人系统的计算机高手。(《新词语大词典》)

【灰客】指某些对计算机和网络安全感兴趣，初步了解网络安全知识，能够利用黑客软件或初级手法从事一些黑客行为的人。(《新词语大词典》)

【蓝客】只关心技术、我行我素的计算机高手。(《100年汉语新词语大辞典·下》)

【白客】始于新加坡，指网络守护神。他们主要的"罪行"是夺网，即在未经当事人同意的情况下，非法闯入电脑系统，进行滋扰、窃取资料或散播病毒等恶行。(《网络社会学词典》)

【绿客】一些热爱生活，崇尚健康，酷爱户外运动，善待自己也善待环境的人。(《2007汉语新词语》)

"黑客"是[X+客]的类推原型，由于采用音译法，构词成分与整体词义无关，因此，语言使用者最初采用整体记忆的方式对该词进行认知加工与存储。在此基础上，对"黑客"的表层形式进行重新分析，将其解构为"黑+客"，并分别赋予构词成分"黑"与"客"独立的语义信息："黑"表"通过互联网非法侵入他人的计算机系统查看、更改、窃取保密数据或干扰计算机程序"义，"客"表"从事某种活动的人"。语义关系会引起语义类推，(Geeraerts，1997：101；朱彦，2011)如果一个词的常用义位或基本义位与另一个词存在语义关系的话，那么这种语义关系会扩及该词的其他义位，使两个词的义位由一聚合相关演变为多聚合相关(张博，1999；Murphy，

2003：33）。由于"黑"属于"颜色"这一语义场，在语义类推的作用下，该语义场内的其他颜色词会增加相应的临时义位。通常具有反义关系的词语最易发生语义类推，如"黑"与"红"在政治觉悟语境下具有反义关系，从而生成"红客"及介于二者之间、态度中立的"蓝客"；"黑"与"白"在正义性语境下具有反义关系，从而生成出于正义性目的而进入他人计算机系统的"白客"和介于二者之间、目的模糊的"灰客"。造词者在造词时不会统观整个词汇系统，只会关注自己所造之词是否符合心理词库中固有词的造词规律，是否与固有词有一定的关联。

张博（2003：143）指出，词义具有系统性，词义演变也具有规律性，"词义演变规律尽管不似语音演变规律那么整齐，但词义的发展运动绝不是一种孤立的、随机的和杂乱无序的'盲动'，而是一种有内在联系的、相对有序和有规律的语言现象"，"词义的衍化要受到词义系统自身规律的制约与调节，比如，某词的意义发生引申分化后，由于语言类推机制或对称机制的作用，可能会牵连带动与该词意义相关的其他词的意义也发生相应的变化"。前人的词义演变研究着眼于历史语言学范畴中的词义变迁，如词义扩大、词义缩小或词义转移等，而鲜少有学者注意到词或语素因构词而发生的系统性词义演变。从上文对［X+领］成员的词义构造机制分析可知，共时层面下根据词法模式类推构词会引发不定成分的聚合同化现象。从类推造词现象的表面看，似乎是类推造词行为推动了与不定成分隶属同一语义场的其他成员发生词义演变，但是，如果不是由于词义演变范围的逐步扩大，类推造词也无法持续进行。因此，词义演变与类推造词之间是相互促动的关系。每一次类推造词行为的发生都会凝固类推所凭借的词法模式，随着词法模式凝固度的增高，图式性的模式会驱使不定成分进一步同化同一语义场内的其他成员，从而扩大词义演变的范围。

基于常规相似性创造性类推构词的不定成分在表层语义上具有反义或类义关系，但实际表达的深层语义并无关联，通常经由隐喻或转喻表义，构词理据的不对应即类推构词创造性之所在。

7.2 基于非常规相似性类推构词

所谓基于非常规相似性类推构词指的是类推词与原词的相异语素之间没有规约语义关系，隐喻映射所依存的相似性是造词者所构建的。例如：

[X+盲]：文盲、法盲、音盲、球盲、营养盲、电脑盲

[X+奴]：房奴、车奴、卡奴、考奴、租房奴、专利奴

[X+托]：房托、医托、药托、婚托、酒托、车托

[X+盲][X+奴][X+托]等词法模式的不定成分之间不具有规约的、明显的语义关系。朱彦（2010）将词法模式整体视为一个范畴，认为"构造同语素词群，是用同一个语言形式，即语素，去标记既有共同点也有差别的事物，把这些事物纳入到该语素所指称的范畴中，因而构造同语素词群的过程就是一个范畴化的过程"。所谓的范畴化就是在目标对象与已有对象之间建立相似性联接，将前者归入后者所属范畴之中。基于常规相似性类推构造的词法词不仅在整词词义上可形成一个语义范畴，在不定成分语义上也可形成一个语义范畴，但是基于非常规相似性类推构造的词法词却仅在整词词义上形成一个语义范畴，而无法在不定成分语义上形成一个语义范畴。例如，[X+领]的"白领、蓝领、红领、黑领、绿领"等词可形成[X+领]范畴，其中"白、蓝、红、黑、绿"等也可形成"颜色"范畴；[X+奴]的"房奴、车奴、卡奴、租房奴、考奴、专利奴"等可形成[X+奴]范畴，但是其中的"房、车、卡、租房、考、专利"等无法形成一个语义范畴。

"语言是认知的产物，具有类推关系的一组单位，从逻辑上看，应该具有同等的词或者短语的地位，但是实际上，它们的身份要受到它们所表示的概念在人们的认知心理中的地位的制约。频率是表征认知地位的一个指标，频率越高说明认知地位越显著。"（刘云、李晋霞，2009）基于非常规相似性类推构造的词法词会形成一个带有梯度的原型范畴，例如原型程度最高的[X+奴]在形式组配模式上表现为[1+1]的[N+N]，语义上凸显X带来的经济负担，该形义组配模式的类频率及所构词法词的例频率都相对较高，如

"菜奴":

【菜奴】因蔬菜价格高涨而承受较大经济压力的人。(《2010汉语新词语》)

原型程度较高的〔X+奴〕在形式组配模式上表现为〔2+1〕的〔V+N〕,语义上凸显X带来的经济负担,如"租房奴":

【租房奴】买不起房子,靠租房生活并受房租之累的人。(《2010汉语新词语》)

原型程度较低的〔X+奴〕在形式组配模式上表现为〔1+1〕的〔V+N〕,语义上凸显X在量上的过度而带来的精神负担,如"考奴":

【考奴】因过度重视考试或不断参加各种考试而承受巨大压力的人。(《2007汉语新词语》)

原型程度最低的〔X+奴〕在形式组配模式上表现为〔2+1〕的〔N+N〕或〔4+1〕的〔N+N〕,且语义上凸显缺少X而带来的被动结果,如"知识产权奴":

【知识产权奴】指没有自主的知识产权而在生产或贸易中受制于人的一方。(《2007汉语新词语》)

〔X+奴〕的原型梯度如图7-12所示。

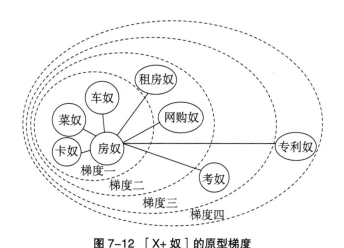

图7-12 〔X+奴〕的原型梯度

同一原型梯度的词语通常相似属性较多，而不同梯度的词语相似属性则相对少得多。对于一个词法模式范畴而言，重要的不是范畴成员之间的关系，而是成员与范畴原型之间的关系。理想化状态下，类推原型[①]通常就是在日常言语生活中使用频率最高的词语，如［X+奴］中的"房奴"。范畴成员并非通过彼此之间的关系关联成类，而是通过各自与类推原型之间的关系关联成类，即类推原型在范畴化的过程中起着联接作用。原型范畴观下的范畴成员之间具有家族相似性，但鲜少有研究者探讨其中的家族相似性是如何而来的。我们认为，家族相似性是类推所构建的。正因为每个类推词与类推原型之间具有独立的关联，因此，通过起中介作用的类推原型，不同的类推词呈现出群族效应。也就是说，家族相似性是从结果着眼的，类推词之间并没有这一属性。以下结合词例具体分析。

隐喻是语言类推的认知机制。通常认为，隐喻是基于概念域之间的相似性而发生的，例如：

【房奴】因购房养房而承受巨大经济压力的人。(《2006 汉语新词语》)

【车奴】超过现实的支付能力而购买汽车，拥有汽车后又为各种各样的税费所苦的人。(《2006 汉语新词语》)

根据辞书释义，我们可以提取出"房奴"指称对象与"车奴"指称对象之间的相似性——生活因 X 而失去某种自由的人，该相似性即隐喻的映射基础。我们可以通过一个理想化模型来具体分析"车奴"的构造机制。

假设造词者心理词库中已经存储了"房奴"一词，当其在语境中发现指称对象 B 与"房奴"的指称对象 A 之间具有相似性，那么他就会以"房奴"为类推原型，将目标指称对象 B 词化为"车奴"。

这样的理想化模型看似已经说明了"车奴"的类推机制，实则不然，作为模型核心的"发现"操作仍需进一步清晰化。首先，"房奴"与"车奴"的指称对象之间必定存在相似性，否则隐喻无从发生。其次，这种相似性是潜在的、非常规的。莱考夫（1990）指出，隐喻遵循"恒定原则"（the

---

① "类推原型"与"范畴原型"不是同一概念，"类推原型"指的是造词者在类推时所凭借的对象，在大多数情况下，该对象也是范畴的原型，但也可能因语境的变化而不同。

Invariance Hypothesis）：隐喻映射会保留始源域的认知拓扑（意象－图式结构）。也就是说，始源域与目标域的拓扑属性是相同的。对于类推构词而言，只有当认知主体发现两个指称对象之间具有相同的拓扑属性，相似性才能被构建出来。拓扑属性在类推构词中表现为词法模式的构式义。

我们再以"房奴→专利奴"为例：

（1）彩电业是一个高技术工业，而目前中国彩电企业所做的工作，很大的部分并不是高技术，实际就是服从于别人的利益格局，在外国公司无休止的专利费索取中，把自己沦落"专利奴"。（《山西经济日报》2008 年 2 月 27 日）

首先，造词者通过语境信息了解到中国彩电企业因没有自主专利权而在生产、销售彩电时受制于西方企业。

其次，造词者在其以往的经历中接触过因为购房、养房而在日常生活中承受巨大经济压力的人，语言使用者将该类人称作"房奴"。

再次，造词者将语境中的中国彩电企业与"房奴"的指称对象相对比，发现并提取两个概念域中潜在的拓扑属性（词法模式构式义"生活因 X 而失去某种自由的人"），进而建立两域之间的相似性联接。

最后，通过隐喻的映射操作，造词者将始源域的词化方式映射入目标域，以使目标域概念词化为同一图式构式下的"专利奴"。

通过上述分析，我们已经构建了一个类推模型，现将具体类推过程规则化如下：

Ⅰ.存在一个对象 a，该对象可词化为 A。

Ⅱ.存在一个对象 b，该对象尚未词化。

Ⅲ.造词者在 b 与 a 之间发现并提取出潜在的拓扑属性，建立两域之间的相似性联接，进而抽绎出图式构式及两域的区别性属性。

Ⅳ.造词者替换 A 中的区别性构词成分，从而将 b 词化为 B。

模型图如 7-13 所示。

图 7-13　类推模型示意图

以"攻略控→技术控"为例：

Ⅰ. 存在一个对象 a "热衷于在网上查找攻略的人"，该对象可词化为 A "攻略控"。

Ⅱ. 存在一个对象 b "热衷于学习技术并使用技术解决问题的人"，该对象尚未词化。

Ⅲ. 造词者在 b 与 a 之间发现并提取出潜在的拓扑属性"热衷于做某事的人"，建立两域之间的相似性联接，进而提取出图式构式［X+控］及区别性属性"查找攻略：学习和使用技术"。

Ⅳ. 造词者替换 A 中的区别性构词成分"攻略"，从而将 b 词化为 B "技术控"。

"攻略控→技术控"模型如图 7-14 所示。

热衷于在网上查找攻略的人---------- 热衷于学习技术并使用技术解决问题的人

攻略控　————→　技术控

图 7-14　"攻略控→技术控"类推模型示意图

之所以说该类词法词之间的语义关系是非常规的，正是因为范畴成员之间的语义关系是临时构建而来的。语义关系的构建特性致使范畴边界模糊、开放，任何与范畴成员指称对象具有潜在相似性的指称对象均可词化为范畴新的成员。当我们对同一词法模式的一组成员进行比较分析后可发现成员间具有家族相似性，与隐喻映射中的相似性一样，家族相似性也是构建而来的，但这次是解词者所构建的。当解词者面对一组范畴成员，通过分析成员在形义组配模式及构式义异同的基础上，可将成员划分出不同梯度，梯度的划分标准与成员的归类均是解词者的心理操作。

通过上述分析可知，大部分的创造性类推构词都属于基于非常规性相似性类推构词。

对比基于常规相似性与基于非常规相似性的类推构词方式，我们发现，二者在词化目标指称对象时的路径区别明显。基于常规相似性类推构词在词化目标指称对象时，区别性构词成分的选择同时涉及两方面因素，一方面该构词成分与原词的区别性构词成分具有语言层面的语义关系，另一方面该构词成分与目标指称对象的属性具有概念层面的隐喻或转喻关系；而基于非常规相似性类推构词在词化目标指称对象时，区别性构词成分取自目标指称对象的属性，而与原词的区别性构词成分无语义关联，即两域之间的相似性仅体现于概念层面的拓扑属性而未涉及语言层面的语义关系。

通过从造词者视角对类推构词过程进行剖析可知，词语类推通常是以单例为对象进行的，词法模式范畴的建立及范畴所呈现出的家族相似性都是源于这种"从单到单"的推理模式，那么这样一种推理模式在类推构词方面具有怎样的特质？以下我们将对此展开分析。

7.3 类推构词的溯因推理特质

7.3.1 溯因推理的概念

推理有三种模式：演绎、归纳与溯因推理（abduction）。以三段论为例，如图 7-15 所示。

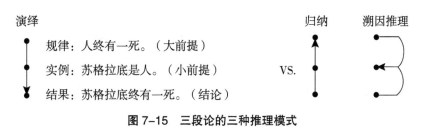

图 7-15　三段论的三种推理模式

（译自 Anttila，1989：196）

归纳推理根据观察到的实例和结果建立规律，而演绎推理则是将规律运用于实例以预测结果。以三段论为例，根据规律"人终有一死"和实例"苏格拉底是人"，我们可以推测出结果"苏格拉底终有一死"，如果规律和实例都为真，那么推测出的结果也必然为真。与之相反，根据结果"苏格拉底终有一死"和实例"苏格拉底是人"，我们可以推测出一条规律"人终有一死"。除此之外，我们还可以根据规律和结果推测实例，即根据"人终有一死"和"苏格拉底终有一死"推测出"苏格拉底是人"。这一过程即溯因推理——根据观察到的结果，调用规律，从而推测出可能的实例（Andersen，1973）。溯因推理最早由皮尔斯（Peirce）提出，安德森（1973）、安蒂拉（Anttila，1989）、霍普和特劳格特（Hopper and Traugott，2003）等对此进行过详细论述。尽管溯因推理是推理的一种弱形式，会导致错误逻辑推理，如"苏格拉底可能是蜥蜴"，但是皮尔斯仍将其视为人类感知的基础及唯一可能产生新想法的推理模式（Hopper and Traugott，2003：43）。溯因推理是一种将我们从未想过有关联的对象结合在一起的过程（Anttila，1989：197）。溯因推理在语言演变过程中扮演着重要角色。

7.3.2 类推构词中的溯因推理

索绪尔（1980：226）指出，"类比必须有一个模型和对它的有规则的模仿。类比形式就是以一个或几个其他形式为模型，按照一定规则构成的形式"。从原词到类推词有两种推理模式：归纳推理模式和溯因推理模式。

7.3.2.1 归纳推理模式

如果造词者是根据多个对象进行类推的，那么发生的第一个认知操作是归纳，造词者将多个对象合并同类项，从而抽绎出一个图式构式，即类推规则。例如，根据"房奴"和"车奴"，合并同类项"奴"，得到图式构式［X+奴］。用三段论表述如下：

大前提：具有相同构词成分的词可以合并同类项（从而得到一个图式构式）。

小前提："房奴"和"车奴"是具有相同构词成分的词。

结论："房奴"和"车奴"可以合并同类项。

根据小前提和结论关于个别事实的某些特性，我们可以推导出适用于更多事实的规律，即大前提。

类推构词的第二步是根据归纳所得的规律，结合语境信息，词化目标指称对象。例如，归纳得到图式构式［X+奴］，［X+奴］的构式义为"生活因 X 而失去某种自由的人"，根据上一节的类推模型，构式义即类推词概念与原词概念之间潜在的、相同的拓扑属性。假设目标指称对象为"因蔬菜价格高涨而承受较大经济压力的人"，对比原词指称对象"因购房养房而承受巨大经济压力的人"或"超过现实的支付能力而购买汽车，拥有汽车后又为各种各样的税费所苦的人"，根据语境信息，我们可以提取出两个概念之间的区别性属性，在此表现为"菜"与"房"或"车"。造词者聚焦于目标指称对象中的区别性属性，并选择固有语素或词，此处为"菜"，以之替换原词中的区别性语素，从而词化目标指称对象，在此为"菜奴"。

7.3.2.2 溯因推理模式

如果造词者是根据单一对象进行类推的，那么发生的第一个认知操作是溯因推理。例如，造词者根据"房奴"的语义，结合日常生活所积累的语言常识，推出"房奴"的语义结构。用三段论表述如下：

大前提：现代汉语偏正结构的语义关系是［修饰成分 + 中心成分］。

小前提："房奴"是偏正结构。

结论："房奴"的语义关系是［修饰成分 + 中心成分］。

溯因推理是"从已知的某个结果出发，试图确定与其相关的解释"（蒋严，2002），根据大前提的语言常识（规律）和结论，我们可以推导出一个关于"房奴"的可能解释。但是这样的一个溯因推理解释还无法推导出新词。

张博（2007）在分析汉语"反义类比构词"中的语义不对应现象时指出，语素义和语素间的语义关系不对应来自"复合词意义的正反来源于正反义的语素分别与同义同语素的组合"这一语义关系范型的影响，如"白灾"与"黑灾"。如果我们将分析的范围从"反义类比构词"扩大至偏正式类推构词，将发现现代汉语偏正式类推构词受"偏正式复合词意义的区别来源于区别性语素分别与同义同语素的组合"这一语义关系范型的影响。

溯因推理所得的关于具体词项的解释赋予了造词者替换构词成分的可能。以"房奴"为例，造词者溯因推理得到"'房奴'是偏正结构"，同时，造词者受"偏正式复合词意义的区别来源于区别性语素分别与同义同语素的组合"的语义关系范型所影响。当造词者发现目标指称对象与原词指称对象之间存在相同的拓扑属性，可在两个概念域之间建立相似性联接时，造词者会将溯因推理所得的关于具体词项的解释推及目标指称对象。以"菜奴"为例，"推及"的过程具体表现为以下几个认知操作：

Ⅰ."房奴"是偏正结构，"房奴"意指"因购房养房而承受巨大经济压力的人"。

Ⅱ.目标指称对象为"因蔬菜价格高涨而承受较大经济压力的人"，它与"房奴"指称对象具有相同的拓扑属性。

Ⅲ.造词者通过剔除"房奴"中的区别性语素以得到一个偏正结构的图式构式［X+奴］。

Ⅳ.提取两个指称对象的区别性属性，以"房"为模型，造词者聚焦于目标指称对象中的区别性属性，并选择固有语素或词，此处为"菜"，以之替换原词中的区别性语素，从而词化目标指称对象，在此为"菜奴"。

相较而言，溯因推理而来的图式构式将携带更多的特异性词语特征，该特征可能仅属于原词，而归纳而来的图式构式所携带的词语特征则少得多，图式构式的构式义更空泛、图式构式对区别性构词成分的形义限制也更少。

归纳推理模式与溯因推理模式并非对立关系，而是互补关系。归纳推理模式要求类推对象数 ≥ 2，而溯因推理模式要求类推对象数必须为 1。溯因推理模式在一定程度上可以被视为归纳推理模式的前提，只有当一个造词者根据溯因推理模式从一个原词类推出第二个同性质的新词之后，其他造词者才可能根据归纳推理模式从两个对象抽绎出规律。索绪尔（1980：228）指出，"两三个孤立的词往往就足以造成一个一般的形式"，然而，通过对现代汉语词法模式类推构词机制的研究，我们发现，归纳推理模式虽然是一种更具可信力的推理模式，但却不是类推构词最常用的推理模式，溯因推理模式才是，归纳比溯因推理需要更多的类推原型。作为类推构词最常见的形式之一，修辞中的仿词大都根据单一对象类推创造新词。因此，我们也可以对索绪尔关于类推在语言演变中所起的作用及图式构式的抽绎方式做一调整——一个孤立的词就足以造成一个一般的形式；图式构式可从单一实体构式中抽绎出来。

上一节指出，溯因推理是推理的一种弱形式，推理者从模型中可推出三种结果：

（1）正确推理，造词者根据模型所抽绎出的图式构式完全符合模型的构造机理。

（2）错误推理，造词者根据模型所抽绎出的图式构式不符合模型的构造机理。

（3）宽限推理，造词者根据模型所抽绎出的图式构式部分符合模型的构造机理。

正确推理不会对构式的演变产生任何影响，只会扩大词法模式范畴成员的数量，而错误推理和宽限推理则会对构式的形成或发展产生质的影响。以下详述后两者。

错误推理，指造词者可能会从类推模型中推导出错误规则，从而形成错误的词法模式，且经"将错就错"而构造出更多的类推词，即发生语言的重新分析。

以往的词汇化研究与语法化研究［如董秀芳（2002）、石毓智（2011）等］已证明，重新分析在语言演变中扮演着重要角色。在现代汉语词法模式的构式化过程中，重新分析同样发挥着重要作用。与重新分析关系最为密切的造词方式为逆构词法（back-formation），该方法常见于印欧语，它"产生于对词的错误判断。有些简单词的词尾恰巧与某些后缀一模一样，人们误认为它们是派生词，就去掉词尾，形成了一个新词"。（汪榕培、李冬，1983：42）例如：

donation → to donate   laser → to lase

television → to televise   appreciation → to appreciate

重新分析也能够产生新的词缀，例如，alcoholic（酗酒者）由 alcohol（酒精）+ic（后缀）组合而成，但人们通过重新分析，将其拆分为 alc+oholic 结构，并将"痴迷于做某事的人"的意义施加于 –oholic（或 –aholic，–holic），致使其成为一个新的词缀以构造新词，如：

colaholic（可乐狂饮者）　　　　　shopaholic（购物狂）

beerholic（嗜酒者）　　　　　　　exerciseaholic（训练迷）

movieholic（电影迷）　　　　　　chocoholic（巧克力迷）

workaholic（工作狂）　　　　　　meetingholic（开会迷）

cheeseburger（夹奶酪面包）　　　porkburger（夹猪肉面包）

baconburger（夹腊肉面包）　　　fishburger（夹鱼肉面包）

crabburger（夹蟹肉面包）　　　　turkeyburge（夹火鸡肉面包）

我们再来看一下现代汉语词法模式构式化中的重新分析，例如：

［X+吧］：该词法模式始源于"酒吧"，"酒吧"是通过"注释＋音译"的方式翻译英语 bar，"吧"本身表示"出售酒水的休闲场所"，但是经语言使用者的重新分析，将"酒吧"分析为偏正结构，其中"吧"仅表示"供人从事某些休闲活动的场所"，而"酒"则获得了"出售酒水"的语义信息。以重新分析后的"酒吧"为模型，［X+吧］类词的不定成分均可对"吧"的具体功能提供语义线索，例如，"网吧"中的"网"表示提供上网服务，"陶吧"中的"陶"表示提供自制陶制品服务。

那么是什么因素促使语言使用者对该类词语进行重新分析的？一方面，这与汉语构词的词根复合特征紧密相关。经音译而来的汉语词均为单纯词，有些为单音词，如"秀"（show），而有些则为复音词，如"黑客"（hacker）。汉语构词的词根复合特征驱使汉语社团的语言使用者以分析性视角解读复音单纯词，从而将复音单纯词的词义内容拆分为两部分或多部分，分别分配给不同语音片段所对应的汉字，如"黑"和"客"在"黑客"中本不表义，但汉语使用者对该词进行重新分析，将词义中"通过互联网非法侵入他人的计算机系统查看、更改、窃取保密数据或干扰计算机程序"的语义信息分配给音译成分"黑"，将"计算机技术高超的程序员"的语义信息分配给音译成分"客"。"黑"通过重新分析获得的临时语义信息经语言使用者的长期运用，已经凝固为该语素的一种稳定意义，可独立用于遣词造句，如"他们的网站被人黑了"。(《现汉》)而"客"通过重新分析获得的临时语义信息则发展为一种不成词语素，该语素可通过［X+ 客］词法模式类推构造新词，如"试客、拼客、团客、刷书客、淘职客"等[①]。另一方面，重新分析与词语的节略相关。词语节略后的新式与原式在语义内容上相同，但前者在形式上却仅为后者的一部分，两者构成"部分－整体"关系，形义的不对应表现驱使语言使用者重组词语的形式和语义关系，将"完整的"语义分配给"残缺的"形式。例如［X+ 门］词法模式始源于"水门"，"水门"是对英语Watergate 的意译，Watergate 原为专有名词，指"水门大厦"，是美国民主党全国委员会办公所在地，经"地点代事件"转喻而表示发生于此的"水门事件"(Watergate scandal)。语言使用者通过重新分析，将"水门事件"中的"丑闻"语义信息分配给 –gate，致使［X+–gate］表示"政治丑闻"（汉化后表示"影响较大的事件"）。

由上述分析可知，溯因推理中的错误推理可通过重新分析词语形义结构关系而形成新的词法模式。

宽限推理指造词者从类推模型中推导出的图式构式是正确的，但是在剔除图式构式中的特异性词语特征时未能控制好尺度，致使图式构式对不定成分未能起到严格的形义限制，随着范畴成员的逐步扩大，图式构式的属性也逐步改变。例如：

［亚 +X］：古代汉语与现代汉语中都有［亚 +X］式词，但二者在形义组配特征上存有差异。古代汉语中的［亚 +X］主要有"亚父、亚帅、亚相、亚将、亚魁、亚圣、亚元、亚献、亚饭"等，释义如下：

【亚父】敬称，表示仅次于父。

【亚帅】副帅。

【亚相】指官位次于丞相的大臣。

---

① ［X+ 客］的构式义在发展中泛化为"具有某种属性的一类人"，如"创客、晒客、刚需客、群租客"等。

【亚将】次将、副将。

【亚魁】古代泛指科举考试第二名。

【亚圣】道德才智仅次于圣人的人。

【亚元】科举时代乡试的第二名。

【亚献】古代祭祀时献酒三次，第二次献酒称"亚献"。

【亚饭】1. 古代天子、诸侯的第二次进食。2. 古代天子、诸侯第二次进食时奏乐侑食的乐师。

古代汉语中的［亚+X］在形式组配上有［1+1］的［A+N］和［A+V］两种模式，其中以前者为典型，两种模式对应的语义组配模式分别为［（第二）+（身份）］和［（第二）+（行为）］。现代汉语中的［亚+X］在形式组配上有［1+2］的［A+N］［A+V］和［A+A］三种模式，其中以［A+N］为典型，语义组配模式上以［（次级）+（状态）］为典型，例如：

【亚健康】介于健康与疾病之间的一种中间状态。（《100年汉语新词新语大辞典·下册》）

【亚孤儿】父母中一方死亡，另一方又重组家庭，并将其交由亲属代养的孩子。（《2013汉语新词语》）

【亚疾病】疾病发作之前，处于患病和健康之间、更靠近疾病的一种状态。（《2007汉语新词语》）

【亚失业】尚未正式失业，但工资、待遇比以前大幅下降的从业状态。（《2009汉语新词语》）

现代汉语［亚+X］的［（次级）+（状态）］语义组配模式与古代汉语［亚+X］的［（第二）+（身份）］［（第二）+（行为）］语义组配模式之间存在传承关系，"第二"是一种精确的排序，"次级"则是一种模糊的排序。但现代汉语［亚+X］并非完全古代汉语自身发展的结果，而是得益于语言接触（马婧，2012）。语言使用者在翻译部分英语［sub-+X］式词时借用了古代汉语［亚+X］词法模式，例如subhealth（亚健康）、subculture（亚文化）、subtropical（亚热带）等。我们以"亚相→亚健康"为假设，译者的类推构词过程如下：

Ⅰ. 存在一个对象 a "官位次于丞相的大臣"，该对象在古代汉语中词化为 A "亚相"。

Ⅱ. 存在一个对象 b "身体虽然没有患病，却出现生理机能减退、代谢水平低下的状态"，在英语中词化为 B_1 "subhealth"，但是该对象在汉语中尚未词化。

Ⅲ. 造词者通过 b 与 a 之间共同的拓扑属性 "次于或低于……" 而建立相似性联接，在采用溯因推理模式从 A 中推导出词法模式时，略去了词法模式对不定成分的部分形义要求，以致双音成分与形容词性成分可充当构词成分。

Ⅳ. 造词者提取 B_1 的中心成分且译为汉语形式 "健康"，将 "健康" 嵌入推导出的词法模式 [亚 +X] 中，进而将对象 b 词化为汉语词 B_2 "亚健康"。

由上述分析可知，溯因推理中的宽限推理可通过放宽词法模式对构词成分的形义组配要求而促使固有的词法模式发生演变。

7.4 类推构词中的并合造词

现代汉语词法模式中有一些是基于外来音译成分语素化而形成的，如表 7-1 所示。

表 7-1　基于外来音译成分语素化的词法模式

[X+ 的]	固定成分 "的" 的原形式为 "的士" 由粤方言音译自英语 taxi(出租汽车)
	面的、残的、飞的、摩的、警的、马的、驴的、陪的、火的、夏利的、奔驰的
[X+ 粉]	固定成分 "粉" 的原形式为 "粉丝"，音译自英语 fans(迷恋某人或某物的人)
	潮粉、黑粉、活粉、散粉、职粉、铁粉、医粉、麦粉、炒粉、科技粉、僵尸粉
[X+ 巴]	固定成分 "巴" 的原形式为 "巴士"，音译自英语 bus(公共汽车)
	大巴、中巴、小巴、楼巴

续表

［X+模］	固定成分"模"的原形式为"模特",音译自法语modèle(时装表演者)
	名模、超模、嫩模、男模、女模、童模、车模、发模、腿模、胸模、乳模

已有众多学者对该类词法模式做过相关研究,基本都认同固定成分发生了"汉化"(沈孟璎,1995b)或"外来音译成分语素化"(周洪波,1993;苏新春,2003;刁晏斌,2013)的演变过程。对于该演变过程,前人大多持"缩略说",如苏新春(2003)认为,外来单音语素的形成经过以下演变阶段:复音外来词→单音节式简化→独立运用;重复构词→单音语素的完成。然而,缩略说并不能对外来音译成分语素化作出充分的解释,缩略是为了实现表达上的简洁,但汉语词法模式的主要功能在于为指称具体语境中的事物或现象构造新的词语,表达的简洁并非音译成分语素化的根本动因。音译成分语素化带来的直接结果是人们可以利用该语素类推创造新词,从这一结果可知,语素化的驱动力应是为了满足词语构造的需求,更确切地说,是词语构造的韵律、形类和语义需求。张博(2017)研究表明,现代汉语外来音译成分语素化是由并合造词所致,"汉语并合造词法指将两个音节共同承载的语义归于其中一个音节,为构造复合词提供语素或造出单音节词的造词方式,包括复合词并合、单纯词并合和词组并合三种类型"。①外来音译成分语素化属于其中的"单纯词并合",如"的士>的""巴士>巴""模特>模""粉丝>粉""咖啡>咖"等。"汉语中偏正式复合词特别多,信息的焦点大都在第一个音节上。换句话说,区别性特征大都靠第一个词素来传递"(王希杰,1992:46),这促使语素化的音译成分通常将整词的语义信息并合于第一个语音片段。

---

① 王艾录、孟宪良(1996)将语义的并合视为语素入词发生的意义偏移现象,认为"有些语素(A或B)入词(A+B)后,并非使用了它自身的语素义(语素的任何义项),而是使用了由它(A+B)同A和B以外的别的语素(X)构成的合成词的词义"。王等将该意义称为"代表义",认为"在这种合成词中,A代表了'A+X'或'X+A'的词义,B代表了'B+X'或'X+B'的词义"。例如"狼烟=(狼+粪)+烟""翅席=(鱼+翅)+席""卒中=卒+(中+风)""面的=(面包)+(的+士)"。A或B在构词时充当了"意义支点"(王艾录、司富珍,2002:28)。

　　并合造词并非现代汉语所特有的造词方式，陈宝勤（2011：19）研究指出，汉语词汇中的单语素复音词在历史的发展进程中往往会"被单音节语素化，或独立成为一个单音词，或与其他语素构成一个复音词"，这尤其鲜明地表现在"汉音译外单语素复音词"中，上古汉语中就已出现该类现象，如音译词"骆驼"语素化为"驼"。该造词方式基本针对外来音译复音词，"汉语固有单语素复音词很少，音节语素化的更少，即使音节语素化以后构词能力也很低"（陈宝勤，2011：134）。

　　其他语言的情况与汉语不同，例如英语的文字特征致使其通常采取词素化的方式构造新词。"一旦一个词得到不同程度的词素化以后，便往往被看作一个特定的词素，其构词能力便如同派生词缀那样，具有极强的生成能力，在词义方面也表现出一个或几个相对固定的意义"（王文斌，2005a：343），例如，英语 speak 原义为"说"，但随着现代英语的发展，现可用以表示某一领域的特殊用语，如：

cyberspeak（网络用语）	bureauspeak（官僚用语）
computerspeak（计算机用语）	artspeak（艺术用语）
collegespeak（校园用语）	lawer-speak（律师用语）
marketing-speak（营销用语）	teacher-speak（教师用语）

（引自王文斌，2005a：334）

　　speak 由独立使用的用法衍生出在词法模式［X+-speak］中充当构词成分的用法，形式上未发生较大变化，但语义上却衍生出了新的词素义，该义即词法模式的构式义。

　　那么并合造词是否为汉语词法所特有的造词方式？这里我们需要再介绍一种造词方式"析取"。

　　"析取"（secretion）指"从某一词形中析出原先不是词缀的成分，并在构建新词时将这一成分当作词缀加以使用"，"英语构词中的析取现象在当代英语中极为普遍，而且析取成分在构词中极具能产性"（王文斌，2005b）。析取可分为三种：截断型、转移型和截短型。截断型指"析取成分源于原不可分解的单词素词被截成几个部分而生成的新结构"，如 literati（精于读写的人）→ lite-+-rati，析取成分 -rati 表示"擅长某项事物或活动的精英人才"；转移型指"析取成分源于原派生词的词法边界发生转移而产生的新创结构"，如 hamburger 所发生的 hamburg+-er → ham+-burger 演变过程中 -burger 被析取表示"夹……面包"；截短型指"析取成分源于被析取词的某一部分"，如 panorama → -orama，析取成分与原词均表示"全景"（邬菊艳、王文斌，2010）。也就是说，截断型与转移型析取中的析取成分仅保留原词的部分语义，而截短型析取中的析取成分仍保留原词的完整语义。由此可知，析取可视为重新分析与并合的综合，并合并非汉语所特有的造词方式，例如：

robot → -bot

通过在当代美国英语语料库（Corpus of Contemporary American English, COCA）中检索"*bot"可得到以下词法词（根据词语在 COCA 中的频次排序）：

1.fembot（雌性机器人）　　　　10.talkbot（聊天机器人）

2.nanobot（纳米机器人）　　　　11.chatbot（聊天机器人）

3.packbot（背包机器人）　　　　12.ballbot（圆球机器人）

4.stickybot（粘足机器人）　　　13.repairbot（维修机器人）

5.autobot（汽车机器人）　　　　14.salesbot（售货机器人）

6.guardbot（警戒机器人）　　　15.shopbot（购物机器人）

7.aerobot（飞行机器人）　　　　16.snackbot（待食机器人）

8.farmbot（农场机器人）　　　　17.tradebot（交易机器人）

9.gardenbot（花园机器人）　　　18.bakebot（烘培机器人）

-bot 从 robot 析取而来，[X+-bot] 与 robot 表义相同，二者均表机器人[1]。相同构词机制的词法模式还包括 [X+-preneur]（entrepreneur → -preneur）、[X+-poly]（monopoly → -poly）、[X+-orama]（panorama → -orama）、[info-+X]（informaton → info-）、[alterna-+X]（alternative → alterna-）、[docu-+X]

---

① [X+-bot] 泛化后还可表电脑程序，如：cancelbot（清除程序）、spambot（垃圾邮件程序）、socialbot（社交程序）、scalper-bot（黄牛程序）等。

（documentary → docu–）、［flexi–+X］（flexible → flexi–）等（王文斌，2005a：286–288）。通过对比分析发现，英语造词法中也有语义并合现象，但英汉二者语义并合存在差异：

（1）英语并合而来的构词成分通常具有较强的构词力，因而带有词缀性质，易形成词法模式，而汉语并合而来的构词成分构词力则相对弱得多。例如，英语［X+–bot］［X+–orama］［info–+X］的构词力都较强，而汉语［X+的］［X+粉］［X+巴］［X+模］的构词力则弱得多。

（2）英语并合而来的构词成分通常无法自由运用，而部分汉语并合而来的构词成分却可以自由运用。在这一点上，英语的部分缩略词与汉语并合而来的自由语素性质相似，如 advertisement → ad，laboratory → lab，ad 与 lab 均可自由用于造句，但是这些缩略词不像并合而来的构词成分一样具备强构词力。

7.5 小结

首先，本章区分了两种词法模式类推构词方式：基于常规相似性类推构词与基于非常规相似性类推构词。基于常规相似性类推构词在词化目标指称对象时，区别性构词成分的选择需要同时考虑两方面因素，一方面该构词成分与原词的区别性构词成分具有语言层面的语义关系，另一方面该构词成分与目标指称对象的属性具有概念层面的隐喻或转喻关系；而基于非常规相似性类推构词在词化目标指称对象时，区别性构词成分取自目标指称对象的属性，而与原词的区别性构词成分无语义关联，即两域之间的相似性仅体现于概念层面的拓扑属性，而未涉及语言层面的语义关系。

其次，本章探讨了类推构词的溯因推理特质，认为作为一种经济的推理模式，溯因推理可产生三种推理结果：正确推理、错误推理和宽限推理。正确推理能够扩大词法模式的范畴成员数量，错误推理通过重新分析词语对象形义结构关系而形成新的词法模式，宽限推理通过放宽词法模式对构词成分的形义限制而推动词法模式的演变。

最后，本章从英汉对比视角分析了类推构词中的并合造词特征。英语并合而来的构词成分通常具有较强的构词力，因而带有词缀性质，易形成词法模式，而汉语并合而来的构词成分构词力则弱得多；英语并合而来的构词成分通常无法自由运用，而部分汉语并合而来的构词成分却可以自由运用。

8. 结　语

8.1 主要结论

构式理论主张语义是整合而来的，而非组合而成的。构式在语义的整合过程中可充盈部分未体现于形式层面的语义信息。以往有关现代汉语词法模式及词法词的研究大多着眼于词语的形成及其发展，而鲜少从识解与类推视角分析结构及词语的构造机理。本书在词法模式形义组配模式描写与分析的基础上，从解词者与造词者视角分别探究了词法词的词义识解机制与词法模式的类推构词机制。概括全书的讨论，我们可以得到以下主要结论。

（1）不同词法模式在形式组配模式上虽差异显著，但整体上呈现出较强的规律性。后定型词法模式中，[1+1]的[N+N]和[2+1]的[V+N][N+N]为优选模式，三音节的[2+1]韵律模式具有最强的构词力；前定型词法模式中，[1+2]的[A+N]为优选模式，少数词法模式（如[裸+X]）在[1+1]的[A+V]上具有典型性，三音节的[1+2]韵律模式具有最强的构词力；无定型词法模式中，[1+1]和[2+1]的[N+A]为颜色词的优选模式，且二者构词力差异不大，[N+A]整体构词力较强，但内部子类构词力并不均衡。

（2）不同词法模式在语义组配特征上也呈现出较强的规律性。句法－词法词具有两种形类模式[A+N]与[A+V]，其中的A具有区别、分类功能，N在语义上通常指人，V具有弱动性，功能上表指称。唯词法词具有五种形类模式[N+N][V+N][N+V][A+V][N+A]，其中[N+N]与[V+N]具有较强构词力。绝大部分［N+N］式词法词的构词成分之间具有主题关系，少数具有属性关系。［N+V］［A+V］皆为［X+化］，该词法模式的语义中心在"化"，而语义重心却在X。［N+A］即［（事物）+（颜色）］，词义通常可理解为"像N一样的A"。

（3）构式在词法词的词义识解过程中具有双重功能。一方面，整词词义依赖于构式义与构词成分义的整合。另一方面，如果构词成分义与构式义不适切，那么构式将压制构词成分，迫使其发生语义转指，解词者在识解词义时需通过转喻或隐喻操作激活百科知识，词义的确定最终由语境信息所调控。构式义较抽象的词法模式构词力较强，该类词法模式又以［2+1］韵律模式为典型，同时，我们也发现了构式义较具体的词法模式倾向于以［1+1］韵律模式为典型。

（4）类推构词可分为基于常规相似性类推构词与基于非常规相似性类推构词两种模式。基于常规相似性类推构词所形成的词法模式构词力较弱，类推过程中目标指称对象的词化既涉及类推词区别性构词成分与原词区别性构词成分之间的语义关系，又涉及该区别性构词成分与目标指称对象的属性在概念上的隐喻或转喻关系。基于非常规相似性类推构词所形成的词法模式构词力较强，类推过程中目标指称对象的词化仅涉及类推词区别性构词成分与目标指称对象之间的属性之间的关系，两域之间的相似性仅体现于概念层面的拓扑属性。

（5）类推构词通常以溯因推理为推理模式。正确的溯因推理仅能扩大词法模式的范畴成员数量；错误的溯因推理会通过重新分析词语形义结构关系而形成新的词法模式；宽限的溯因推理会通过放宽词法模式对构词成分的形义限制而推动其演变。

8.2 创新之处

本书的创新之处主要体现在以下几个方面。

（1）首次全面系统地归纳分析了现代汉语词法模式的形义组配规律。前人对词法模式的研究通常持形义分离的分析范式，研究通常会描写单一词法模式形式层的韵律和形类组配特征，也会描写单一词法模式语义层的典型语义类，但是尚未有研究全面考察现代汉语词法模式的形式组配特征，更无研究逐一分析不同形式组配模式构成成分的语义组配规律。本书以韵律和形类为纲，同时考察多个词法模式，归纳得出了后定型与前定型词法模式的优选模式，根据该优选模式，研究者可较为有效地预测未来新产生的词法模式的形式组配特征。

　　由于形义组配规律复杂细碎，因此我们将发现的规律及其与前人研究结论的关系统一列表（见表 8-1）。

表 8-1　本书考察结论与前人研究结论对比

形类组配模式	前人研究结论	本书考察结论	原因所在
定中式 [A+N]	[1+1]模式比[2+1] [1+2]模式更常规（王洪君，2001；张国宪，2006）	前定型的[1+2]模式最具构词力；后定型的构词力都很弱	词法模式中的 A 具有鲜明的区别、分类功能，单音性质形容词与非谓形容词最具区别性
状中式 [A+V]	[1+1]模式比[2+1] [1+2]模式更常规（张国宪，1996、2004、2006）	仅[裸+X]符合前人研究结论，其他词法模式的[1+2]模式具有一定构词力	词法模式中的 A 具有鲜明的区别、分类功能，双音 V 在语义上凸显行为，而非具体动作
定中式 [V+N]	V单不具有充当定语的可能（张国宪，1989、2005）	仅[2+1]的[X+族] [X+热][X+门][X+哥]2具有一定构词力，且 V 以动宾结构为典型	双音 V 在语义上表现为弱动性，尤其是动宾结构，该类词具有充当定语的可能
状中式 [N+V] [A+V]	[1+2]是常规韵律模式（张国宪，2006、2016）	[X+化]的[2+1]的[N+V][A+V]具有构词力	[X+化]的语义中心在"化"，语义重心在 X
状中式 [N+A]	[N+A]式颜色词中的 N 表示 A 的程度（张国宪，2005、2006）	N 在结构中表比喻对象	词法模式是一种比况结构

从宏观上看，现代汉语词法模式的形义组配规律是基本符合现代汉语的构词规律的，但是从微观上看，现代汉语词法模式在多种形义组配的子规律方面与现代汉语构词法的常规形义组配规律相悖，二者是同中有异的关系。

（2）从词义推导视角深入剖析了现代汉语词法词的词义识解机制。不同于前人基于词典的内省式研究方法，我们结合词法词所依存的语境，以一系列或连环、或独立的追问为脉络，剖析了现代汉语词法词的词义识解机制。研究创新主要体现于以下两点：其一，通过对两个识解假设的解析，构拟了词法词的词义识解程序；其二，研究方法上，我们并未局限于运用单一语言理论成果，而是在构式理论的大框架之下，综合运用多种理论研究的成果，从而将研究推向深入。例如对词义识解机制的剖析就综合运用了生成词库论、转喻理论、隐喻理论、认知关联论等理论研究成果，从而发现了一些前人未曾注意到的现象及本质。

（3）区分了两种类推构词方式，并提出了词语类推的溯因推理模式。我们以相似性的常规与否为切入点，区分了现代汉语的两种类推构词方式，发现二者在类推的运作机制上存在质的区别：基于常规相似性类推构词涉及词义的聚合同化，基于非常规相似性类推构词则涉及相似性联接的构建。通过对类推构词行为的剖析，我们提出了词语类推的溯因推理模式，认为图式构式的形成具有两种途径：一种是根据多个对象归纳而得，另一种是根据单一对象溯因推理而得。

8.3 有待进一步研究的问题

本书还存在一些尚待进一步研究的问题：

（1）词法词与非词法词在形义组配特征方面的对比研究。在描写分析现代汉语词法模式的形义组配特征时，我们发现根据词法模式生成的词法词在形义组配特征上与非词法词具有不少共性，如词法词的典型韵律模式与现代汉语新词语的典型韵律模式基本相同、词法模式的形类组配特征与现代汉语词汇的整体面貌相一致。然而，结合韵律、形类和语义三个维度，我们发现一些现代汉语接受程度较低的形式组配模式却能为现代汉语词法模式所接受，如在现代汉语［A+V］组配模式中，音节上的偶数匹配比奇数匹配更自由，然而现代汉语词法模式却在奇数匹配模式上更自由，我们从 A 的语义特征及功能视角做了些许解释。对词法模式形义组配特征更深入的认识建立在对现代汉语词汇整体形义组配特征的研究之上，这方面的探讨有待于未来更多的研究成果。

（2）词法模式的跨语言比较研究。跨语言比较研究从更为宏观的类型学视角观察目标语言现象，能够进一步揭示语言现象的本质特征。书中多处涉及英汉词汇对比研究，例如，基于音译或意译而产生的词法模式在两种语言中的形义组配特征方面具有质的区别，经并合而形成的词法模式在构词力与构词成分自由程度上具有显著差异。然而，书中的对比或比较研究基本上为零星式的"点对点"研究，缺乏基于不同语言词法模式体系的某一层面的系统的对比研究。系统性的研究需要对不同语言词法模式进行较为全面的考察，目前这方面的工作尚未展开，研究所着眼的层面也尚未明确，这方面的探究还需在未来的工作与学习中进一步思考。

附录一

[X+族]

3·3·30族、3A族、BMW族、CC族、Emo族、H族、MSN脱机族、NINI族、NONO族、QQ隐身族、wifi族、阿鲁族、爱邦族、爱堵族、爱疯族、爱券族、爱鲜族、安安族、摆婚族、斑马族、半漂族、帮帮族、傍傍族、背车族、背黑族、背卡族、被催族、奔奔族、毕房族、毕分族、毕婚族、毕漂族、毕业逃债族、闭关族、避孩族、避年族、便利贴族、标题族、飙薪族、飚爱族、仌族、财盲族、蚕茧族、草食族、草族、蹭蹭族、蹭饭族、蹭奖族、蹭暖族、刹那族、抄号族、超市试吃族、朝活族、潮汐族、炒货族、炒鸟族、车车族、城归族、城际族、出海族、初薪族、打烊族、代检族、代排族、单人族、单眼族、蛋白族、蛋壳族、倒分族、等贷族、低碳族、低头族、电茧族、吊瓶族、动网族、独自族、二战族、刹手族、反潮族、房托族、房族、飞单族、飞特族、飞鱼族、废柴族、分床族、蜂族、浮游族、刚需族、高考离婚族、搞手族、工漂族、孤族、固贷族、挂证族、怪字族、光盘族、诡族、轨交族、鬼旋族、柜族、果冻族、裹脚族、哈洋族、哈租族、海蒂族、海啃族、海淘族、海囤族、海豚族、汉堡族、好高族、号啕族、合吃族、河狸族、黑飞族、后备厢族、花草族、换客族、悔丁族、会睡族、婚活族、混族、急婚族、甲客族、假宅族、嫁碗族、坚丁族、捡彩族、酱油族、节孝族、紧绷族、拒电族、考拉族、考碗族、靠爸族、课堂低头族、啃老族、啃楼族、啃嫩族、啃亲族、啃小族、啃薪族、啃椅族、空怒族、恐二族、恐归族、恐会族、恐检族、恐聚族、恐年族、恐生族、抠抠族、扣扣族、酷抠族、快炒族、快活族、辣奢族、赖班族、赖校族、懒婚族、老漂族、乐定族、乐活族、乐淘族、乐益族、理车族、零帕族、留守族、榴莲族、庐舍族、乱泊族、论坛潜水族、裸婚族、麻豆族、麦兜族、卖折族、脉客族、慢活族、慢游族、锚族、媚皮族、梦田族、秘婚族、密码族、秒杀族、秒团族、男就族、难就族、难民族、恼火族、脑残族、年清族、捏捏族、拧盖族、抛抛族、跑腿族、泡良族、泡泡族、陪跑族、陪拼族、捧车族、漂流族、拼炒族、拼居族、拼瘦族、弃炮族、枪迷族、抢包族、抢票族、抢抢族、悄婚族、敲章族、轻奢族、穷忙族、穷游族、求嫁族、全漂族、日光族、扫街族、扫码族、晒黑族、晒卡族、晒密族、晒跑族、山寨族、闪辞族、闪闪族、闪跳族、闪玩族、生白族、失陪族、时彩族、拾惠族、试考族、试客族、试药族、试衣族、柿子族、手娱族、鼠族、刷单族、刷书族、刷刷族、刷夜族、刷阅族、双抢族、双租族、水母族、死抠族、索票族、抬头族、叹老族、掏空族、淘港族、淘婚族、淘课族、淘券族、特搜族、替会族、替课族、跳早族、铁丁族、偷菜族、偷供族、土食族、团团族、退盐族、囤囤族、拖粉族、脱网族、玩卡族、晚点族、网课族、网络晒衣族、网囤族、望风族、微信族、围脖族、伪婚族、未富先奢族、文化啃老族、蜗婚族、蜗蜗族、卧槽族、乌魂族、无火族、无趣族、午动族、午美族、午漂族、夕阳隐婚族、喜会族、虾米族、咸鱼族、向日葵族、虚客族、炫食族、学租族、巡考族、阳光族、洋漂族、养基族、夜淘族、已婚单身族、蚁居族、蚁族、艺考族、阴天族、隐蔽族、隐车族、隐贷族、隐居族、隐离族、隐孕族、有备族、有碗族、円族、怨士族、月光退休族、月光族、月老族、月欠族、攒贝族、宅内族、宅生族、宅养族、炸街族、占票族、张三族、长草族、职业敲族、指尖族、智抠族、智旅族、滞婚族、住车族、转存族、弄族、装忙族、装嫩族、装装族、准老族、自给族、自教族、走班族、走婚族、走拍族、走走族

［X+奴］

白奴、班奴、病奴、彩奴、菜奴、车奴、发票奴、房奴、坟奴、股奴、果奴、孩奴、婚奴、基奴、节奴、卡奴、考奴、垄奴、码奴、猫奴、墓奴、

年奴、屏奴、妻奴、权奴、上班奴、团奴、娃奴、网购奴、险奴、血奴、药奴、医奴、债奴、证奴、知识产权奴、专利奴、租房奴、租奴

［X+盲］

彩盲、电脑盲、法盲、公民盲、股盲、机盲、基盲、计盲、科盲、路盲、美盲、谱盲、球盲、色盲、网盲、文盲、舞盲、心盲、医盲、艺盲、音盲、营养盲

［X+热］

IP热、办学热、炒星热、出国热、创收热、大陆热、读书热、发明热、公关热、公司热、海南热、汉语热、贺卡热、集报热、纪实热、减肥热、建房热、健美热、经商热、君子兰热、卡拉ok热、考公热、考博热、考托热、考研热、买房热、莫言热、攀比热、气功热、人体热、升格热、生日热、生肖热、时装热、食虫热、收藏热、台球热、填海建房热、托福热、晚会热、文化热、文凭热、武术热、武侠热、西服热、消费热、销售热、星星热、学位热、亚运热、羽绒热、元芳热、针灸热、专硕热、装潢热、装修热

［X+吧］

K客吧、冰吧、玻璃吧、布吧、餐吧、茶吧、床吧、迪吧、房吧、股吧、股吧、果吧、话吧、嚼吧、街吧、酒吧、咖啡吧、哭吧、乐吧、猎婚吧、路吧、酿吧、球吧、手工吧、书吧、爽吧、水吧、陶吧、痛快吧、玩吧、玩具吧、网吧、文化吧、午睡吧、雪吧、眼吧、氧吧、浴吧、熨吧、纸吧、桌游吧、自驾吧

［X+门］

早熟门、PS门、U盘采购门、安置门、暗算门、八毛门、暴风门、爆炸门、杯具门、被潜门、标准门、玻璃门、补贴门、擦汗门、茶杯门、差价门、搀扶门、抄袭门、超卖门、超生门、尘肺门、迟到门、出国考察门、瓷

器门、篡改门、崔顺实门、打错门、大师门、大嘴门、代笔门、代表门、代言门、导游门、倒塌门、地价门、地图门、电报门、电话门、电邮门、钓鱼门、豆浆门、多表门、发飙门、发言门、翻新门、返航门、饭局门、房产门、分红门、辐照门、改分门、改龄门、干政门、感谢门、高薪门、哥窑门、鸽子门、勾兑门、购房门、谷歌侵权门、骨汤门、关说门、国籍门、国旗门、闺蜜门、含汞门、含氯门、黑客门、虎照门、黄山门、会所门、婚宴门、激素门、集邮门、加分门、假捐门、监控门、监视门、检测门、接待门、结石门、解说门、金罐门、禁网门、竞价门、鞠躬门、拒让门、开水门、瞌睡门、空饷门、口罩门、骷髅门、棱镜门、李刚门、力拓间谍门、连跳门、龙虾门、律师造假门、滤油门、瞒报门、密码门、秒杀门、名表门、拿地门、内定门、牛肉门、农残门、女友门、配方门、砒霜门、脾气门、骗补门、拼爹门、评级门、泼墨门、歧视门、气候门、弃婴门、窃听门、亲信门、清退门、人肉门、石墨门、寿衣门、兽兽门、水军门、水源门、私奔门、踏板门、台历门、特招门、天线门、添加门、跳楼门、通俄门、通缉门、同名门、偷菜门、外泄门、威胁门、微博门、违法门、伪虎门、尾气门、喂药门、误杀门、吸费门、洗牌门、献身门、香烟门、泄露门、薪酬门、学历造假门、学位门、艳女门、艳照门、药鸡门、遗产门、淫媒门、隐形门、邮件门、语文门、晕倒门、宰客门、诈捐门、炸机门、帐篷门、招嫖门、政审门、职称门、纸牌门、质量门、种票门、资料门、紫砂门

[X+ 商]

爱商、财商、唱商、词商、德商、法商、婚商、魂商、健商、康商、乐商$_1$、乐商$_2$、旅商、买商、媒商、美商、气商、情商、趣商、淑商、搜商、速商、体商、心商、性商、颜商、意商、音商、语商、志商、智商

[X+ 粉]

CP 粉、奥粉、宝粉、超粉、潮粉、炒粉、果粉、汉字粉、黑粉、花痴粉、活粉、僵尸粉、科技粉、凉粉、妈妈粉、麦粉、米粉、脑残粉、散粉、

死忠粉、数据粉、天粉、铁粉、团粉、微粉、医粉、真爱粉、脂粉、职粉

［X+替］
笔替、饭替、光替、会替、脚替、裸替、手替、童替、文替、吻替、胸替

［X+霸］
班霸、笔霸、波霸、财霸、菜霸、车霸、电霸、法霸、饭霸、房霸、钢霸、会霸、集霸、景霸、拒无霸、考霸$_1$、考霸$_2$、空霸、路霸、箩霸、煤霸、咪霸、面霸、票霸、屏霸、市霸、水霸、投霸、秀霸、学霸、血霸、研霸、颜霸、艺霸、鱼霸、展霸

［X+控］
穿越控、大叔控、弟控、攻略控、技术控、街拍控、萝莉控、辟谣控、苹果控、签到控、数码控、四叶控、推特控、网购控、微博控、微信控、颜值控、侦探控、中国控

［X+体］
360体、90岁体、hold住体、QQ体、TVB体、"小目标"体、白素贞体、包裹体、宝黛体、表白体、表格体、别哭体、苍白体、厕所体、撑腰体、承诺体、惆怅体、穿越体、蹉跎体、大概体、丹丹体、倒写体、德纲体、丢脸体、断电体、翻船体、凡尔赛体、凡客体、返乡体、方阵体、纺纱体、非凡体、废话体、腹黑体、高贵体、高考体、高铁体、高晓松体、葛优体、公式体、官宣体、鼓力体、还珠体、海燕体、合并体、唤醒体、回爱体、回音体、假想体、见与不见体、将爱体、精神体、鲸鱼体、赳赳体、蓝精灵体、蓝翔体、梨花体、亮叔体、流氓体、陆川体、马上体、玛雅体、蜜糖体、明星体、末日体、谋杀体、脑残体、咆哮体、起码体、千万别报体、强国体、且行且珍惜体、亲密体、青春体、轻度体、秋裤体、忍够

体、任性体、如果体、三宝体、舌尖体、沈从文体、生活体、诗词混搭体、十年体、收听体、私奔体、随手体、淘宝体、挺住体、土豪体、团圆体、微博体、下班回家体、乡愁体、小贱体、校内体、校长撑腰体、幸福体、眼中体、羊羔体、一句话体、一淘体、依然体、遗憾体、意林体、因为体、英雄体、有种体、遇见体、元芳体、怨妇体、约会体、甄嬛体、震惊体、中英穿越体、助理体、子弹体

［X+ 客］

摆客、拜客、帮客、必剩客、毕剩客、毕租客、布客、拆客、车客、筹客、创客、代秒客、代扫客、低碳客、叮客、动车客、粉飞客、刚需客、过路客、海淘客、黑客、红客、换客、灰客、极客、即客、贱客、纠客、趄客、掘客、快客、蓝客、绿 V 客、绿客、脉客、慢拍客、秒客、秒杀客、趴客、帕客、怕死客、拍客$_1$、拍客$_2$、配资客、拼饭客、拼客、欠客、切客、群租客、晒客、闪客、善客、剩客、实客、试客、刷客、刷书客、淘客、淘职客、调客、贴客、痛客、团客、推客、威客、微骚客、维客、闲客、丫客、耀客、印客、映客、悠乐客、账客、职客、助筹客、追客、租客、租衣客

［X+ 男］

37 度男、阿尔法男、贝塔男、便当男、标配男、草莓男、草食男、拆迁男、宠物男、愁婚男、丑橘男、丑帅男、戳车男、瓷男、单男、灯笼男、点心男、凤凰男、干物男、甘蔗男、豪华男、火箭男、鸡贼男、极客男、夹心男、酱油男、经济弱势男、经济适用男、经适男、快餐男、类同男、励志男、龙眼男、抢车男、芒果男、妈宝男、娘直男、奶瓶男、奶嘴男、牛奋男、暖男、女子男、寝男、肉食男、肉松男、三不男、山竹男、剩男、食草男、食肉男、水壶男、顺溜男、素养男、玩具男、型男、乙男、油腻男、余味男、月亮男、渣男、宅男、直男

［X+哥］₁

的哥、迪哥、动哥、公交哥、呼哥、警哥、军哥、空哥、煤哥、踏哥、托哥、网哥、宴会哥

［X+哥］₂

阿中哥、摆摊哥、保证哥、抱抱哥、暴力哥、逼停哥、标尺哥、表哥、啵乐哥、蹭课哥、撑伞哥、诚实哥、大衣哥、淡定哥、低碳哥、垫钱哥、断臂哥、鳄鱼哥、贩菜哥、房哥、浮云哥、高考哥、公益哥、红娘哥、回收哥、鸡汤哥、浇水哥、街净哥、解套哥、锦旗哥、举牌哥、瞌睡哥、啃雪哥、孔雀哥、力学哥、励志哥、麻袋哥、卖菜哥、幕后哥、浓烟哥、排队哥、旁听哥、咆哮哥、齐全哥、抢修哥、仁义哥、日历哥、睿智哥、上墙哥、收碗哥、顺风哥、送水哥、托举哥、外语哥、未来哥、犀利哥、笑脸哥、忧民哥、油条哥、章鱼哥、帐篷哥、证件哥、专拍哥

［X+二代］

拆二代、创二代、单二代、导二代、独二代、房二代、负二代、富二代、官二代、红二代、华二代、画二代、剧二代、考二代、坑二代、流二代、垄二代、煤二代、民二代、名二代、农二代、漂二代、拼二代、贫二代、企二代、强二代、权二代、仁二代、商二代、台二代、团二代、文二代、喜二代、小康二代、笑二代、写二代、新二代、星二代、油二代、游二代、职二代、综二代

［X+化］

矮化、E化、白领化、边缘化、成熟化、城市化、城投化、程序化、宠物化、粗鄙化、袋装化、淡化、低龄化、电商化、电子化、代币化、短工化、多极化、多样化、多元化、非核化、非农化、服饰化、富营养化、港化、高龄化、个性化、公园化、股份化、轨道化、国产化、国际化、黑化、荒漠化、活化、集团化、集约化、空心化、立体化、廉价化、良化、亮化、

量化、劣化、内化、娘化、暖化、膨化、情绪化、权金化、全球化、热化、软化、弱化、沙化、沙漠化、商化、商品化、神化、石漠化、石英化、时装化、市场化、熟化、数字化、数字资产化、随意化、碎片化、外化、网络化、网约化、污名化、西化、细化、咸化、香化、野化、蚁穴化、优化、云化

[软 +X]

软罢工、软抱怨、软暴力、软币、软裁员、软产品、软产业、软处理、软磁盘、软法、软广告、软化、软环境、软技术、软绩效、软件、软降、软禁、软科学、软课程、软联通、软埋、软磨、软目标、软起飞、软人才、软任务、软色情、软实力、软收入、软水、软条件、软通货、软投入、软投资、软文、软文化、软武器、软新闻、软医闹、软饮料、软瘾、软着陆、软指标、软资源

[硬 +X]

硬色情、硬医闹、硬广告、硬环境、硬件、硬任务、硬实力、硬水、硬通货、硬武器、硬指标、硬产业、硬拷贝、硬科幻、硬科学、硬目标、硬条件、硬投入、硬文化、硬新闻、硬需求、硬专家、硬联通、硬着陆

[零 +X]

零报告、零补考、零彩礼、零差评、零窗口、零等待、零点招、零翻译、零绯闻、零风险、零感染、零故障、零关税、零核电、零换乘、零解聘、零距离、零口供、零扣分、零库存、零礼金、零利率、零利润、零利息、零裸官、零帕、零跑腿、零欠薪、零抢跑、零缺陷、零人格、零伤害、零伤亡、零申报、零首付、零双非、零税率、零梯度、零投诉、零团费、零威亚、零污染、零薪、零眼袋、零增长、零中介、零专利、零走收、零作弊

［裸 +X］

裸报、裸奔、裸博、裸持、裸辞、裸分、裸购、裸官、裸归、裸婚、裸驾、裸酒、裸考₁、裸考₂、裸卖空、裸年、裸烹、裸漂、裸拼、裸融、裸晒、裸商、裸时代、裸实习、裸诉、裸替、裸退、裸温、裸学、裸烟、裸演、裸映、裸油价、裸游、裸账、裸装

［微 +X］₁

微爱、微暴力、微表情、微播、微采访、微菜场、微出行、微传销、微创新、微创业、微刺激、微党课、微德、微点评、微电影、微店、微动力、微都市、微度假、微反应、微访、微腐败、微付、微富二代、微改革、微感动、微公交、微公益、微婚礼、微基建、微经济、微剧、微剧本、微捐、微课、微课程、微恐怖主义、微领队、微留学、微旅游、微梦想、微能耗、微拍₁、微情书、微书评、微田园、微听证、微童话、微投诉、微团、微维权、微文明、微喜剧、微写作、微新闻、微养老院、微音乐、微语言、微云台、微运动、微整容、微志愿

［微 +X］₂

微爱情、微币、微拜年、微辩论、微表白、微播、微播报、微采访、微菜场、微城管、微传播、微慈善、微代表、微代言、微弹幕、微电商、微电台、微店、微动力、微发言人、微访谈、微粉、微服务、微感动、微革命、微故事、微管、微光、微过年、微护照、微话题、微环保、微活动、微记者、微家书、微简历、微建议、微经济、微警务、微客服、微课堂、微乐活、微理财、微力量、微猎头、微领域、微论坛、微卖场、微漫画、微媒介、微媒体、微门店、微民、微拍₂、微骗、微平台、微评、微祈福、微求职、微求助、微人才、微骚客、微沙龙、微商、微生活、微诗会、微施政、微时代、微世界、微思念、微素养、微调查、微外交、微维权、微文化、微问政、微小说、微心愿、微谣言、微议案、微银行、微营销、微游记、微游戏、微域名、微愿景、微阅读、微招聘、微政务、微直播、微祝福、微作文

［亚 +X］

亚别墅、亚孤儿、亚婚姻、亚疾病、亚健康、亚快乐、亚失业、亚熟男、亚幸福、亚忠诚

附录二

　　芭蕉绿、宝蓝、宝石红、宝石蓝、碧绿、碧青、薜荔青、菜黄、菜青、草白、草黄、草绿、茶青、橙红、橙黄、葱绿、葱心儿绿、蛋青、豆绿、豆青、鹅黄、垩白、翡翠绿、翡青、粉白、甘草黄、橄榄黄、橄榄绿、橄榄青、高粱红、公安蓝、垢黄、国防绿、海潮蓝、海军蓝、海绿、海棠红、海棠蓝、荷红、湖水蓝、火红、鸡血红、姜黄、金黄、金鱼黄、酒糟红、橘红、橘黄、孔雀蓝、葵绿、蜡黄、蜡渣黄、荔枝红、莲青、榴花红、柳黄、绿豆青、玛瑙红、麦黄、玫瑰黄、墨黑、墨绿、奶黄、柠檬黄、藕白、藕荷绿、藕灰、枇杷黄、苹果绿、葡萄灰、葡萄紫、漆黑、茄花紫、青莲紫、肉红、乳白、霜白、水白、水蓝、水绿、松花黄、松花绿、炭黑、炭红、桃红、天蓝、铁黑、铁黄、铁青、铜黄、土黄、乌黑、象牙黄、蟹壳黄、蟹壳青、蟹青、猩红、杏红、杏黄、杏子黄、锈黄、学生蓝、雪白、鸭蛋青、鸭嘴黄、牙黄、芽黄、胭脂红、燕黄、银白、银灰、樱桃红、油黄、枣红、枣花绿、朱砂红、粽黄

参考文献

［1］白解红，陈敏哲.汉语网络词语的在线意义建构研究——以"X客"为例［J］.外语学刊，2010（2）.

［2］北京师范大学中文系汉语教研组.五四以来汉语书面语言的变迁和发展［M］.北京：商务印书馆，1959.

［3］卞成林.现代汉语三音节复合词结构分析［J］.汉语学习，1998（4）.

［4］曹春静.网络用语"控"的流行及其修辞解释［J］.当代修辞学，2011（3）.

［5］曹大为."族"的类词缀化使用分析［J］.山东社会科学，2007（5）.

［6］常敬宇.同素词简论［J］.语言教学与研究，1985（2）.

［7］常宗林.图式及其功能［J］.山东外语教学，2002（5）.

［8］晁继周.说别义词［C］//《词汇学理论与应用》编委会.词汇学理论与应用（四）.北京：商务印书馆，2008：22-28.

［9］陈爱文.汉语词类研究和分类实验［M］.北京：北京大学出版社，1986.

［10］陈宝勤.汉语词汇的生成与演化［M］.北京：商务印书馆，2011.

［11］陈昌来，朱艳霞.说流行语"X党"——兼论指人语素的类词缀化［J］.当代修辞学，2010（3）.

［12］陈光磊.汉语词法论［M］.上海：学林出版社，1994.

［13］陈开举.认知语境、互明、关联、明示、意图——关联理论基础［J］.外语教学，2002（1）.

［14］陈琳霞，何自然.语言模因现象探析［J］.外语教学与研究，2006（2）.

［15］陈满华，贾莹.西方构式语法理论的起源和发展［J］.苏州大学学报，2014（1）.

［16］陈宁萍.现代汉语名词类的扩大——现代汉语动词和名词分界线的考察［J］.中国语文，1987（5）.

［17］陈青松.现代汉语形容词与形名粘合结构［M］.北京：中国社会科学出版社，2012.

［18］陈香兰.语言与高层转喻研究［M］.北京：北京大学出版社，2013.

［19］仇伟."秀"族结构的认知构式研究［J］.语言教学与研究，2012（4）.

［20］戴昭铭.现代汉语合成词的内部结构与外部功能的关系［J］.语文研究，1988
（4）.

［21］戴昭铭.一种特殊结构的名词［J］.复旦学报（社会科学版），1982（6）.

［22］邓云华，石毓智.论构式语法理论的进步与局限［J］.外语教学与研究，2007
（5）.

［23］刁晏斌.当代汉语词汇研究［M］.北京：中国社会科学出版社，2013.

［24］董秀芳.词汇化：汉语双音词的衍生和发展（修订本）［M］.北京：商务印书馆，
2011.

［25］董秀芳.词汇化：汉语双音词的衍生和发展［M］.成都：四川民族出版社，2002.

［26］董秀芳.从词汇化的角度看粘合式动补结构的性质［J］.语言科学，2007（1）.

［27］董秀芳.汉语词缀的性质与汉语词法特点［J］.汉语学习，2005（6）.

［28］董秀芳.汉语的词库与词法［M］.2版.北京：北京大学出版社，2016.

［29］董秀芳.汉语的词库与词法［M］.北京：北京大学出版社，2004.

［30］董秀芳.述补带宾句式中的韵律制约［J］.语言研究，1998（1）.

［31］段兴利，叶进.网络社会学词典［Z］.兰州：甘肃人民出版社，2010.

［32］方清明.现代汉语名名复合词的认知语义研究［M］.北京：科学出版社，2015.

［33］封吉昌.国土资源实用词典［Z］.武汉：中国地质大学出版社，2011.

［34］冯契.哲学大辞典（修订本）［Z］.上海：上海辞书出版社，2007.

［35］冯胜利.从韵律看汉语"词""语"分流之大界［J］.中国语文，2001a（1）.

［36］冯胜利.论汉语"词"的多维性［J］.当代语言学，2001b（3）.

［37］冯胜利.韵律构词与韵律句法之间的交互作用［J］.中国语文，2002（6）.

［38］符淮青.语义的分析和描写［M］.北京：语文出版社，1996.

［39］高名凯.汉语语法论［M］.北京：商务印书馆，1986.

［40］高燕."吧"的词化过程［J］.汉语学习，2000（2）.

［41］葛本仪.论合成词素［J］.山东大学学报（哲学社会科学版），1988（3）.

［42］顾阳，沈阳.汉语合成复合词的构造过程［J］.中国语文，2001（2）.

［43］郭潮."化"尾动词的语法特点［J］.汉语学习，1982（3）.

［44］郭良夫.现代汉语的前缀和后缀［J］.中国语文，1983（4）.

［45］韩晨宇.汉语三音节新词语与类词缀的发展初探［J］.北京广播电视大学学报，
2007（3）.

［46］何元建.现代汉语生成语法［M］.北京：北京大学出版社，2011.

［47］何自然.语言模因及其修辞效应［J］.外语学刊，2008（1）.

［48］何自然.语言中的模因［J］.语言科学，2005（6）.

［49］贺阳，崔艳蕾.汉语复合词结构与句法结构的异同及其根源［J］.语文研究，2012
（1）.

［50］侯敏，杨尔弘.2011汉语新词语［Z］.北京：商务印书馆，2012.

［51］侯敏，周荐.2007汉语新词语［Z］.北京：商务印书馆，2008.

［52］侯敏，周荐.2008汉语新词语［Z］.北京：商务印书馆，2009.

［53］侯敏，周荐.2009汉语新词语［Z］.北京：商务印书馆，2010.

［54］侯敏，周荐.2010汉语新词语［Z］.北京：商务印书馆，2011.

［55］侯敏，邹煜.2012汉语新词语［Z］.北京：商务印书馆，2013.

［56］侯敏，邹煜.2013汉语新词语［Z］.北京：商务印书馆，2014.

［57］侯敏，邹煜.2014汉语新词语［Z］.北京：商务印书馆，2015.

［58］侯敏，邹煜.2015汉语新词语［Z］.北京：商务印书馆，2016.

［59］侯敏，邹煜.2016汉语新词语［Z］.北京：商务印书馆，2017.

［60］胡爱萍，吴静.英汉语中N+N复合名词的图式解读［J］.语言教学与研究，2006
（2）.

［61］胡斌彬.当代"裸X"词族的语义衍生及认知模型——兼论造词机制与传播动因
［J］.语言教学与研究，2010（3）.

［62］黄洁.汉英隐转喻名名复合词语义的认知研究［J］.外语教学，2008a（4）.

［63］黄洁.汉语隐喻和转喻名名复合词的定量定性研究［J］.语言教学与研究，2013
（1）.

［64］黄洁.基于参照点理论的汉语隐喻名名复合词研究［J］.语言教学与研究，2010
（5）.

［65］黄洁.名名复合词内部语义关系多样性的认知理据［J］.语言教学与研究，2008b
（6）.

［66］惠天罡.近十年汉语新词语的构词、语义、语用特点分析［J］.语言文字应用，
2014（4）.

［67］贾益民，刘慧."后X"结构新词语的多维度考察［J］.广西社会科学，2005
（9）.

［68］江晓红，何自然.转喻词语识别的语境制约［J］.外语教学与研究，2010（6）.

［69］蒋绍愚.汉语历史词汇学概要［M］.北京：商务印书馆，2015.

［70］蒋严.论语用推理的逻辑属性——形式语用学初探［J］.外国语，2002（3）.

［71］金国华，王明华.从汉语新语缀"霸"看类推的成因［J］.汉语学习，2008（5）.

［72］亢世勇，等.现代汉语新词语计量研究与应用［M］.北京：中国社会科学出版社，2008.

［73］亢世勇，刘海润.新词语大词典（1978—2002）［Z］.上海：上海辞书出版社，2003.

［74］亢世勇，刘海润.新词语大词典（1978—2018）［Z］.上海：上海辞书出版社，2018.

［75］亢世勇，刘海润.新世纪新词语大词典（2000年—2015年）［Z］.上海：上海辞书出版社，2015.

［76］柯航.现代汉语单双音节搭配研究［M］.北京：商务印书馆，2012.

［77］雷冬平.附缀式网络新词族"X控"探析［J］.贵州社会科学，2011（10）.

［78］黎良军.汉语词汇语义学论稿［M］.桂林：广西师范大学出版社，1995.

［79］李行健.汉语构词法研究中的一个问题——关于"养病""救火""打抱不平"等词语的结构［J］.语文研究，1982（2）.

［80］李红印.现代汉语颜色词语义分析［M］.北京：商务印书馆，2007.

［81］李晋霞，李宇明.论词义的透明度［J］.语言研究，2008.（3）.

［82］李晋霞.现代汉语动词直接做定语研究［M］.北京：商务印书馆，2008.

［83］李宇明.词语模［C］//邢福义.汉语法特点面面观.北京：北京语言文化大学出版社，1999：146-157.

［84］李宇明.非谓形容词的词类地位［J］.中国语文，1996（1）.

［85］李运富.论汉语复合词意义的生成方式［J］.励耘学刊（语言卷），2010（2）.

［86］铃木庆夏.形名组合不带"的"的语义规则初探——兼论形容词的区别性［C］//中国语文杂志社.语法研究和探索（九）.北京：商务印书馆，2000：274-289.

［87］刘楚群，龚韶.词语族的构造理据及规范问题分析——基于"X族""X奴"的对比分析［J］.语言文字应用，2010（2）.

［88］刘楚群.近年新词语的三音节倾向及其理据分析［J］.汉语学报，2012（3）.

［89］刘大为.从语法构式到修辞构式（上）［J］.当代修辞学，2010（3）.

［90］刘富华，左悦.网络热词类词缀"X精"构词现象研究［J］.东岳论丛，2021（1）.

［91］刘红妮."X奴"族新词及其社会文化心理［J］.汉字文化，2008（4）.

［92］刘叔新.词的结构问题［J］.语文学习，1993（2）.

［93］刘叔新.复合词结构的词汇属性——兼论语法学、词汇学同构词法的关系［J］.中国语文，1990b（4）.

［94］刘叔新.汉语描写词汇学［M］.北京：商务印书馆，1990a.

［95］刘伟."X+坛／界／圈"构词分化现象研究［J］.语文研究，2020（1）.

［96］刘娅琼.从"X帝"等看敏感事件投射命名——兼论关系性框填结构［J］.当代修辞学，2012（2）.

［97］刘娅琼.从"X门"看再概念化过程——兼论修辞结构的构建手段之一［J］.修辞学习，2008（3）.

［98］刘烨，傅小兰，孙宇浩.中文新异组合概念的解释及影响因素［J］.心理学报，2004（3）.

［99］刘玉梅.现代汉语新词语构造机理研究［M］.北京：中国社会科学出版社，2015.

［100］刘云，李晋霞.论频率对词感的制约［J］.语言教学与研究，2009（3）.

［101］刘正光，刘润清.N+N概念合成名词的认知发生机制［J］.外国语，2004（1）.

［102］刘正光.关于N+N概念合成名词的认知研究［J］.外语与外语教学，2003（11）.

［103］陆俭明.从语法构式到修辞构式再到语法构式［J］.当代修辞学，2016（1）.

［104］陆俭明.构式语法理论的价值与局限［J］.南京师范大学文学院学报，2008（1）.

［105］陆志韦，等.汉语的构词法（修订本）［M］.北京：科学出版社，1964.

［106］吕叔湘.汉语语法分析问题［M］.北京：商务印书馆，1979.

［107］吕叔湘.说"自由"和"黏着"［J］.中国语文，1962（1）.

［108］吕叔湘.现代汉语单双音节问题初探［J］.中国语文，1963（1）.

［109］马辰庭.转喻的百科知识表征［J］.现代外语，2016（3）.

［110］马婧.新兴词族"亚X"探析［J］.汉语学习，2012（4）.

［111］马庆株.现代汉语词缀的性质、范围和分类［J］.中国语言学报，1995（6）.

［112］马真.先秦复音词初探［J］.北京大学学报（哲学社会科学版），1981（1）.

［113］孟凯.复合词内部的成分形类、韵律、语义的匹配规则及其理据［J］.语言教学与研究，2018（3）.

［114］孟凯.汉语致使性动宾复合词构式研究［M］.北京：北京语言大学出版社，2016.

［115］倪志佳.现代汉语物色词和色物词的词法模式及相关问题［J］.汉语学报，2017（3）.

［116］牛保义.构式语法理论研究［M］.上海：上海外语教育出版社，2011.

［117］彭小川，毛哲诗.类前缀"准"的多角度研究［J］.湖南大学学报（社会科学版），2006（2）.

［118］彭晓，杨文全.当代汉语新兴词族的形成机制与衍生动因——基于"X女郎"词族的个案分析［J］.语言文字应用，2009（3）.

［119］戚雨村，董达武，许以理，等.语言学百科词典［Z］.上海：上海辞书出版社，1993.

［120］乔刚."界"、"坛"词缀化辨［J］.修辞学习，2007（2）.

［121］秦华镇."X化"结构构成限制及条件［J］.北京理工大学学报（社会科学版），2005（4）.

［122］邱立坤.现代汉语未登录词词类和语义类标注研究［M］.北京：科学出版社，2016.

［123］邱雪玫，李葆嘉."微"词族的形成轨迹及语义演变［J］.语言文字应用，2015（1）.

［124］冉永平.词汇语用学及语用充实［J］.外语教学与研究，2005（5）.

［125］任学良.汉语造词法［M］.北京：中国社会科学出版社，1981.

［126］阮智富，郭忠新.现代汉语大词典［Z］.上海：上海辞书出版社，2009.

［127］商务印书馆辞书研究中心.新华新词语词典［Z］.北京：商务印书馆，2003.

［128］邵斌，王文斌.基于语料库的新兴词缀研究——以英语"-friendly"为例［J］.现代外语，2014（4）.

［129］邵斌.构式语法视角下的英汉浮现词缀研究［M］.杭州：浙江大学出版社，2021.

［130］邵长超."裸X"族新词再认识［J］.修辞学习，2009（2）.

［131］沈光浩.汉语派生式新词语研究［M］.北京：中国社会科学出版社，2015.

［132］沈家煊."语法化"研究综观［J］.外语教学与研究，1994（4）.

［133］沈家煊.不对称和标记论［M］.南昌：江西教育出版社，1999a.

［134］沈家煊.形容词句法功能的标记模式［J］.中国语文，1997（4）.

［135］沈家煊.转指和转喻［J］.当代语言学，1999b（1）.

［136］沈孟璎.关于新词语词义表面化倾向的考察［J］.语言文字应用，1995a（4）.

［137］沈孟璎.汉语新的词缀化倾向［J］.南京师大学报（社会科学版），1986（4）.

［138］沈孟璎.试论新词缀化的汉民族性［J］.南京师大学报（社会科学版），1995b（1）.

［139］沈孟璎.新词语构成特点纵览［J］.南京师大学报（社会科学版），1988（4）.

［140］沈孟璎.再谈汉语新的词缀化倾向［C］//《词汇学新研究》编辑组.词汇学新研究——首届全国现代汉语词汇学术讨论会选集.北京：语文出版社，1995c：269-278.

［141］沈中平，刘楚群.说另类"山寨"［J］.汉语学报，2009（2）.

［142］施春宏."招聘"和"求职"：构式压制中双向互动的合力机制［J］.当代修辞学，2014（2）.

［143］施春宏.构式的观念：逻辑结构和理论张力［J］.东北师范大学学报（哲学社会科学版），2016a（4）.

［144］施春宏.汉语词法和句法的结构异同及相关词法化、词汇化问题［J］.世界汉语教学，2017（2）.

［145］施春宏.互动构式语法的基本理念及其研究路径［J］.当代修辞学，2016b（2）.

［146］施春宏.名词的描述性语义特征与副名组合的可能性［J］.中国语文，2001（3）.

［147］施春宏.说"界"和"坛"［J］.汉语学习，2002（1）.

［148］施春宏.网络语言的语言价值和语言学价值［J］.语言文字应用，2010（3）.

［149］石安石.语义论［M］.北京：商务印书馆，1993.

［150］石定栩.复合词与短语的句法地位——从谓词性定中结构说起［C］// 中国语文杂志社.语法研究和探索（十一）.北京：商务印书馆，2002：35-51.

［151］石定栩.汉语的定中关系动 - 名复合词［J］.中国语文，2003（6）.

［152］石毓智.论汉语的构词法与句法之关系［J］.汉语学报，2004（1）.

［153］石毓智.语法化理论——基于汉语发展的历史［M］.上海：上海外语教育出版社，2011.

［154］束定芳.论隐喻的基本类型及句法和语义特征［J］.外国语，2000（1）.

［155］宋子然.100 年汉语新词新语大辞典（1912 年—2011 年）［Z］.上海：上海辞书出版社，2014.

［156］宋作艳.从构式强迫看新"各种 X"［J］.语言教学与研究，2016a（1）.

［157］宋作艳.功用义对名词词义与构词的影响——兼论功用义的语言价值与语言学价值［J］.中国语文，2016b（1）.

［158］宋作艳.类词缀与事件强迫［J］.世界汉语教学，2010（4）.

［159］宋作艳.生成词库理论的最新发展［C］// 北京大学汉语语言学研究中心《语言学论丛》编委会.语言学论丛（第四十四辑）.北京：商务印书馆，2011：202-221.

［160］宋作艳.生成词库理论与汉语事件强迫现象研究［M］.北京：北京大学出版社，2015.

［161］苏宝荣，沈光浩.类词缀的语义特征与识别方法［J］.语文研究，2014（4）.

［162］苏宝荣.汉语复合词结构的隐含性、多元性及其认知原则［J］.学术研究，2016（1）.

[163] 苏宝荣.汉语复合词结构与句法结构关系的再认识[J].语文研究，2017（1）.

[164] 苏向红.当代汉语词语模研究[M].杭州：浙江大学出版社，2010.

[165] 苏新春.当代汉语外来单音语素的形成与提取[J].中国语文，2003（6）.

[166] 孙常叙.汉语词汇[M].长春：吉林人民出版社，1956.

[167] 索绪尔.普通语言学教程[M].北京：商务印书馆，1980.

[168] 谭景春.从临时量词看词类的转变与词性标注[J].中国语文，2001（4）.

[169] 谭景春.名形词类转变的语义基础及相关问题[J].中国语文，1998（5）.

[170] 滕健.N1+N2 层面上的语义关系[J].外国语，1995（1）.

[171] 涂海强，杨文全.媒体语言"X+ 哥"类词语的衍生机制与语义关联框架[J].语言教学与研究，2011（6）.

[172] 汪敏锋.新兴"微 X"构式的演进路径与传承网络[J].南开语言学刊，2016（1）.

[173] 汪榕培，李冬.实用英语词汇学[M].沈阳：辽宁人民出版社，1983.

[174] 王艾录，孟宪良.语素入词所发生的意义偏移现象[J].山西大学学报（哲学社会科学版），1996（1）.

[175] 王灿龙.句法组合中单双音节选择的认知解释[C]// 中国语文杂志社编.语法研究和探索（十一）.北京：商务印书馆，2002：151–168.

[176] 王馥芳.认知语言学反思性批评[M].北京：外语教学与研究出版社，2014.

[177] 王光全.动词做定语的几个问题[J].吉林师范学院学报，1993（2）.

[178] 王红梅，谢之君.创造相似性的隐喻·文化·教学[J].湖南农业大学学报（社会科学版），2004（5）.

[179] 王洪君，富丽.试论现代汉语的类词缀[J].语言科学，2005（5）.

[180] 王洪君.从字和字组看词和短语——也谈汉语中词的划分标准[J].中国语文，1994（2）.

[181] 王洪君.音节单双、音域展敛（重音）与语法结构类型和成分次序[J].当代语言学，2001（4）.

[182] 王宁.训诂学与汉语双音词的结构和意义[J].语言教学与研究，1997（4）.

[183] 王圣博.附缀式"X 版"探微[J].语言文字应用，2009（3）.

[184] 王文斌.英语词法概论[M].上海：上海外语教育出版社，2005a.

[185] 王文斌.英语构词中析取现象透视[J].外语研究，2005b（2）.

[186] 王希杰.这就是汉语[M].北京：北京语言学院出版社，1992.

[187] 王寅，李弘.中西隐喻对比及隐喻工作机制分析[J].解放军外国语学院学报，

2003（2）.

［188］王寅.构式语法研究（上卷）：理论思索［M］.上海：上海外语教育出版社，2011.

［189］王寅.认知语言学［M］.上海：上海外语教育出版社，2007.

［190］魏雪，袁毓林.基于语义类和物性角色建构名名组合的释义模板［J］.世界汉语教学，2013（2）.

［191］邬菊艳，王文斌.论估推和类比在英语构词析取中的作用［J］.解放军外国语学院学报，2010（1）.

［192］邬菊艳，王文斌.论英汉类词缀的语法化和词汇化［J］.外语教学，2014（5）.

［193］吴为善.汉语韵律框架及其词语整合效应［M］.上海：学林出版社，2011.

［194］吴长安.汉语中存在"'名'修饰'形'"结构［J］.汉语学习，2002（2）.

［195］吴长安.名词的比喻义与名词、非谓形容词的界限——兼谈"金、银"的归属［J］.汉语学报，2001（3）.

［196］武和平，王玲燕.强势模因的生成、复制及传播——"山寨"一词的个案研究［J］.语言教学与研究，2010（5）.

［197］谢朝群，何自然.语言模因说略［J］.现代外语，2007（1）.

［198］徐通锵.历史语言学［M］.北京：商务印书馆，1991.

［199］许晓华.汉语比喻造词中名词性喻指成分属性义研究［M］.北京：首都经济贸易大学出版社，2016.

［200］严辰松.从"年方八十"说起再谈构式［J］.解放军外国语学院学报，2008（6）.

［201］严辰松.构式语法论要［J］.解放军外国语学院学报，2006（4）.

［202］颜刚.词法构式"X手"的生成过程与生成机制——兼论词法构式网络中的空位和占位［J］.语言教学与研究，2022（3）.

［203］杨文全，李媛媛.隐喻认知视角下新兴颜色词的多维描写与调查分析［J］.语言文字应用，2013（1）.

［204］杨文全，王平."A领"词族的衍生变异与语义构造［J］.汉语学习，2008（1）.

［205］杨锡彭.关于词根与词缀的思考［J］.汉语学习，2003（2）.

［206］杨锡彭.汉语语素论［M］.南京：南京大学出版社，2003.

［207］杨锡彭.论复合词结构的语法属性［J］.南京大学学报（哲学·人文科学·社会科学版），2002（1）.

［208］杨绪明.当代汉语新词族研究［M］.北京：中国社会科学出版社，2014.

［209］杨绪明.网络"客"族新词及其社会文化心理探析［J］.西南民族大学学报（人

文社科版），2009（1）.

［210］杨一飞.新兴三音节准前缀词的性质、功能与发展［J］.语言科学，2007（1）.

［211］杨永林.千门万门，同出一门——从美国"水门事件"看文化"模因"现象［J］.外语教学与研究，2008（5）.

［212］叶文曦.汉语字组的语义结构［D］.北京：北京大学，1996.

［213］尹海良.现代汉语类词缀研究［M］.保定：河北大学出版社，2011.

［214］游玉祥."X门"构式的语义信息及认知形成机制［J］.外语研究，2011（4）.

［215］苑春法，黄昌宁.基于语素数据库的汉语语素及构词研究［J］.世界汉语教学，1998（2）.

［216］苑春法.汉语构词研究［J］.语言文字应用，2000（1）.

［217］云汉，峻峡.小议带后缀"化"的词［J］.中国语文天地，1989（1）.

［218］云汉，峻峡.再议带后缀"化"的词［J］.汉语学习，1994（1）.

［219］曾立英.三字词中的类词缀［J］.语言文字应用，2008a（2）.

［220］曾立英.现代汉语类词缀的定量与定性研究［J］.世界汉语教学，2008b（4）.

［221］曾立英.三字词的词法模式研究［J］.武汉大学学报（人文科学版），2010（4）.

［222］詹人凤.现代汉语语义学［M］.北京：商务印书馆，1997.

［223］詹卫东.从短语到构式：构式知识库建设的若干理论问题探析［J］.中文信息学报，2017（1）.

［224］张伯江.词类活用的功能解释［J］.中国语文，1994（5）.

［225］张博.反义类比构词中的语义不对应及其成因［J］.语言教学与研究，2007（1）.

［226］张博.汉语并合造词法的特质及形成机制［J］.语文研究，2017（2）.

［227］张博.汉语同族词的系统性与验证方法［M］.北京：商务印书馆，2003.

［228］张博.组合同化：词义衍生的一种途径［J］.中国语文，1999（2）.

［229］张国宪."动＋名"结构中单双音节动作动词功能差异初探［J］.中国语文，1989（3）.

［230］张国宪.单双音节形容词的选择性差异［J］.汉语学习，1996（3）.

［231］张国宪.现代汉语动词认知与研究［M］.上海：学林出版社，2016.

［232］张国宪.现代汉语形容词的典型特征［J］.中国语文，2000（5）.

［233］张国宪.现代汉语形容词功能与认知研究［M］.北京：商务印书馆，2006.

［234］张国宪.形动构造奇偶组配的语义·句法理据［J］.世界汉语教学，2004（4）.

［235］张国宪.形名组合的韵律组配图式及其韵律的语言地位［J］.当代语言学，2005（1）.

［236］张立飞.论频率对语言结构的建构作用［J］.解放军外国语学院学报，2010（6）.

［237］张敏.认知语言学与汉语名词短语［M］.北京：中国社会科学出版社，1998.

［238］张未然.基于认知形态学的汉语类词缀构词研究［M］.北京：北京大学出版社，
2022.

［239］张小平.当代汉语词汇发展变化研究［M］.济南：齐鲁书社，2008.

［240］张雁.近代汉语复合动词研究［D］.北京：北京大学，2004.

［241］张谊生，许歆媛.浅析"X客"词族——词汇化和语法化的关系新探［J］.语言
文字应用，2008（4）.

［242］张谊生.当代汉语摹状式"X状"探微［J］.语言教学与研究，2008（1）.

［243］张谊生.当代新词"零X"词族探微——兼论当代汉语构词方式演化的动因［J］.
语言文字应用，2003（1）.

［244］张谊生.附缀式新词"X门"试析［J］.语言文字应用，2007（4）.

［245］张谊生.论与汉语副词相关的虚化机制——兼论现代汉语副词的性质、分类与范
围［J］.中国语文，2000（1）.

［246］张谊生.说"X式"——兼论汉语词汇的语法化过程［J］.上海师范大学学报（社
会科学版），2002（3）.

［247］张云秋."化"尾动词功能弱化的等级序列［J］.中国语文，2002（1）.

［248］赵宏.英汉词汇理据对比研究［M］.上海：上海外语教育出版社，2013.

［249］赵一农.语义场内的词义联动现象［J］.解放军外国语学院学报，1999（4）.

［250］赵元任.汉语口语语法［M］.北京：商务印书馆，1979.

［251］赵越.ABB式网络人名新词语例析［J］.辞书研究，2010（4）.

［252］中国社会科学院语言研究所词典编辑室.现代汉语词典（2002年增补本/第4版）
［Z］.北京：商务印书馆，2002.

［253］中国社会科学院语言研究所词典编辑室.现代汉语词典（第1版）［Z］.北京：商
务印书馆，1978.

［254］中国社会科学院语言研究所词典编辑室.现代汉语词典（第2版）［Z］.北京：商
务印书馆，1983.

［255］中国社会科学院语言研究所词典编辑室.现代汉语词典（第5版）［Z］.北京：商
务印书馆，2005.

［256］中国社会科学院语言研究所词典编辑室.现代汉语词典（第6版）［Z］.北京：商
务印书馆，2012.

［257］中国社会科学院语言研究所词典编辑室.现代汉语词典（第7版）［Z］.北京：商
务印书馆，2016.

［258］中国社会科学院语言研究所词典编辑室.现代汉语词典（修订本/第3版）［Z］.

北京：商务印书馆，1996.

［259］周刚.也议带后缀"化"的词［J］.汉语学习，1991（6）.

［260］周洪波.说"某某热"［J］.汉语学习，1993（3）.

［261］周洪波.外来词译音成分的语素化［J］.语言文字应用，1995（4）.

［262］周荐.2006汉语新词语［Z］.北京：商务印书馆，2007.

［263］周荐.复合词词素间的意义结构关系［C］//南开大学中文系《语言研究论丛》编
委会.语言研究论丛（第六辑）.天津：天津教育出版社，1991：33-67.

［264］周荐.汉语词汇结构论［M］.上海：上海辞书出版社，2004.

［265］周荐.汉语词汇结构论增订版［M］.北京：人民教育出版社，2014.

［266］周荐.论词的构成、结构和地位［J］.中国语文，2003（2）.

［267］周韧.汉语三音节名名复合词的物性结构探讨［J］.语言教学与研究，2016（6）.

［268］周日安，邵敬敏.美英式原型标记"-门"的类化和泛化［J］.外国语，2007
（4）.

［269］周日安.数词"零"的缀化倾向［J］.西北师大学报（社会科学版），2003（3）.

［270］周先武，王文斌.英语名名复合词中独立框架与复合框架关系研究［J］.中国外
语，2010（3）.

［271］周有斌."秀"的组合及其语素化［J］.语言文字应用，2005（4）.

［272］朱德熙.现代汉语形容词研究［J］.语言研究，1956（1）.

［273］朱德熙.现代汉语语法研究的对象是什么?［J］.中国语文，1987（4）.

［274］朱德熙.语法讲义［M］.北京：商务印书馆，1982.

［275］朱庆祥，方梅.现代汉语"化"缀的演变及其结构来源［J］.河南师范大学学报
（哲学社会科学版），2011（2）.

［276］朱彦.创造性类推构词中词语模式的范畴扩展［J］.中国语文，2010（2）.

［277］朱彦.从语义类推的新类型看其认知本质、动因及其他问题［J］.世界汉语教学，
2011（4）.

［278］朱彦.汉语复合词语义构词法研究［M］.北京：北京大学出版社，2004.

［279］庄会彬.汉语的句法词［M］.北京：北京语言大学出版社，2015.

［280］邹煜.2017汉语新词语［Z］.北京：商务印书馆，2018.

［281］邹煜.2018汉语新词语［Z］.北京：商务印书馆，2019.

［282］邹煜.2019—2020汉语新词语［Z］.北京：商务印书馆，2021.

［283］ALAC M，S COULSON. The man, the key, or the car: Who or what is parked out back
［J］. Cognitive Science Online，2004（2）.

［284］ALGEO J. Fifty Years among the New Words: A Dictionary of Neologisms, 1941–1991 ［M］. Cambridge: Cambridge University Press, 1991.

［285］ANDERSEN H. Abductive and deductive change ［J］. Language , 1973, 49（4）.

［286］ANDERSON S R. A–Mrophous Morphology ［M］. Cambridge: Cambridge Universality Press, 1992.

［287］ANTTILA R. Historical and Comparative Linguistics ［M］. 2nd ed. Amsterdam: Benjamins, 1989.

［288］BAKER M. The mirror principle and morphosyntactic explanation ［J］. Linguistic Inquiry, 1985, 16（3）.

［289］BAUER L. English Word–Formation ［M］. Cambridge: Cambridge Universality Press, 1983.

［290］BENCZES R. Creative Compounding in English: The Semantics of Metaphorical and Metonymical Noun–Noun Combinations ［M］. Amsterdam, Philadelphia: John Benjamins Publishing Company, 2006.

［291］BERLIN B, P Kay. Basic Color Terms: Their Universality & Evolution ［M］. Berkeley: University of California Press, 1969.

［292］BISANG W. Areal typology and grammaticalization: Processes of grammaticalization based on nouns and verbs in East and mainland South East Asian languages ［J］. Studies in Language , 1996, 20（3）.

［293］BLOOMFIELD L. Language ［M］. New York: Holt, 1933.

［294］BOCK J S, C CLIFTON. The role of salience in conceptual combination ［J］. Memory & Cognition , 2000, 28（8）.

［295］BOOIJ G. Construction Morphology ［M］. Oxford: Oxford University Press, 2010.

［296］BOOIJ G. Morphology in construction grammar ［C］//HOFFMANN T. , TROUSDALE G. The Oxford Handbook of Construction Grammar. New York: Oxford University Press, 2013: 255–274.

［297］BRINTON L J, E C TRAUGOTT. Lexicalization and Language Change ［M］. Cambridge: Cambridge University Press, 2005.

［298］CARSTAIRS–MCCARTHY A. Current Morphology ［M］. London: Routledge, 1992.

［299］CHOMSKY N. Aspects of the Theory of Syntax ［M］. Cambridge, MA: MIT Press, 1965.

［300］CHOMSKY N. Current Issues in Linguistic Theory ［M］. The Hague: Mouton, 1964.

[301] CHOMSKY N. The Minimalist Program [M]. Cambridge, MA: MIT Press, 1995.

[302] CLARK EVE V. Lexical innovations: How young children learn to create new words [C] //DEUTSCHED W.The Child's Construction of Language. London: Academic Press, 1981: 299–328.

[303] COLLINS A M, E F LOFTUS. A spreading-activation theory of semantic processing [J]. Psychological Review, 1975, 82 (6).

[304] COSTELLO F J, KEANE M T. Polysemy in conceptual combination: Testing the constraint theory of combination [C] // SHAFTO M. G., LANGLEY P.Proceedings of the Nineteenth Annual Conference of the Cognitive Science Society. Mahwah, NJ: Erlbaum, 1997: 137–142.

[305] CROFT W, D A CRUSE. Cognitive Linguistics [M]. Cambridge: Cambridge University Press, 2004.

[306] CROFT W. Construction grammar [C] // GEERAERTS D., CUYCKENS H. The Oxford Handbook of Cognitive Linguistics. Oxford: Oxford University Press, 2007: 463–508.

[307] CROFT W. Radical Construction Grammar: Syntactic Theory in Typological Perspective [M]. Oxford: Oxford University Press, 2001.

[308] DE SWART H. Aspect shift and coercion [J]. Natural Language and Linguistic Theory, 1998, 16 (2).

[309] DI SCIULLO A M, E S WILLIAMS. On the Definition of Word. Cambridge [M]. MA: The MIT Press, 1987.

[310] DOWNING P. On the creation and use of English compound nouns [J]. Language, 1977, 53 (4).

[311] DUANMU S. Wordhood in Chinese. [C] //PACKARD J. L.New Approaches to Chinese Word Formation: Morphology, Phonology, and the Lexicon in Modern and Ancient Chinese. Berlin: Mouton de Gruyter, 1998: 135–196.

[312] ESTES Z, S GLUCKSBERG. Interactive property attribution in concept combination [J]. Memory & Cognition, 2000, 28 (1).

[313] EVANS V, M GREEN.Cognitive Linguistics: An Introduction [M]. Edinburgh: Edinburgh University Press, 2006.

[314] FARAH M J, J L MCCLELLAND. A computational model of semantic memory impairment: Modality specificity and emergent category specificity [J]. Journal of Experimental Psychology: General, 1991, 120 (4).

［315］FILLMORE C J, KAY P, O' CONNOR M C. Regularity and idiomaticity in grammatical constructions: The case of let alone［J］. Language , 1988, 64（3）.

［316］FILLMORE C J. The mechanisms of "Construction Grammar"［J］. Proceedings of Fourteenth Annual Meeting of the Berkeley Linguistics Society, 1988.

［317］GAGNÉ C L, E J SHOBEN. Influence of thematic relations on the comprehension of modifier–noun combinations［J］. Journal of Experimental Psychology: Learning, Memory, and Cognition, 1997, 23（1）.

［318］GAGNÉ C L. Lexical and relational influences on the processing of novel compounds［J］. Brain and Language, 2002, 81.

［319］GIVÓN, T. Historical syntax and synchronic morphology: An archeologist' s field trip ［J］. Chicago Linguistic Society , 1971, 7（1）.

［320］GOLDBERG A E, R JACKENDOFF. The English resultative as a family of constructions ［J］. Language , 2004, 80（3）.

［321］GOLDBERG A E. Construction: A Construction Grammar Approach to Argument Structure ［M］. Chicago, London: The University of Chicago Press, 1995.

［322］GOLDBERG A E. Construction: a new theoretical approach to language［J］. Trends in Cognitive Sciences , 2003, 7（5）.

［323］GOLDBERG A E. Constructions at Work: The Nature of Generalization in Language ［M］. London: The University of Chicago Press, 2006.

［324］GOLDBERG A E. Making one' s way through the data.［C］// SHIBATANI M., Thompson S. A.Grammatical Constructions: Their Form and Meaning.Oxford: Oxford University Press, 1996: 29–53.

［325］GRICE H P. Studies in the Way of Words［M］. Cambridge: Harvard University Press, 1989.

［326］HALLE M. Prolegomena to a theory of word–formation［J］. Linguistic Inquiry, 1973, 4 （1）.

［327］HILPERT M. Construction Grammar and Its Application to English［M］. Edinburgh: Edinburgh University Press Ltd, 2014.

［328］HOFFMANN T, G TROUSDALE. Construction grammar: Introduction.［C］// HOFFMANN T., TROUSDALE G.The Oxford Handbook of Construction Grammar. New York: Oxford University Press, 2013: 1–13.

［329］HOFFMANN T. The cognitive evolution of Englishes: The role of constructions in the Dynamic Model.［C］// BUSCHFELD S., HOFFMANN T., HUBER M., et al.Kautzsch. The Evolution of Englishes：The Dynamic Model and Beyond. Amsterdam, Philadelphia： John Benjamins Publishing Company, 2014：160–180.

［330］ HOPPER P J, E C TRAUGOTT. Grammaticalization ［M］. 2nd ed. Cambridge：Cambridge University Press, 2003.

［331］ HUANG J C-T. Phrase structure, lexical integrity, and Chinese compounds ［J］. Journal of the Chinese Language Teachers Association , 1984, 19（2）.

［332］ INDURKHYA, B. Metaphor and Cognition：An Interactionist Approach ［M］. Dordrecht, Boston, London：Kluwer Academic Publishers, 1992.

［333］ JACKENDOFF R. Morphological and semantic regularities in the lexicon ［J］. Language, 1975, 51（3）.

［334］ JACKENDOFF R. The Architecture of the Language Faculty ［M］. Cambridge：The MIT Press, 1997.

［335］ JENSEN J T, M STONG-JENSEN. Morphology is in the lexicon ［J］. Linguistic Inquiry, 1984, 15（3）.

［336］ KAY P, C MCDANIEL. The Linguistic significance of the meanings of basic colour terms ［J］. Language , 1978, 54（3）.

［337］ KEMMER S. Schemas and lexical blends.［C］//HUBERT C., BERG T., DIRVEN R., et al. Motivation in Language：Studies in Honor of Günter Radden. Amsterdam：Benjamins, 2003：69–97.

［338］ KÖVECSES Z, G RADDEN. Metonymy：Developing a cognitive linguistic view ［J］. Cognitive Linguistics , 1998, 9（1）.

［339］ KÖVECSES Z, G RADDEN. Towards a theory of metonymy.［C］//Metonymy in Language and Thought. Amsterdam, Philadelphia：John Benjamins Publishing Company, 1999：17–60.

［340］ KRAMSCH C. Language and Culture ［M］. Oxford：Oxford University Press, 1998.

［341］ LAKOFF G. The Invariance Hypothesis：Is abstract reason based on image-schemas? ［J］. Cognitive Linguistics , 1990, 1（1）.

［342］ LAKOFF G. Women, Fire, and Dangerous Things：What Categories Reveal about the Mind ［M］. Chicago, London：University of Chicago Press, 1987.

［343］ LAKOFF G., M. JOHNSON.Metaphors We Live By ［M］. Chicago, London：University of Chicago Press, 1980.

［344］ LANGACKER R W. Cognitive Grammar: An Introduction ［M］. Oxford: Oxford University Press, 2008.

［345］ LANGACKER R W. Foundations of Cognitive Grammar (Volume Ⅰ): Theoretical Prerequisites ［M］. Stanford: Stanford University Press, 1987.

［346］ LANGACKER R W. Grammar and Conceptualization ［M］. Berlin: Mouton de Gruyter, 2000.

［347］ LANGACKER R W. Reference-point constructions ［J］. Cognitive Linguistic, 1993, 4 (1).

［348］ LEE R B. The Grammar of English Nominalizations ［M］. Bloomington: Indiana University, 1960.

［349］ LEVI J N. The Syntax and Semantics of Complex Nominals ［M］. New York: Academic Press, 1978.

［350］ LIBBEN G, G JAREMA. Representation and Processing of Compound Words ［M］. Oxford: Oxford University Press, 2006.

［351］ MICHAELIS L A, K LAMBRECHT. Toward a construction-based model of language function: The case of nominal extraposition ［J］. Language , 1996, 72 (2).

［352］ MICHAELIS L A. Type shifting in construction grammar: An integrated approach to aspectual coercion ［J］. Cognitive Linguistics , 2004, 15 (1).

［353］ MURPHY G L. The Big Book of Concept ［M］. Cambridge, MA: MIT Press, 2002.

［354］ MURPHY G, D MEDIN. The role of theories in conceptual coherence ［J］. Psychological Review , 1985, 92 (3).

［355］ MURPHY M L. Knowledge of words versus knowledge about words: the conceptual basis of lexical relations. ［C］ //PEETERS. B. The Lexicon-encyclopedia Interface. Amsterdam: Elsevier, 2003: 17-348: .

［356］ MURPHY M L. Semantic Relations and the Lexicon: Antonymy, Synonymy, and Other Paradigms ［M］. Cambridge: Cambridge University Press, 2003.

［357］ PACKARD J L. The Morphology of Chinese: A Linguistic and Cognitive Approach ［M］. Cambridge: Cambridge Universality Press, 2000.

［358］ PANTHE K-U, L THORNBURG. A cognitive approach to inferencing in conversation ［J］. Journal of Pragmatic , 1998, 30.

［359］ PANTHER K U, THORNBURG L L. Introduction: On the nature of conceptual metonymy. ［C］ // PANTHER K U., THORNBURG, L. L. Metonymy and Pragmatic Inferencing. Amsterdam, Philadelphia: John Benjamins, 2003: 1–20.

[360] PANTHEREDS. Motivation in Language: Studies in Honor of Günter Radden [M]. Amsterdam: Benjamins, 2003.

[361] PARTEE B H. Compositionality.[C]//LANDMAN F., VELTMAN F.Varieties of Formal Semantics. Dordrecht: Foris, 1984: 281–311.

[362] PINKER S. Words and Rules: The Ingredients of Language [M]. New York: Basic Books, 1999.

[363] PLAG I. Word-formation in English [M]. Cambridge: Cambridge University Press, 2003.

[364] PUSTEJOVSKY J, JEZEK E. Semantic coercion in language: Beyond distributional analysis [J]. Rivista di Linguistica , 2008, 20（1）.

[365] PUSTEJOVSKY J. The Generative Lexicon [M]. Cambridge, MA: MIT Press, 1995.

[366] RADDEN, G, Z KÖVECSES. Towards a theory of metonymy. [C]//PANTHER K.-U., RADDEN G. Metonymy in Language and Thought. Amsterdam, Philadelphia: John Benjamins Publishing Company, 1999: 17–60.

[367] ROSCH E. Cognitive representations of semantic categories [J]. Journal of Experimental Psychology: General , 1975, 10（4）.

[368] RUIZ DE MENDOZA I F J, PEREZ H L. Metonymy and the grammar: Motivation, constraints and interaction [J]. Language and Communication , 2001, 12（4）.

[369] RUIZ DE MENDOZA I F J, DIEZ V O I. High-level metonymy and linguistic structure [J]. Atlantis , 2001, 19（1）.

[370] RUIZ DE MENDOZA I F J, OTAL CAMPO J L. Metonymy, Grammar, and Communication [M]. Albolote, Granada: Compares, 2002.

[371] RYDER M E. Ordered Chaos: The Interpretation of English Noun-Noun Compounds [M]. Berkeley and Los Angeles, CA: University of California Press, 1994.

[372] SANTOS L R, CARAMAZZA A. The domain-specific hypothesis: A developmental and comparative perspective on category-specific deficits.[C]//FORDE M. E., HUMPHREYS G. Category Specificity in Brain and Mind. New York: Psychology Press, 2002: 1–23.

[373] SELKIRK E. The Syntax of Words, Cambridge [M]. MA: MIT Press, 1982.

[374] SPERBER D, WILSON D. Relevance: Communication and Cognition [M]. 2nd ed. Oxford UK & Cambridge USA: Blackwell, 1995.

［375］ STEFANOWITSCH A. Constructional semantics as a limit to grammatical alternation: The two genitives of English.［C］//ROHDENBURG G., MONDORF B. Determinants of Grammatical Variation in English. Berlin, New York: Monton de Gruyter, 2003: 423-441.

［376］ TALMY L. Toward a Cognitive Semantics(Volume Ⅱ): Typology and Process in Concept Structuring［M］. MA: MIT Press, 2000.

［377］ TAYLOR J R. Cognitive Grammar［M］. Oxford: Oxford University Press, 2002.

［378］ TAYLOR J R. Possessives in English: An Exploration in Cognitive Grammar［M］. Oxford: Clarendon Press, 1996.

［379］ TAYLOR J R. The ecology of constructions.［C］//Radden G., Panther K.-U. Panther. Studies in Linguistic Motivation. Berlin, New York: Mouton de Gruyter, 2004: 49-74.

［380］ TROUSDALE G. Constructions in grammaticalization and lexicalization: Evidence from the history of a composite predicate construction in English.［C］//TROUSDALE G, GISBORNE N. Constructional Approaches to English Grammar. Berlin: Mouton de Gruyter, 2008: 33-67.

［381］ UNGERER F, H-J SCHMID. An Introduction to Cognitive Linguistics［M］. 2nd ed. London: Pearson Education Limited, 2006.

［382］ WARREN B. Semantic Patterns of Noun-Noun Compounds［M］. Gothenburg: Gotenburg University Press, 1978.

［383］ WIERZBICKA A. What's in a noun?or: How do nouns differ in meaning from adjectives?［J］. Studies in Language, 1986, 10（2）.

［384］ WISNIEWSKI E J, LOVE B C. Relations versus properties in conceptual combination［J］. Journal of Memory and Language, 1998, 38（2）.

［385］ WISNIEWSKI E J. Construal and similarity in conceptual combination［J］. Journal of Memory and Language, 1996, 35（3）.

后　记

感谢我的博士生导师张博教授。张老师在治学与为人方面都为我树立了崇高的榜样。老师学识渊博且平易近人，面对我拙劣的研究想法总是耐心指导，为我指引方向。社会竞争的压力时常让我感到焦虑，老师既会开导我沉住气，将研究的基础打扎实，又会帮我寻找出路，指导我踏稳学术研究的每一步。生活的路与求学的路一样，时而顺意，时而波折，不管什么时候，老师总是站在我的身后，为我的顺意而欣慰，为我的波折而担忧。

感谢我的博士后合作导师李曼丽教授。在我生活困顿之时，老师给予我充分的信任与支持。在工作上为我搭建学习的平台，开阔研究的视野；在生活中给予我关爱与帮助，带领我增长人生的见识。

感谢我的硕士生导师刘雪芹副教授。读书期间，老师为我提供了丰富的学习资料，促使我对认知语言学理论有了更浓厚的兴趣，进一步探索未知。

感谢北京语言大学施春宏教授为我的语言认知研究提供了丰富的灵感；感谢清华大学张赪教授大力推荐我进入清华大学从事博士后研究工作，并指导我开展学术语体研究；感谢北京语言大学孟凯教授多年来一直关心与支持我的生活与工作。

感谢本科导师毛力群教授、语言学启蒙老师陈青松教授、法语老师朱志红老师、高中老师林孝镇老师、林晓玲老师、夏玉荣老师，一路的成长离不开老师们的辛苦教育。

感谢北京语言大学教师教育学院程娟教授、施家炜教授的信任与帮助，感谢全院老师提供了一个温馨和谐的工作环境。

感谢博士论文开题和答辩的专家程娟教授、谭景春研究员、李红印教授、施春宏教授、张赪教授、董秀芳教授、孟凯教授为论文的写作给予了建设性指导意见。

感谢胡翔、钱旭菁、刘春梅、李华、赵倩、苏向丽、李慧、付娜、杨绪明、安福勇、许艳华、张连跃、刘竹林、赵玮、付冬冬、郑航、何国锦、徐雷方、王淑华、王伟丽、陆会林等老师，于洋、金雄、当湘茗、萧贸元、程潇晓、田明明、赵凤娇、张妍、王艺璇、陈卿卿、杨旭峰、李琪、李孛、常心茹、钟良、杜凤娇、刘志远、王爽、杨阳、王鑫、李静晓、张舒、袁飞、栾红叶等师兄弟姐妹在读博期间的帮助。

感谢清华大学国际中文教育课题组师友贾雪、李姝雯、吴佩、李丽媛等，博士好友刘立国、马宝鹏、翟占国、孙品健、宋栋国、李雪峰、于德伟、陈晓姣、张秋红等，硕士好友任德国、张晓昕、李亚琦、刘娜、田欣欣、赵同、马柯、徐洋等，本科好友陆迅、裘舶舟、周阳、吕昂迪、苏芳、朱丹丹、祝翠、孙小丽、叶丹丽、胡银华、姚燕华、王思尹、施丹丹等，中学好友吴倩倩、陈静、彭思平、王清魏等，感谢学友们一路的共同成长。

感谢我的研究生翟景旭、杜腾腾、吴梦丽、白雅卿、吉兆瑞、卢仁俊帮助校对全文书稿。

感谢知识产权出版社的宋云老师和赵昱老师，为图书出版事宜辛苦联系与审校。

感谢挚友王帅臣、金常心多年来的帮助。

感谢母亲和姐姐陪我走出人生困境。

感谢过往的生活。

李加璁

2023 年 9 月 8 日